A ORGANIZAÇÃO POR TRÁS DO ESPELHO

reflexos e reflexões

FELA MOSCOVICI

A ORGANIZAÇÃO POR TRÁS DO ESPELHO

reflexos e reflexões

Com a colaboração de
ATALIBA VIANNA CRESPO
FÁBIO STEINBERG
GERCINA ALVES DE OLIVEIRA
LULA VIEIRA

Prefácio de
FREI ANTONIO QUIRINO DE OLIVEIRA, OP

2ª EDIÇÃO

JOSÉ OLYMPIO
EDITORA

Reservam-se os direitos desta edição à
EDITORA JOSÉ OLYMPIO LTDA.
Rua Argentina, 171 – 1º andar – São Cristóvão
20921-380 – Rio de Janeiro, RJ – República Federativa do Brasil
Printed in Brazil / Impresso no Brasil

Atendemos pelo Reembolso Postal

ISBN 85-03-00705-3

Capa: Paulo Amendoeira
Foto de capa: Stock Photos

CIP-Brasil. Catalogação-na-fonte
Sindicato Nacional dos Editores de Livros, RJ.

M867o
2ª ed.

Moscovici, Fela
A organização por trás do espelho: reflexos e reflexões / Fela Moscovici; com a colaboração de Ataliba Vianna Crespo... [et.al.]; prefácio de Frei Antonio Quirino de Oliveira. – 2ª ed. – Rio de Janeiro: José Olympio, 2003.

Inclui bibliografia

1. Grupo de trabalho. 2. Treinamento das relações de grupo. 3. Comunicação nas organizações. I. Título.

03-1215

CDD – 658.3124
CDU – 65.012.61

Este livro
é dedicado a você, leitor,
parceiro essencial desta obra.

AGRADECIMENTOS

Aos meus colegas, alunos e participantes de seminários, encontros, reuniões, grupos de desenvolvimento e de formação de Desenvolvimento Interpessoal — com quem sempre aprendo a partir de contestações e pontos de vista diferentes, direta ou indiretamente.

Aos meus clientes — que me ensinam cada vez mais sobre a exuberante e intricada vida nas organizações.

Aos meus amigos e colaboradores — Ataliba Vianna Crespo, Fábio Steinberg, Frei Eduardo (Antonio Quirino de Oliveira), Gercina Alves de Oliveira, Joaquim Sérgio d'Oliveira Correa, Judy Galper, Lula Vieira e Maria Helena Schuck — pelas oportunas e aguçadas críticas, discussões e polêmicas, sugestões, inspiração, apoio e carinho.

E, em especial, à amiga e companheira Fátima Gonçalves — pela singular, valiosa e abnegada contribuição cognitiva e emocional, em circunstância tão delicada de sua vida.

SUMÁRIO

PRELÚDIO

Prefácio *(Frei Antonio Quirino de Oliveira, OP)*, 13
Uma empresa abre o coração *(Lula Vieira)*, 17
Primeiras palavras *(Fela Moscovici)*, 23

ENSAIOS

Simbolismo bíblico na empresa, 27
Espaços não racionais *(Gercina Alves de Oliveira)*, 68
O ritual da ambigüidade *(Fábio Steinberg)*, 92
O mistério dos grupos, 101
Castigo ou qualidade de vida?, 129
Quanto valem as pessoas, 155
Eu, os outros e o mundo, 178
Entre a luz e a sombra, 205
Contos bíblicos: uma visão corporativa *(Fábio Steinberg)*, 234

EPÍLOGO

O tao das organizações *(Ataliba Vianna Crespo)*, 259
Et coetera (Fela Moscovici), 279

Bibliografia, 281
A autora, 285
Os colaboradores, 287

PRELÚDIO

Prefácio

Frei Antonio Quirino de Oliveira, OP

PASSAMOS, hoje, por rápidas e profundas transformações em todos os setores da sociedade. Tal alteração vem afetando intensamente o relacionamento em todas as situações da vida humana. Pode-se dizer que essas mudanças não poupam ninguém.

Talvez esse mar revolto em que vivemos ou, o que é pior, sobrevivemos, seja ainda o resultado da modernidade que se deteriora ou se fragmenta de modo inexorável. Os humanos, atordoados com o choque, às vezes deslumbrados com o brilho de tantos fragmentos, ainda não encontraram o ponto de equilíbrio necessário para uma paz de espírito duradoura.

Todas as soluções milagrosas fracassaram, e irão fracassando, na medida em que não se descobrir o verdadeiro lugar que merece o agente de tantas transformações e também dos desequilíbrios. O capitalismo, tal como se apresenta hoje, não consegue mais se impor como projeto de solução para os problemas que afligem a humanidade. Também já faleceu o socialismo em experiências mais radicais. Por quê? Simplesmente porque não respeitaram o ser humano.

Na esteira dessas transformações, está o relacionamento pessoal dentro e fora dos grupos. Por isso, há hoje uma grande preocupação em reexaminar as relações entre os membros dos grupos sociais com vistas à melhoria do entrosamento interpessoal, não só para se trabalhar melhor, mas também para que as pessoas se sintam mais realizadas e felizes. Mas como fazer com que isso aconteça? Procurando uma linha de equilíbrio que permita a todos desenvolver suas qualidades a serviço dos outros e buscar corrigir os defeitos que impedem

um saudável convívio grupal, sem deixar de lado as diferenças pessoais com suas qualidades e limitações.

Nada melhor para debelar o mal do que fazer dele um bom diagnóstico e aplicar-lhe a cura adequada. Felizmente, hoje não faltam oportunidades de cura dos males de relacionamento. De fato, as ciências que cuidam do ser humano situado não estão preocupadas apenas em curar, mas, o que é mais importante, preocupam-se em preservar a saúde das relações humanas. Os resultados positivos ainda não foram atingidos. Mas quem não quer sonhar não tem razão para viver.

Preocupada em dar sua contribuição a fim de que as pessoas convivam com mais qualidade e saúde no interior de grupos, Fela Moscovici escreve uma obra que oferece ao leitor uma espécie de mapa de navegação pelos meandros da empresa. Nela, a autora demonstra toda a sua capacidade de análise dos vários tipos de relacionamento dentro de uma empresa. Fela Moscovici passou longo tempo observando o que se passa à sombra da empresa e descobriu elementos de grande relevo não só para entender o que nela ocorre, mas também as razões pelas quais acontecem. Porém, ela sabe indicar a rota certa no meio de escolhos.

Com grande competência e acerto, a autora faz uma reflexão muito feliz sobre o simbolismo bíblico das empresas, conseguindo uma genial aplicação de metáforas bíblicas a fatos da vida corrente nessas organizações. Não faz, porém, nenhum discurso religioso e nem procura incutir alguma crença. Para quem crê, é um excelente ponto de referência para orientar a vida. Para quem não tem a prática ou convicção religiosa, a metáfora serve como meio literário de expressão e comunicação de idéias. No livro, a atenção essencial é dada à revivescência contemporânea de alguns episódios nos quais se aplicam as metáforas bíblicas, tornando-os mais compreensíveis. A serpente, ou quem faz a sua vez, a inveja que mata, o veneno que corrói, são realidades com as quais nos defrontamos diariamente e nem sempre sabemos lidar com elas. Às vezes, o grau de deterioração que o veneno das serpentes causa nas relações humanas torna necessário um dilú-

vio para pôr fim a vícios enraizados e persistentes, para que se possa começar tudo de novo. Porém, para recomeçar é preciso ter a coragem de enfrentar a sobrevivência.

A empresa não pode esquecer do comportamento supersticioso de seus membros. Há um mundo de crenças e tabus transitando à sombra da empresa que precisam ser conhecidos, avaliados e levados em conta numa gestão que queira respeitar as pessoas como elas são. A organização moderna precisa tomar conhecimento e procurar gerir não apenas a razão, mas também a emoção de que todos os seres humanos são portadores.

Da aplicação das metáforas bíblicas se depreende a grande importância que a obra dá à comunicação que, quando defeituosa, impede que a mensagem seja conhecida e, menos ainda, compreendida.

O núcleo da obra de Fela Moscovici, a nosso ver, está na análise a respeito do mistério dos grupos. Neste capítulo, a autora, com base numa visão antropológica saudável, evidencia a importância da ética e da comunicação no relacionamento humano de pessoas que vivem e lutam à sombra da empresa.

A concepção moderna de dignificação do homem no e através do trabalho exige que trabalho e qualidade de vida estejam de mãos dadas. Estar ocioso hoje não é mais sinônimo de estar feliz. Nenhum ser humano pode se considerar feliz sem alguma realização. O trabalho lhe permite aflorar um enxame de qualidades e valores interiores, e, a partir deles, podem ser criadas melhores oportunidades de participação.

No exame das relações entre *eu, os outros e o mundo,* Fela Moscovici deixa bem clara a sua concepção de ser humano situado.

Abordando o tema do trânsito de luz e sombras, trata de maneira muito apropriada a questão das diferenças individuais e sua importância no organismo empresarial ou grupal. Também importante é o trato dado à questão da resistência benéfica, não só no âmbito individual mas também no grupal e social.

A obra que Fela Moscovici nos oferece certamente será de grande valia para todos os que têm a tarefa de dirigir uma

empresa ou um grupo. Esse trabalho traz a marca de grande maturidade intelectual e profissional. Nele, as reflexões não são apenas o resultado de dados científicos e de experiências feitas em laboratório. É fruto maturado na experiência vivenciada. É ciência que vai se tornando sabedoria.

Há, ainda, na obra que ora nos é oferecida, uma pontinha de dialética, perceptível no confronto de idéias e doutrinas que, em nosso entendimento, está subjacente na aplicação das metáforas e na apresentação de certos tipos ou figuras bíblicas. Suas idéias a respeito do mundo e do ser humano demonstram claramente que a autora está a par do progresso das ciências e das novas descobertas dos cientistas nos mais variados setores.

Isso tudo, além de ser muito saudável e estimulante, faz as idéias fluírem, aumenta o interesse pela leitura, convidando o leitor a se posicionar.

Uma empresa abre o coração

Lula Vieira

ESTE É um depoimento pessoal.

Quando fui convidado a escrever algo para este livro, minha primeira idéia foi cagar regras. Nada melhor para um empresário razoavelmente bem-sucedido do que assumir uma postura professoral e ensinar aos outros como viver.

Cheguei a selecionar duas ou três frases de efeito, daquelas que ornamentam um texto como pérolas da inteligência. Do meu livro de citações achei umas quatro frases, uma em inglês, com altíssimo poder de impacto.

Diante do computador, num domingo de sol, acabo pensando que ia atender a um convite da autora do livro, alimentar minha vaidade e, como noventa por cento (noventa e nove?) do que é escrito no mundo, não servir para ninguém. Não ter a menor utilidade. Ser mais lixo intelectual empilhado nas prateleiras de material de auto-ajuda.

Portanto, prepare-se, amigo leitor, para ler um texto desprovido de muita graça, pobre de estilo, mas — posso garantir — muito sincero.

Para começar, uma pergunta: você tem realmente interesse no aumento da produtividade de sua empresa? Ou seja: seus rendimentos pessoais estão diretamente ligados aos resultados da sua firma? O lucro, a grana, o vil metal no fim do ano é o que lhe importa, mais do que tudo? A maior parte do seu tempo você passa preocupado em fazer a empresa crescer, prosperar, fazer mais e melhor, comprar por menos e vender por mais? Se você respondeu "sim" a todas estas perguntas, estou falando com você mesmo. Desculpe o jeito, mas eu não ia querer que você perdesse tempo.

Sabe por que eu fiz esta pergunta? Porque a grande maioria dos executivos e a expressiva maioria dos empregados de uma empresa sabem que existem outros interesses mais importantes do que simplesmente resultados. E para estes a principal razão deste texto, sua idéia-mãe, seu raciocínio básico já está prejudicado.

As pessoas estão nas empresas para continuar nas empresas, para aumentar seus salários, para melhorar a sala, para ter direito a banheiro, *business class* nos aviões, para subir na hierarquia, para comer a secretária. Se existir alguma relação entre estes objetivos e os resultados pode ser apenas uma feliz coincidência. Só o patrão, só o acionista, colocam o resultado acima de tudo. Pode ter certeza.

Agora você me pergunta: e os bônus, as comissões e as metas empresariais não contam? Contam, claro que contam. Para nosso caso eu colocarei as pessoas cuja sobrevivência esteja direta e verdadeiramente comprometida com resultado como sócios. Logo, empresários. Conseqüentemente, leitores deste texto.

Vamos lá que eu quase me perdi.

O que eu queria dizer é que descobri que algumas frescuras como incentivo ao trabalho em equipe, melhoria das relações interpessoais, busca de melhor identificação entre os objetivos da empresa e das pessoas, tudo isso funciona e dá lucro.

É possível gastar menos e ganhar mais trabalhando a alma da organização, buscando a felicidade das pessoas e cuidando das relações internas.

Você ouviu? Eu disse que gente mais feliz, mais entrosada, menos tensa, com menos minhocas na cabeça, com menos ódio dos companheiros, menos inveja, mais autocrítica e mais confiança dá mais lucro. Lucro, grana, *l'argent*.

Um bom trabalho de consultoria pode fazer aquela turma que se reúne diariamente para trabalhar se entender melhor. Sofrer menos, lutar mais, render mais, ser mais feliz. Com uma boa ajuda profissional é possível fazer com que cada funcionário perceba que alguns valores que ele sabia que eram

verdadeiros (pois ele sentia no coração), mas que as antigas culturas empresariais ensinaram a abafar, estavam certos!

Os funcionários vão perceber (desde que seja verdade) que é possível aumentar a dose de sinceridade nas relações de trabalho. E que isso pode doer um pouco, mas só no começo.

E os patrões? O que eles ganham? A sinceridade, a transparência e o diálogo não destroem a hierarquia? Empregado é para fazer o que lhe mandam e não para ser feliz, não é mesmo?

Agora entra meu depoimento pessoal. Vou falar claro, direto e sem vergonha: meu lucro aumentou após a contratação de uma profissional de relações empresariais. Uma psicóloga. Uma médica que veio tentar diminuir o tempo que nós todos na minha empresa gastávamos odiando, tendo medo, não entendendo, tendo inveja, buscando status, querendo humilhar, querendo não ser humilhado. Em troca, ganhamos mais tempo para trabalhar.

Minha empresa — exatamente igual a milhares de outras — abria às nove e fechava às seis. Tirando os que faziam algum trabalho puramente mecânico, setenta por cento do nosso tempo era dedicado ao que menos importava: fazer política, identificar grupos de auto-ajuda, imaginar soluções políticas para os problemas, afastar os maus-caracteres. A estrutura inteira fazia isso. Para piorar, os sócios também participavam desse desperdício. Faziam suas próprias políticas. A maior parte do tempo.

Pois bem, graças aos céus e à nossa capacidade de ver as coisas, uma boa dívida e uma produtividade em queda, resolvemos nos deitar todos no divã. E iniciamos um bom trabalho de revisão das nossas relações interpessoais no trabalho.

Começamos nós dois. Meu sócio e eu. Falamos de nossos problemas de relacionamento, tentamos identificar onde esses problemas afetavam no nosso bolso e, no fim das contas, no projeto de cada um em buscar a felicidade, tanto na vida pessoal como na profissional. Sem entrarmos no mérito de cada questão, começamos a tentar perceber o quanto estávamos perdendo em tempo, em energia e, principalmente, em

qualidade como empresa a cada problema que criávamos por falta de compreensão de nossos próprios mecanismos internos.

Quando eu disse que tudo isso não nos levava — naquela hora e em comum — a entrar no mérito de cada questão é porque ficou claro, desde o primeiro instante de trabalho, que o propósito de nossas reuniões não era pesquisar as causas mais escondidas de nosso comportamento, mas identificar os ruídos, os atritos desnecessários, ou seja, havia um propósito funcional em cada questão levantada, em cada roupa suja lavada em comum.

Essa "funcionalidade", ou seja, essa praticidade, nos libertava da necessidade de mantermos as aparências, já que — afinal — havia um propósito maior naquilo tudo: aumentar a eficiência, melhorar nossa *performance.*

O leitor já percebeu que há um truque escondido atrás dessa aparente frieza e objetividade. Mas também (afinal estamos falando com gente de sensibilidade) já entendeu que é uma espécie de mecanismo para justificar a capitulação, a volta atrás, a revisão dos erros. Cada um de nós sentia que a busca do entendimento e da conciliação era uma atitude digna de empresários da nossa envergadura. Infantil? Atire a primeira pedra.

Logo depois chegou a vez da diretoria. Os motivos seriam os mesmos: aumentar a eficiência. Estou sendo repetitivo? Desculpe. Mas entenda que colocar uma porção de marmanjos reunidos para falar de problemas comuns, de desentendimentos aparentemente pueris, numa necessidade quase absoluta de se abrir, de revelar a alma, precisa ter alguma desculpa. Ninguém sai falando de suas coisas, seus medos, suas idiossincrasias, assim sem mais nem menos.

Pois o sistema funcionou! Em pouco tempo aquelas bobagens (?), os pequenos ataques de ciúmes, inveja, amor e grandeza, egoísmo e burrice vieram à tona, devidamente cuidados por uma profissional que jamais permitia que o bate-boca descambasse ou que o ridículo pudesse não ter volta. E as pessoas, eu principalmente, começaram a perceber que muito do que nos fazia sofrer era no fim de tudo bastante fácil de ser re-

solvido. Ou o que nos parecia um caso banal era fruto de dezenas de anos de dificuldade em lidar com nossa própria cabeça.

Assim alguns meses se passaram. As sessões traziam à tona fios de meadas que já iam ficando crônicas, problemas que nós não estaríamos nem ao menos admitindo existir. E nossa vida ia se simplificando.

Um exemplo disso foi uma constatação a que chegamos em comum e que até hoje faz parte da cultura da empresa: quando um funcionário erra, ou melhor, toma uma atitude prejudicial à empresa, há uma pergunta que se transformou numa *private expression*:

— Onde erramos?

O sentido dessa pergunta é trazer, sem culpas e sem desespero, o problema para os verdadeiros responsáveis: nós.

Ou porque escolhemos a pessoa errada, ou demos responsabilidade errada, ou treinamos errado, ou demos pouca estrutura.

Examinado pelo ângulo de nossa responsabilidade e partindo do princípio de que cabe em última instância a cada um de nós prever ou minimizar o risco de erros, fica quase impossível culpar um subordinado e ir embora dormir, de consciência limpa e com a empresa pagando pelo erro.

Esse foi um exemplo. Mas em pouco tempo paramos de culpar as telefonistas pelo nosso problema de comunicação; o pessoal do CPD pelos sistemas caídos e examinar com mais precisão as falhas estruturais causadas pela nossa negligência ou falta de preparo.

Falado assim parece um exercício de autoflagelação. Nada disso. Apenas começamos a lutar contra a idéia de que a cúpula da empresa era uma equipe de seres perfeitos cercados de incompetentes de toda espécie. Assim como o contrário não era verdadeiro.

E a idéia tão distante e tão desprezada da nossa cultura empresarial, da nossa responsabilidade em relação à nossa alma, das vantagens de se ter um clima de trabalho sadio?

Pegando cada problema como um ponto de partida para descobrir a origem da falha, procurando olhar as coisas com

toda a nossa sensibilidade, jamais esquecendo de buscar os fatores humanos como causa de boa parte do que acontecia, mudamos completamente o estilo de encarar os fatos.

O que antes era acusação, virou oportunidade para aprender. A grande democratização trazida pela consciência de que, afinal, éramos humanos e iguais foi facilitando o caminho para passar para a prática o que parecia impossível numa agência de propaganda: diminuir o *turnover*, melhorar a qualidade do produto final, implantar normas de produtividade.

Aprendemos a ouvir, entender, dialogar. Pelo menos começamos a agir desta forma muito mais do que fizéramos até então.

O resultado foi muito bom. Mas muito bom mesmo.

Não somos um paraíso, mas somos um inferno muito mais *light*. Não chegamos lá em termos de diálogo e sinergia. Mas não somos uma empresa com partidos internos, correntes de pensamentos. Não temos unanimidades nem no amor nem no ódio. Estamos mais conscientes.

Como eu disse no começo deste texto, é um depoimento pessoal. Qualquer publicitário do Rio de Janeiro pode afirmar que somos conhecidos por termos um bom, profissional e adequado clima de trabalho. Nossas relações com os clientes têm sido, na medida do possível, menos tensas e mais produtivas. Não há nenhuma perfeição, seria absurdo até mesmo pretendê-la.

Mas não tenha dúvida, eventual leitor. O grau de harmonia e felicidade interna de nossa empresa é invejável. E eu não hesito um só instante em afirmar que isso se deve ao dia em que tivemos a coragem de achar que pedir o apoio profissional na solução de alguns de nossos problemas não era a garantia formal de que estávamos todos definitivamente loucos. Mas apenas uma demonstração clara de que estávamos começando a ficar mais sadios.

Primeiras palavras

Fela Moscovici

É HABITUAL arrolar uma porção de coisas como constituintes essenciais da organização, que determinam largamente seu funcionamento e resultados. São considerados os componentes "oficiais", de primeira linha, merecedores de toda atenção e cuidado. Suscitam interesse constante de empresários, pesquisadores, dirigentes e consultores para a melhoria contínua dos processos produtivos.

Um espelho serve para refletir imagens do que acontece lá dentro no dia-a-dia. Haverá maior ou menor fidelidade conforme o ângulo adotado, a iluminação existente e o olhar do observador. A realidade organizacional, porém, não se esgota neste espaço refletido.

Há ainda outro espaço, mais escuro, atrás do espelho, que não se reflete tão claramente mas que também pode revelar muito do que se passa no ambiente de trabalho.

Uma vez que a percepção é seletiva e culturalmente condicionada pela ênfase racional/lógica de nossa sociedade globalizada, essas "outras coisas" da penumbra não são devidamente estudadas e permanecem em segundo plano, ou são simplesmente excluídas das variáveis organizacionais mais importantes.

Pois justamente essas "outras coisas", que não são apontadas com nitidez, constituem ângulos ou espaços reais atuantes, embora ainda pouco explorados.

Quem (con)vive ou lida com as empresas reconhece esses aspectos semi-ocultos e sua influência no todo. Contudo, sua existência parece ser apenas tolerada, em paralelo com os aspectos formais, como algo inevitável a que não se precisa dar

maior atenção. Será que não vale a pena esmiuçar esses componentes? Ou não se consegue discernir o que está aí? Ou não se deseja distinguir o que as sombras escondem?

Que aparece atrás do espelho?

Coragem e curiosidade ingênua são essenciais para penetrar na zona sombreada e apreciar as imagens virtuais que lá se formam.

Caro leitor, lembrando o poeta que aconselha "Amai para ouvir e entender estrelas", quero compartilhar com você o que aprendi olhando as estrelas e a natureza, e amando as pessoas.

Aprendi que: a afirmação confirma nossa capacidade de olhar, ver, ouvir, entender mais com a emoção, o sentimento, o afeto do que com o intelecto; algumas partes da nossa vida escapam do puro enfoque intelectual, exigem uma disponibilidade emocional pouco desenvolvida entre nós, adeptos da ciência e da tecnologia avançada de nosso tempo; usamos pouco a intuição, não a cultivamos; queremos sempre a explicação lógica, científica, comprovada. Aquilo que não pode ser assim explicado é posto à parte como bobagem, invencionice, ou então como algo sobrenatural que pertence a outro domínio, inacessível.

As palavras da poesia são fascinantes, as ações difíceis, trabalhosas. Como seguir o conselho do poeta? Que talento ou coragem exige? Como preparar-se para "ver com o coração"?

Um bom começo para olhar novos ângulos e caminhos pouco percorridos, é seguir o que proponho:

Não fiqueis inteiramente subjugados ao intelecto!
Buscai em outros campos a visão e a compreensão do que vos rodeia e daquilo que está dentro de vós.
Adentrai espaços não racionais e neles transitai sem temor, com curiosidade, interesse, prudência, tranqüilidade, enlevo.
Aceitai e segui vossos sonhos, sentimentos, desejos, potencialidades.
Acreditai que a intuição vos guiará com segurança ao destino idealizado.
E que sois capazes de amar e ser amados.
E de alcançar a felicidade!

ENSAIOS

Simbolismo bíblico na empresa

POR MAIS CÉTICOS que sejamos, temos de admitir que nosso passado longínquo convive com nosso tempo presente.

O conceito de inconsciente coletivo, elaborado por Carl Jung, sugere que uma herança psicológica, passada de geração a geração, nos liga aos ancestrais mais remotos. No livro *O homem e seus símbolos*, Jung e colaboradores mostram como o nosso dia-a-dia está cheio de mitos e símbolos de antigas tradições perpetuadas através dos séculos. Deuses, heróis, vilões, monstros, protetores, salvadores, feiticeiros e bruxas fazem parte de nossa vida e linguagem cotidiana. Poderia o simples acaso explicar, por exemplo, o fato de naves espaciais e outros veículos e artefatos modernos receberem nomes simbólicos ou míticos?

Os conceitos de sombra e de inconsciente coletivo de Jung originaram a metáfora de "Luz e Sombra" como hipótese pertinente para interpretar a cultura organizacional. Metáforas, analogias e mitos podem ser usados para facilitar a compreensão de conceitos e processos complexos da organização, abrindo fecundo campo de pesquisa dos fenômenos organizacionais pouco explorados num enfoque convencional. Como ainda hoje o foco principal de atenção permanece voltado para os aspectos formais da organização, muitos outros aspectos importantes e interessantes da vida organizacional continuam ignorados ou negligenciados.

Este olhar não ortodoxo para situações interpessoais e grupais vem despertando crescente interesse entre teóricos e estudiosos de Administração. Surgem assim novas e promisso-

ras possibilidades de entender a multiforme dinâmica do ambiente de trabalho.

As relevantes obras *Imagens da organização* e *Deuses da Administração*, de Gareth Morgan e Charles Handy, respectivamente, exemplificam essa tendência inovadora.

Para Morgan, a organização é percebida e caracterizada de forma metafórica para ajudar a entender seu funcionamento complexo. A organização pode ser conceituada, simbolicamente, como máquina, organismo vivo, cérebro, cultura, sistema político, prisão psíquica, fluxo e transformação, instrumento de dominação.

O autor considera as metáforas elementos facilitadores do processo de análise da organização, envolvendo leitura diagnóstica situacional e avaliação crítica do significado das diferentes interpretações. O uso de metáforas é indicado para compreender, desenhar e gerenciar a organização, bem como para orientar, informar e prescrever ações, posto que há íntima correlação entre perceber e agir. Muitos problemas organizacionais decorrem do modo de pensar e das premissas adotadas em função do que e como se percebe. O grande desafio consiste em aprender a lidar com essa multiplicidade de percepções e conceitos conseqüentes.

Handy, de forma original, destaca os deuses mitológicos gregos Zeus, Apolo, Atena e Dioniso como símbolos de quatro tipos básicos de cultura organizacional. Zeus, o patriarca dos deuses do Olimpo, representa a cultura da liderança carismática. Apolo, o deus das normas e da ordem, representa a cultura da burocracia tradicional e do controle gerencial. Atena, deusa da sabedoria, representa a cultura do trabalho em equipe orientado para projetos. Dioniso, deus do vinho e da música, representa a cultura do individualismo e independência.

As influências dos deuses determinam estilos diferentes de liderança e de funcionamento da organização. Quais os estilos mais apropriados e em que proporção, e quais deuses devem ser invocados ou cultuados, constituem indagações e tarefas primordiais dos gerentes e executivos nas diversas

situações de trabalho. Nem sempre o equilíbrio entre os quatro deuses é a melhor alternativa, pois o predomínio de determinado estilo pode ser necessário e desejável em alguma situação ou atividade.

A Bíblia

Acima de todas as correntes e enfoques — simbólicos e míticos, antigos e modernos — a Bíblia continua sendo, para o Ocidente, uma fonte perene e inesgotável de inspiração, estudo, revelações e ensinamentos para interpretação e compreensão de fenômenos atuais, se e quando se consegue captar o que está além da narrativa.

Na opinião de A. Chouraqui (1995), conceituado estudioso e tradutor da Bíblia para a língua francesa,

> "...este livro de Israel, escrito em hebraico e em aramaico (e, em grego, o Novo Testamento), não surpreende apenas pela universalidade e pela longevidade de sua carreira: o que faz mais ainda, talvez, ao falar ao homem de todas as idades, em todas as línguas, em todos os seus níveis de consciência e de cultura. Se um milagre é o que torna real o impossível, estamos diante de um 'milagre' no campo da comunicação universal. Ora, em plena era atômica é possível ler sob uma nova luz este documento único, escrito nas idades do bronze e do ferro." (*A Bíblia. No princípio*, "Ler a Bíblia hoje", p. 7)

Isto porque o Livro permite vários níveis de leitura e apreensão.

A leitura comum é feita, usualmente, no nível factual ou literal. Os acontecimentos descritos são entendidos como um relato do que ocorreu nos tempos primordiais, englobando fatos possíveis e episódios sobrenaturais, somente aceitáveis pela fé.

Outro nível de leitura privilegia os símbolos, e vai além do literal para interpretar os fatos. É o nível alegórico, em que

a intuição também oferece elementos para comparação, analogia e interpretação.

Um terceiro nível é o metafísico, em que a leitura capta sistemas ideativos, filosóficos e de valores que fundamentam todas as escolhas.

Há ainda um quarto nível, mais profundo, baseado na crença, na fé, na emoção, no mistério — o nível místico.

Esses níveis de leitura da Bíblia podem também ser adotados ao se observar o ambiente, as situações e as pessoas, dentro e fora da empresa. A complexidade dos processos humanos — interpessoais e grupais, individuais e coletivos — é interpretada, compreendida e respondida de acordo com o nível de leitura que se faz da realidade presente. A percepção humana é seletiva em decorrência de variáveis pessoais e culturais e, por isso mesmo, destaca certos aspectos enquanto ignora outros.

Autores como W. Bion e M. Buber, por exemplo, também recorreram a analogias bíblicas para formular conceitos considerados relevantes pela comunidade científica e profissional.

Ao analisar as características dos "grupos de suposto básico", Bion indica que a modalidade "acasalamento" seria um processo grupal centrado numa dupla, representando um casal na preparação de uma nova idéia, solução, ação. Corresponderia, em termos simbólicos, à esperança da vinda do Messias, à geração de um salvador para a situação confusa e irresoluta em que o grupo se debate sem conseguir encontrar a saída.

Martin Buber elaborou uma original tipologia de "liderança bíblica", que pode indicar fases de vida da empresa. Cinco tipos de liderança são delineados em função de estágios seqüenciais históricos da Sagrada Escritura: o Patriarca, o Líder, o Juiz, o Rei e o Profeta. As figuras representativas de cada período exercem modalidades diferenciadas de liderança, conduzindo o povo pelos caminhos adequados à consecução dos desígnios divinos.

O *Patriarca* (Abraão) é o pai arquetípico, aquele que

origina uma descendência, uma tribo, que difundirá o verbo divino; ele é a figura do progenitor e guardião dos preceitos religiosos. Representa, simbolicamente, o fundador da empresa, aquele que a povoa, que estabelece as diretrizes iniciais de funcionamento e cuida que os princípios sejam religiosamente seguidos. É uma figura poderosa e carismática, que exerce influência marcante e duradoura sobre a modelagem da cultura organizacional, mesmo após seu afastamento. Direta ou indiretamente, o Patriarca pode ser amado, respeitado e venerado ou, por vezes, temido, odiado e hostilizado.

O *Líder* bíblico (Moisés) recebe a missão divina de libertar seu povo da escravidão, guiando-o à Terra Prometida e vencendo todos os obstáculos do caminho. O Líder empresarial é a figura igualmente carismática que sucede ao Patriarca e fixa novos rumos para conduzir a organização a objetivos mais amplos e elevados. A empresa precisa libertar-se de concepções e práticas restritivas para utilizar todo o seu potencial e alcançar novos horizontes; precisa ousar abandonar procedimentos bem-sucedidos e criar novas formas de atuação, originais e arrojadas, que superem as dificuldades externas (competição) e internas (desmotivação, conflitos) na marcha decisiva rumo a seu destino glorioso.

O Livro dos Juízes relata a necessidade de figuras que imponham sua autoridade, de forma esclarecida, para que a Lei seja observada por todos. O *Juiz* ajuda o povo a reencontrar a palavra divina, a respeitá-la nas relações humanas. Seguindo cabalmente a lei, reforça-se a fé e derrotam-se os inimigos. Para muitos líderes empresariais, o mais importante é fazer cumprir fielmente as regras de funcionamento, assegurar a ordem interna, acreditar nas prescrições de direito para alcançar vitórias justas.

A seqüência histórica mostra o *Rei* como líder consagrado por Deus para governar o povo em Seu nome. O povo fica satisfeito por ter um rei como os outros povos, pois a realeza, considerada como delegação do poder divino, eleva o status dos vassalos e dos nobres. O rei é, ao mesmo tempo, admirado e temido. Na empresa, o líder mais poderoso (o CEO, *Chief*

Executive Officer), de direito absoluto inquestionável, é também uma figura admirada e temida.

O *Profeta* surge como um líder que se contrapõe ao rei e ao povo, denunciando excessos e incoerências, desvios da lei divina, e apregoando desgraças que se abaterão sobre todos se persistirem naquela maneira viciosa de agir. A figura do inovador visionário, que antecipa cenários, que critica o conformismo e as falhas da liderança e dos liderados, e propõe soluções originais para escapar aos desastres vindouros, personifica o Profeta bíblico na empresa.

A história de cada empresa parece reproduzir, simbolicamente, esses tipos de liderança desde a fundação, passando por mudanças, crises, fracassos e sucessos, crescimento e glória. Esses exemplos sucintos mostram as imensas possibilidades do uso de recursos não ortodoxos no exame e na interpretação da dinâmica subjacente à cultura organizacional.

Toda empresa tem sua Bíblia

Acontecimentos, lendas, indagações, diretivas, proibições, recompensas, punições e reflexões que foram incorporados à cultura organizacional, seja no âmbito formal ou no informal, constituem elementos do Livro — guia das atividades cotidianas no trabalho. Alguns aspectos estão claramente explicitados, como os Mandamentos (missão, objetivos, credos, normas básicas de funcionamento), outros, nem tanto. Esses elementos implícitos fazem parte do acervo pouco conhecido e misterioso da dinâmica organizacional — a sua "sombra".

As pessoas guiam-se pela Bíblia escrita e pela não escrita, pelas regras formais e pelas informais. Os neófitos "pecam" porque não conhecem ou não sabem decifrar a lei não escrita. É difícil entender tudo sozinho e fazer as escolhas certas sem a orientação de um guia e a sanção de um juiz. Mesmo a lei escrita tem sua interpretação intermediada pelos sacerdotes e profetas.

Os líderes empresariais cumprem missões compósitas como profetas, sacerdotes, juízes, guerreiros, reis, heróis.

O Gênesis da empresa

O ciclo de vida da empresa sugere uma seqüência semelhante à dos episódios bíblicos.

Existe a figura do Criador, o fundador da empresa, seja um indivíduo ou um grupo. É um tempo de entusiasmo, esperança, alegria, satisfação. Esse clima emocional positivo lembra o ambiente paradisíaco do jardim do Éden.

O Patriarca estabelece os ideais, a missão, os objetivos, os princípios de funcionamento da empresa, assumidos e respeitados por todos. Comentários posteriores freqüentemente aludem àquele tempo feliz do princípio, quando "éramos felizes trabalhando muito, fazendo de tudo, sem medir sacrifícios..."

Com o passar do tempo, começam a surgir as tentações e os desvios da conduta prescrita. Ciúmes, inveja, ressentimentos geram comportamentos indevidos de transgressão às normas e conseqüências por vezes fatais. O paraíso é perdido, o pecado predomina. Castigos são aplicados para reverter a situação.

Se, apesar dos castigos, os desvios persistem e até aumentam, a situação de desordem também cresce e exige uma solução drástica. Grandes mudanças organizacionais são propostas e implementadas no sentido de "cortar o mal pela raiz", "apagar tudo e começar de novo", ou seja, reformulação total da empresa. Os sobreviventes reconstroem a empresa renascida para um futuro melhor. Alguma semelhança com o Dilúvio bíblico?

Algumas empresas não sobrevivem ao dilúvio simbólico, castigo provocado por má gestão prolongada, ineficiência, indisciplina, desperdício, decisões e ações tardias. Vale notar quantas empresas são fundadas anualmente, e quantas delas continuam ativas e produtivas ou desaparecem com dois a cinco anos de funcionamento.

Se a empresa consegue superar o dilúvio, ainda assim não está inteiramente a salvo. A consolidação de sua existência vitoriosa depende de sua capacidade para lidar com a Torre de Babel e com a busca da excelência empresarial, a Terra Prometida.

Enquanto os problemas internos de incompreensão, desentendimento e desunião afetam a produtividade e a competitividade, a empresa fica em situação de desvantagem. Por mais competentes que sejam as pessoas, por mais avançados que sejam os recursos tecnológicos, por mais volumosos que sejam os recursos financeiros, a empresa terá dificuldades em otimizar seus componentes humanos e materiais se o processo da comunicação permanecer falho.

A REVIVESCÊNCIA CONTEMPORÂNEA DE ALGUNS EPISÓDIOS

A sedução da serpente

O episódio de Adão e Eva pode ser interpretado como uma mensagem sobre o livre-arbítrio do homem, a capacidade de decidir seu destino e sofrer as conseqüências de sua decisão.

A mensagem subjacente no Velho Testamento é a liberdade de escolha. Não há determinismo divino implacável, somente regras básicas e punição para a desobediência às regras.

O jardim do Éden é o ambiente prazeroso, de necessidades satisfeitas, de harmonia holística entre homem e natureza. Corresponderia à morfoestase do ambiente organizacional. A serpente representaria a rutura desse equilíbrio, a tentação aparentemente externa que encontra ressonância nos desejos e fantasias internas de Eva. A mulher sucumbe aos apelos e decide provar o fruto proibido da árvore do conhecimento, induzindo Adão a também fazer o mesmo. Com este ato, tem início a separação entre o mundo sensorial/emocional e o mundo intelectual/racional, separação que perdura até os nossos dias.

A serpente pode ser vista como a corporificação do processo psicológico de projeção de desejos secretos, proibidos

pelas normas morais vigentes. Os desejos corresponderiam ao gosto pelo novo (a fruta desconhecida), ao acesso ao conhecimento, ao discernimento entre o bem e o mal, ao domínio da natureza. O desejo maior oculto seria o PODER — no sentido de igualar-se ao Criador.

Em nossa vida pessoal e profissional, a serpente está sempre presente, assumindo formas variadas. Há apelos de todo tipo para romper o equilíbrio situacional no sentido de conseguir algo diferente, perigoso, arriscado, porém muito atraente justamente por ser interdito pelas regras sociais e/ou organizacionais.

Na empresa, muitas manobras escondidas, mentiras, armadilhas, chantagens, subornos, favores e vantagens de cunho material (financeiro) ou não material relacionam-se a preferências afetivas não explícitas. Atos danosos decorrentes de ciúme, inveja, ressentimento, rancor e vingança também fazem parte inevitável e insolúvel da vida organizacional.

Até que ponto existe alguma relação entre esses aspectos impróprios e os desejos reprimidos em nosso próprio inconsciente, individual ou coletivo?

Até que ponto a tentação externa (a serpente) dos transgressores, dos rebeldes, dos modernos *hackers*, corresponde à carência (motivação) de emoções fortes, perigosas, arriscadas, *overdoses* de adrenalina para superar limites "normais" de conduta? E que, entretanto, podem até propiciar mudanças de significado social positivo?

Como julgar e lidar com os questionadores, os inconformados com o *status quo* de equilíbrio da rotina da empresa, que leva à estagnação? Quando os contestadores explicitam sua posição, seu "pecado" pode provocar algum tipo de castigo, seja o afastamento de uma função importante, transferência, marginalização, ou até "expulsão do paraíso" nos casos mais graves.

Não obstante o discurso freqüente de louvor à criatividade, ao questionamento, à iniciativa dos colaboradores, a empresa costuma premiar os disciplinados/conformistas e punir os contestadores. Ao incentivar algo que na prática não

deve acontecer, sob pena de castigo, não estaria a própria administração superior desempenhando, simbolicamente, o papel da serpente?

O processo da comunicação no ambiente de trabalho mostra esta ambigüidade: o que pode e o que não deve ser dito (ou feito), apesar de convites explícitos para "falar francamente" ou "tomar iniciativas". A experiência pessoal no processo de dar e receber *feedback* na empresa sinaliza as tentações e os perigos contidos nas freqüentes contradições entre o aparente e o subjacente.

Podemos especular, também, sobre o significado simbólico dos tentadores apelos da propaganda na mídia, do bombardeio incessante de promessas, da estimulação de desejos de consumo muitas vezes supérfluo. Insinua-se aí a imagem de uma serpente virtual, tecnológica, que desperta nossos desejos latentes e nos convida a saltar limites de bom senso, a desobedecer a normas estabelecidas. A punição por essas decisões insensatas e atos de indisciplina aparece depois na inadimplência, na preocupação com dívidas crescentes, na ansiedade de atender aos sonhos de familiares e na escalada compulsiva de troca de pertences, objetos domésticos e profissionais por modelos novos, mais avançados e sofisticados para manter e elevar o status social e a auto-estima.

Inveja que mata

A história dos dois irmãos primevos e do primeiro fratricídio é bem conhecida. Um era pastor e outro lavrador. Ao levarem oferendas de seu trabalho a Deus, teve início um processo universal de rivalidade (competição) entre irmãos (companheiros/parceiros) pela preferência do pai (professor, superior). Quando Deus favorece a oferta de Abel, Caim, tomado de inveja, enfurece-se com a discriminação, entra em luta com o irmão e acaba matando-o. A maldição divina expulsa Caim daquela terra fértil condenando-o: "... *fugitivo e vagabundo serás na terra*" (Gên. 4.12).

Ciúme, inveja e ira aparecem como os primeiros senti-

mentos negativos, emoções básicas primitivas que levam a atos irrefletidos e, muitas vezes, irreversíveis. A incapacidade de lidar com suas próprias emoções negativas aponta as conseqüências funestas da impulsividade e falta de controle emocional de Caim.

Em termos atuais, o episódio pode ser interpretado como um alerta sobre a força das emoções nas decisões e comportamentos de parceiros e no relacionamento interpessoal, enfatizando-se a importância da competência emocional.

Os estudos recentes de Inteligência Emocional preconizam a necessidade de desenvolver habilidades para reconhecer, controlar e canalizar adequadamente as emoções a fim de conviver bem com os outros. Da mesma forma, a capacidade de empatia, de participação em equipe e de lidar com conflitos. Se a competência emocional é desenvolvida, o relacionamento interpessoal pode ser harmonioso e construtivo. A cooperação torna-se possível para o trabalho e a convivência social. Os processos intragrupais de equipe permitem participação efetiva, com ampla troca de idéias e sentimentos em ambiente de confiança e autenticidade. A sinergia de esforços para resultados de qualidade torna-se uma possibilidade real.

Na empresa, a alegoria de Caim e Abel perdura até hoje. Em todos os setores e níveis pode-se notar ciúme e inveja, seja nas preferências de superiores ou nas realizações bem-sucedidas e elogiadas. O trabalho em grupo expõe a fragilidade dos relacionamentos superficiais dos membros carentes de habilidades interpessoais para lidar com as emoções.

Ciúme, inveja, ressentimento e ira são sentimentos naturais gerados por situações interpessoais momentâneas ou duradouras. O problema não é sentir a emoção, e sim a resposta que se dá a ela. A canalização de emoções intensas, conduzindo a reações também intensas, varia de acordo com as condições internas de motivação, auto-estima, autoconfiança, atitudes e valores.

A reação violenta, agressiva, serve mais à catarse que à solução do problema. O alívio temporário dos sentimentos desagradáveis de inferioridade (desempenho profissional),

rejeição (retirada de afeto), injustiça (não-reconhecimento) pode até ser benéfico para restaurar o equilíbrio emocional, se for espontâneo, imediato e não levar a extremos irreversíveis. As emoções que levam à agressividade verbal ou a brigas físicas podem passar a ser expressas de forma menos violenta, se houver desenvolvimento emocional/ interpessoal /social.

Quantas vezes acompanhamos verdadeiras "novelas ao vivo" dentro da empresa, em que os atores agem impulsionados por ciúme, inveja, ira, sem se darem conta de sua réplica atualizada, civilizada e sofisticada da história de Caim e Abel.

A ira, reprimida por injunções culturais para não acontecer entre "irmãos" da mesma equipe de trabalho (grupo/departamento/comitê, etc.), manifesta-se de várias maneiras. São bastante comuns os revides verbais de alguns, embora disfarçados de ironia, zombaria, sarcasmo, depreciação a realizações dos outros, enquanto admiradas e elogiadas pelos demais.

A vingança progressiva, a médio ou longo prazos, consiste em manobras hábeis e sutis para afastamento, transferência, substituição, não-promoção, marginalização, rebaixamento, degradação do "irmão" — colega, amigo — até a vingança máxima, a morte simbólica: a demissão.

Na empresa, porém, diferentemente do episódio bíblico, nem sempre Caim sofre o que é devido por seus delitos. O castigo não é proporcional ao pecado e muitas vezes nem é imposto. O sofredor é ainda Abel, o pacato, que nunca fez mal a ninguém, que realiza um trabalho bem-feito... e que acaba prejudicado em sua vida profissional apenas porque obteve elogios e reconhecimento de superiores e colegas!

É interessante notar que o castigo de Caim — simples expulsão das terras férteis — foi ainda amenizado ao ser-lhe concedida certa marca divina que o protegeria de ser morto por outros homens. Como interpretar esta dádiva generosa a um assassino para poupar-lhe igual destino?

Adão e Eva, que transgrediram uma proibição, mas não cometeram homicídio, foram também expulsos do Éden, porém sem nenhuma proteção especial...

Até hoje, vestígios do conflito primordial aparecem nas contendas abertas ou camufladas entre companheiros de trabalho, em que o escopo último é a morte (simbólica) do outro. Mesmo com possíveis conseqüências sérias, esses episódios são aceitos como parte inevitável da dinâmica organizacional.

Uma vez que as relações interpessoais de cunho éticomoral não estavam ainda regulamentadas no Gênesis — o que só viria a ocorrer mais tarde com a revelação dos Dez Mandamentos — isto poderia servir de atenuante para o fratricídio? Ou que o assassinato de um semelhante (mesmo nível hierárquico) poderia ser considerado menos grave que a desobediência ao poder supremo (Deus) ou ao maior poder hierárquico na sociedade ou na empresa?

Poderíamos, então, aventurar uma hipótese sombria de que transgressões a regras dos Poderosos merecem castigo maior do que a morte de outro ser humano? Serão os segredos do poder mais importantes que a vida humana?

Nesta época de globalização e transmissão veloz de informações, ainda há segredos que asseguram e aumentam o poder dos poderosos e que, por isso mesmo, não devem ser revelados. A tecnologia passa a ser considerada um tesouro apenas parcialmente acessível, pois suas engrenagens mais profundas e importantes são conhecidas e usadas apenas por pequenos grupos privilegiados, que detêm enorme poder sobre profissionais, empresas, sociedades, nações.

O moderno conhecimento esotérico chamado Ciência pertence aos "sacerdotes"/cientistas que oferecem a outrem o usufruto das suas descobertas e inovações, em função de concepções políticas, econômicas, sociais, humanísticas, religiosas.

Os transgressores modernos aparentemente não sofrem castigos relacionados à arvore do conhecimento. Descobrem cada vez mais os mistérios do universo exterior e interior, e guardam segredo para usá-los ou transferi-los de forma a ampliar seu poder. O gosto pelo poder do conhecimento não compartilhado é tão intenso que não se preocupam mais com

as possíveis conseqüências ético-morais, sociais e ecológicas da aplicação indiscriminada de suas descobertas. Basta lembrar as nefastas conseqüências da bomba atômica, as falhas em usinas nucleares, a poluição atmosférica/ambiental e a destruição de florestas e nascentes, o uso de agrotóxicos, além de outros exemplos.

Um cataclismo planejado

Catástrofes da natureza ocorrem aleatoriamente? Ou podem representar castigos divinos para os pecados humanos, maldade e violência, injustiças?

O episódio do dilúvio universal conta que a vontade do Eterno desencadeou forças terríveis da natureza para acabar com os pecadores. Poupou, entretanto, uma família escolhida para poder reconstituir a humanidade e algumas espécies da fauna existente com as suas qualidades de origem. A Arca de Noé seria salvação e refúgio dos inocentes, uma transição entre um tempo de depravação e um futuro novamente justo.

A simbologia da água (chuva forte e demorada, inundação) revela a dualidade sempre presente em qualquer fenômeno da natureza ou situação humana. A água tanto pode servir como elemento positivo de purificação quanto como força destrutiva de vidas, obras, terras.

A sobrevivência seria assegurada pela construção (humana) de um abrigo que resistiria à imensa e avassaladora enchente, preservando um casal de cada espécie animal e uma família de humanos para o futuro da nova humanidade. A escolha de um homem justo e confiável para conduzir a Arca recai sobre Noé, que passa a ser responsável pela salvação da humanidade.

Na empresa moderna também encontramos "pecados", maiores e menores, em todos os níveis: ambição de sucesso e lucro a qualquer custo, sede de poder, má gestão, ineficiência, desinteresse, desperdício, gestão fraudulenta, roubo, corrupção, injustiças, etc.

Quando a soma dos pecados se torna grande, perigosa

ou insustentável, pensa-se em medidas saneadoras ou "purificadoras" — minidilúvios que afastariam os indesejáveis "pecadores", os que não servem mais. Alguns processos de reengenharia sugerem versões modernas simbólicas de castigos coletivos, muitas vezes injustificados, por disfunções e desvios em relação ao "ideal".

A escolha do líder da salvação é um aspecto crítico do processo de sobrevivência e transformação da empresa. Ele tem a incumbência de definir quem deve ser salvo e quem deve ser abandonado ao avanço impiedoso das águas. Às vezes ele é de dentro da empresa, às vezes vem de fora para esta missão especial e sagrada.

As forças humanas podem também exercer o papel divino de castigar os impuros e indesejáveis. A tecnologia avançada nos processos de produção de bens e serviços tem modificado a economia, a política, a sociedade, os estilos de vida das pessoas, o funcionamento das organizações e o conceito de trabalho e emprego. A competição desenfreada, o mercado instável e a globalização passam a atuar como divindades cruéis que ameaçam com um dilúvio moderno anunciado em escala mundial: o binômio desemprego/ recessão.

À medida que essa ameaça se vai tornando palpável, os preparativos locais para a Arca de Noé começam a ser iniciados. O líder (individual ou grupal) da salvação estabelece critérios para inclusão ou exclusão da Arca (a própria empresa): quem deve permanecer empregado e quem deve ser despedido. O líder consciencioso sempre salva alguns especialistas de cada área para garantir o futuro funcionamento eficiente da empresa, tal como Noé preservou um casal de cada espécie da fauna.

Vale notar que a sagrada escritura insinua que o homem tem capacidade e poder para enfrentar os castigos divinos. A Arca de Noé, uma construção concreta humana ordenada por Deus, resistiria ao terrível desastre do dilúvio, levando seus passageiros em segurança ao destino de povoar um mundo melhor. A morte simbólica é seguida de renascimento, um novo início para cumprir os desígnios originais da Criação.

No caso das empresas, uma crise grave, que ameace seriamente a sobrevivência da organização, pode evoluir para uma catástrofe (dilúvio simbólico), capaz de arrastar os membros para o fundo das águas (concordata, falência, dissolução, fusão). Todavia, se a sua Arca de Noé for bem planejada, construída e conduzida, a empresa emergirá renovada, enxuta, dinâmica, sem os excessos desgastantes, os processos lentos e confusos, os pequenos pecados que se avolumam imperceptivelmente, e estará pronta para realizar suas metas e sua missão principal. Às vezes é preciso passar por um processo destrutivo para poder recomeçar e criar uma transformação positiva que conduza ao crescimento e desenvolvimento. Os rituais de morte simbólica e renascimento são constantes nas diversas culturas e são internalizados no inconsciente coletivo.

Expressões metafóricas de desastres incontroláveis da natureza, tais como "dilúvio", "enxurrada", "avalanche", "furacão", são usadas, muitas vezes, no ambiente de trabalho quando se fica submetido a um volume desmesurado de demandas, informações, ordens e contra-ordens, mudanças que se sucedem velozmente num crescendo assustador e inexorável. A sensação psicológica de "afogamento" iminente é nítida e concreta.

Em situações de crise, as ameaças percebidas — reais ou imaginárias — de aniquilamento de pessoas e da própria organização provocam muito medo e até pânico, suscitando sérias dúvidas sobre o desempenho profissional de cada um e sobre a possibilidade de erros cometidos (pecados) que merecem castigo. E este virá sob forma de um grande desastre — a demissão em massa. Se alguns falharam, muitos inocentes serão condenados a pagar pelo fracasso.

Nesta situação, o líder verdadeiro assume seu papel carismático (bíblico) de salvador. Com bom senso, capacidade, habilidade e fé construirá um ambiente seguro e protegido para a sobrevivência ameaçada. Ele é pai, protetor, guia, mestre, amigo. E tem poder extraordinário, por delegação divina, para levar a cabo sua magna missão. E como todos acreditam e confiam nele, a salvação acontecerá. O entusiasmo do líder e

sua confiança na capacidade das pessoas encorajam a junção de esforços e talentos individuais para uma empreitada coletiva, uma espécie de mutirão motivado para descobrir e implementar soluções criativas no intuito de vencer ou mudar parcialmente a previsão fatal.

A empresa de hoje, em certos momentos, revive simbolicamente o mito do dilúvio bíblico e tenta escapar do destino funesto por meio de recursos da tecnologia avançada de administração. O problema crítico consiste na aplicação correta, adequada e ética desses recursos, sob uma liderança capacitada técnica e emocionalmente.

Entretanto, as indagações cruciais permanecem as mesmas de outrora: quem deve participar da Arca e quem deve ser excluído?

A incomunicação humana

Teria havido uma língua original para o diálogo do homem com Deus? Como teria sido a comunicação entre Deus e Adão, Adão e Eva e seus descendentes diretos? Como surgiram as diferentes línguas?

Parece que os dois primeiros grandes castigos infligidos aos homens desobedientes ou pecadores não foram suficientes para frear o seu desejo de poder. Os homens queriam alcançar o lugar onde Deus habitava, aproximar-se fisicamente d'Ele, ficar no mesmo nível concreto, igualar-se.

Construíram então uma torre bem alta que os levasse até o céu, que permitisse o acesso humano ao território divino. E Deus não arrasou a torre nem destruiu os homens. Seu castigo, desta vez, foi bem mais sutil e profundo: simplesmente confundiu sua linguagem para que eles não se entendessem.

Sem comunicação, não poderiam fazer alianças nem colaborar. Ao contrário, a desconfiança e o conflito, com suas emoções correlatas, emergiram da falta de entendimento e permaneceram como componentes constantes na vida humana até hoje. Os grupos que se distinguiam por usarem línguas diferentes espalharam-se depois pelo mundo. E até os nossos

dias, a multiplicidade de línguas cria problemas na compreensão entre os homens.

Toda empresa materializa a alegoria da torre de Babel, em maior ou menor grau.

Embora falando a mesma língua, os problemas de comunicação, interna e externa, são freqüentes e geram disfunções variadas. Setores especiais de comunicação são criados para tratar desses problemas, contando com profissionais internos competentes e especialistas externos contratados. Todavia, as dificuldades de comunicação perduram.

O desígnio divino da incomunicação humana continua presente apesar do extraordinário avanço da tecnologia da comunicação.

Por mais que instrumentos, artefatos e recursos instantâneos das telecomunicações estejam aí para ajudar e que a espantosa revolução da informação supostamente facilite tudo, a comunicação humana prossegue difícil, falha, carente, desencontrada, não confiável, imperfeita.

Que acontece no cotidiano, em casa ou no trabalho?

Uma série de desencontros, mal-entendidos e incompreensões, acompanhados de frustração, irritação, ressentimento, mágoa, ciúme, rejeição, tudo provocado provavelmente por falhas de comunicação.

Este é o quadro comum e do qual todos se queixam. A situação oposta, de compreensão e harmonia, é bem mais rara.

Quem nunca se preocupou com a falta de comunicação entre as gerações, e dentro das famílias? Quem nunca se assombrou com as distorções inacreditáveis que acontecem no ambiente de trabalho? Sejam simples memorandos, comunicações internas, ordens verbais, recados telefônicos — as mensagens transformam-se e causam transtornos que afetam a motivação, os processos produtivos, a liderança, o relacionamento, a confiança, o trabalho em grupo, o clima organizacional, a qualidade dos produtos.

Uma vez que a organização considera que a comunicação eficaz é a base para liderança e produtividade, trabalho em equi-

pe e qualidade, torna-se prioritário desenvolver e aperfeiçoar este processo. Cursos e mais cursos, palestras, seminários, *workshops* de comunicação são realizados nas empresas utilizando recursos tecnológicos avançados e consultores competentes.

O retorno, porém, não costuma ser proporcional ao investimento.

É preciso compreender e aceitar que a comunicação humana não é um processo mecânico, que possa ser acionado e controlado apenas tecnicamente. Embora a estrutura formal da mensagem esteja baseada em símbolos de conhecimento comum (a linguagem), o processo psicológico de emissão e de recepção sofre a influência de fatores emocionais, tanto por parte do emissor quanto do receptor. E aí reside o buraco negro da comunicação humana.

As emoções que acompanham os atos de perceber as mensagens, emiti-las, captá-las, interpretá-las e guardá-las na memória são grandemente responsáveis pela má compreensão ou "distorção" do conteúdo dessas mensagens, com inevitáveis conseqüências no comportamento diário.

Aquelas línguas diferentes, que criam confusão, prosseguem vivas na empresa atual. Os termos usados pelos diferentes grupos criam obstáculos iniciais ao entendimento, reforçados por enfoques ou premissas diferentes. Reuniões de membros de diversas áreas mostram pontos de vista de difícil conciliação. Enquanto o diálogo não flui facilmente, as discussões prolongam-se e as conclusões e decisões carecem de qualidade.

O drama das reuniões de grupos, comitês, equipes não está simplesmente nas palavras da língua oficial e sim, e principalmente, nos processos psicológicos inerentes à interação humana. O filtro perceptivo, a motivação do momento, as experiências passadas e suas emoções correlatas, a auto-imagem e a auto-estima, o relacionamento afetivo com os colegas são variáveis pessoais que geram divergências no exame e na solução de problemas organizacionais.

As linguagens se complicam mais ainda pela adoção de códigos específicos usados por determinados grupos e áreas. As palavras e expressões do jargão característico de uma deter-

minada área podem receber interpretação diferente por parte dos membros de outras áreas da empresa. Além disso, a experiência compartilhada no trabalho, ao longo do tempo, também cria vocábulos referenciais dentro de um grupo, uma espécie de gíria ou linguagem secreta — que se torna mais um entrave ao entendimento.

E que dizer dos boatos, das fofocas? Facilitam ou dificultam a comunicação? Que merece mais crédito: o boato ou a nota oficial? Que significam os apelidos manifestos e os ocultos? E as mensagens duplas, cruzadas, contraditórias? E a linguagem simbólica dos mitos organizacionais?

As intrigantes variáveis da torre de Babel na moderna empresa tecnológica contribuem para manter e reforçar a desafiante, frustrante e, até agora, insolúvel problemática da comunicação humana.

O acidentado percurso para a bem-aventurança

A história bíblica de Moisés mostra a liderança da libertação e o caminho da harmonia.

Moisés simboliza o líder inspirador, que transmite entusiasmo e fé na realização de um ideal, na luta por uma causa superior ou no cumprimento de determinada missão.

Há vários elementos a serem apreciados no nível alegórico: a saída do Egito, a travessia do deserto, a liderança de Moisés, a Terra Prometida.

A saída do Egito significa libertar-se da escravidão da ignorância, abandonar preconceitos, romper um condicionamento cultural. Para isso, faz-se mister que haja conscientização do estado de ignorância (escravidão), desejo de sair desse estado e liderança apropriada.

A travessia do deserto representa o processo de desenvolvimento, de capacitação pessoal, interpessoal e grupal, a trajetória da ignorância para o conhecimento, arrostando empecilhos, sem medir esforços, fazendo sacrifícios e lidando com conflitos para chegar ao destino desejado. O tempo gasto

na travessia é longo: quarenta anos vagando pelas areias quentes e inóspitas. O que é importante, grandioso, não se realiza rapidamente. A aridez do trajeto sugere as dificuldades de um projeto de vida pessoal ou de um empreendimento coletivo, são obstáculos que não se superam com facilidade.

Os recursos utilizados, comparáveis aos instrumentos tecnológicos atuais, serviram para resolver os problemas e assegurar a sobrevivência naquele ambiente perigoso e hostil. Todavia, não eram suficientes para alcançar a Terra Prometida. Para chegar ao seu destino idealizado, as pessoas foram movidas e amparadas pela fé compartilhada, pela total confiança no líder e na proteção divina.

A liderança de Moisés é o ponto alto da narrativa.

Embora sua conduta, em algumas ocasiões, tenha mostrado falhas, deslizes, regressões, ele detém os principais atributos de um líder ideal: humildade, integridade, honestidade. Como interlocutor e intermediário de Deus, seu papel adquire uma aura de "predestinado", pois transmite a vontade divina como um profeta.

Toda a sua atividade, entretanto, é regida pela Lei, a lei escrita nas Tábuas e diretamente ditada por Deus. Tem início, então, a organização do comportamento humano através das diretivas absolutas contidas nos Dez Mandamentos, vigentes até os nossos dias.

Desde então, regras, normas, prescrições, regulamentos direcionam e controlam nossas vidas. A necessidade de limites é reconhecida e acatada em todas as sociedades que sobrevivem e se desenvolvem. A ordem, a organização e o mapeamento de pontos de referência criam segurança psicológica para qualquer atividade. Situações ambíguas, não estruturadas, são geralmente percebidas como potencialmente ameaçadoras.

Em termos organizacionais, poderíamos formular uma hipótese variante sobre o papel de Moisés.

Pelo apego às Tábuas da Lei, pela obediência irrestrita às prescrições que todos deveriam seguir fielmente sem vacilação nem questionamento, seria plausível considerar Moisés o precursor simbólico da moderna Burocracia?

Segundo a conceituação de Max Weber, o grande teórico da burocracia, a organização minuciosa de funções e tarefas, o planejamento detalhado, a hierarquia de autoridade e os controles rigorosos dotam a empresa de condições de segurança e produtividade e garantem um funcionamento previsível, controlável, imutável.

A concepção original de burocracia, portanto, significava ordem, disciplina, segurança, eficiência. Com o passar do tempo, as falhas de implementação deturparam o conceito que passou a traduzir rigidez, inflexibilidade, excesso de regras e de controles, morosidade. Acabou adquirindo caráter pejorativo. Quando se quer indicar o funcionamento ineficiente, moroso e detalhista da empresa, costuma-se dizer que ela é “burocrática”. Igualmente, a designação “burocrata” constitui um rótulo depreciativo do profissional. Significa que ele carece de competência, iniciativa, flexibilidade, criatividade. Afirma que se trata de pessoa cordata, conformista, que cumpre ordens, incapaz de discernir entre a letra da lei e o espírito da lei.

Os primórdios do princípio da delegação, na moderna gestão de empresas, podem igualmente ser encontrados no desempenho de Moisés quando organizou grupos e chefias hierarquicamente constituídas, a conselho de seu sogro Jetro.

Sendo Moisés a figura arquetípica do burocrata, como teria sido possível exercer uma liderança tão notável, conduzir o povo (subordinados, colegas, grupos) em direção à Terra Prometida (objetivos estabelecidos) superando todos os obstáculos (crises) com inteligência (conhecimentos/tecnologia) e fé (motivação, emoção/afetividade)?

A liderança de Moisés é complexa. Merece exame mais profundo e extenso para apreender todo o seu amplo significado explícito e implícito.

A Terra Prometida

É uma terra de doçura, de paz e harmonia, de leite e mel; a conotação simbólica é a de um ideal, algo superior às agruras do dia-a-dia. É o lugar do repouso merecido após as con-

quistas, do desfrute sem culpa. Terra de liberdade e bem-estar, de uma vida melhor.

Todos anseiam pela terra prometida. Mas onde ela está para cada um e para todos?

Na empresa, a terra prometida é o funcionamento harmônico e produtivo de todas as suas partes. É um clima de compreensão e entusiasmo pelo trabalho, de respeito e afeto mútuos. Cooperação e competência produzindo qualidade. Tecnologia e criatividade produzindo respostas rápidas e melhores. É a empresa idealizada por dirigentes e dirigidos, "aquela empresa" sonhada, que traz satisfação e realização individual e coletiva. Todos os planos de melhorias, principalmente o planejamento estratégico, sugerem tentativas de desenhar a "terra prometida" da empresa, com objetivos, metas, prazos, responsabilidades, atividades, controles, avaliações periódicas.

A esperança (crença, motivação, engajamento) de todos é de que quando a empresa atingir aqueles parâmetros (o ideal planejado), haverá fartura, doçura, alegria e paz, ainda que seja, como suprema obra humana, um ideal raramente atingível na prática.

A produtividade com qualidade vencerá a competição dos concorrentes (obstáculos do percurso/travessia do deserto), gerando lucros que permitirão melhores salários e divisão de parcelas do lucro entre todos os colaboradores. A fartura será usufruída por todos.

O prazer do sucesso traz doçura (leite e mel — mais do que cestas básicas) para uma vida sem amarguras, sem rancor nem queixas. A alegria de trabalhar e de conviver com os outros, de estar na empresa, de participar, de contribuir para o sucesso do empreendimento comum, é resgatada plenamente para a alegria de viver, um posicionamento existencial positivo. A paz expressa a harmonia das pessoas entre si e com a empresa, a sabedoria de lidar com divergências e conflitos, com equilíbrio e competência emocional.

Este conjunto sugere a reconquista do paraíso perdido — o Éden — e da vida originalmente concedida por Deus ao homem.

Pergunte-se aos executivos o que eles mais desejam em sua vida na empresa. Provavelmente as respostas mais freqüentes estarão relacionadas a menos estresse, menos conflitos, menos preocupações (harmonia, paz); mais motivação, envolvimento dos colaboradores, produtividade, qualidade, sucesso (lucros, fartura); melhor ambiente de trabalho, clima organizacional agradável (doçura); satisfação no trabalho, no relacionamento com os outros (prazer, alegria).

Os esforços dos dirigentes/gestores, que conduzem os destinos da empresa, costumam ser mais direcionados para os aspectos objetivos e concretos — competitividade, sucesso, lucro, crescimento, mercado. Os aspectos subjetivos de satisfação, prazer, relacionamento, em geral são menos cuidados. Esta preferência, condicionada pela cultura predominantemente tecnológica, possivelmente atrapalha ou retarda o caminho para a terra prometida.

O quadro esboçado descreve o *locus* externo da terra prometida no âmbito organizacional. Poder-se-ia imaginar outro *locus* do ideal sonhado e desejado pelas pessoas?

Se porventura aventarmos a possibilidade de uma terra prometida interior, dentro de cada um de nós, todo o nosso mundo se transforma e uma nova realidade começa a tomar vulto. Este novo paradigma é abordado em outro capítulo do livro.

ALGUMAS FIGURAS EXPRESSIVAS DO VELHO TESTAMENTO

Profetas

Desde Moisés, possivelmente o primeiro profeta e apóstolo da história da humanidade, os profetas bíblicos diziam transmitir a palavra divina, relembrando os Mandamentos e incentivando o seu cumprimento pleno e permanente.

Embora inspirados por Deus, eram homens comuns, que

observavam e julgavam os acontecimentos da vida cotidiana, pregando contra os males morais e sociais, a idolatria, a devassidão, as injustiças, a violência, as guerras. Consideravam a religião inseparável da moral. Atuavam como moralistas práticos, políticos e juízes, formando uma espécie de consciência coletiva do povo. Acreditavam em sua missão de denunciar a injustiça e a opressão, e procuravam despertar um sentimento forte diante dos sofrimentos sociais, algo que deveria levar à ação: *...Aprendei a fazer o bem; buscai a justiça, acabai com a opressão, fazei justiça ao órfão, defendei a causa da viúva* (Is. 1.17) *...Executai justiça pela manhã, e livrai o espoliado da mão do opressor* (Jer. 21.12).

Os profetas censuravam, condenavam, instruíam, exortavam, guiavam e previam o futuro.

Apresentavam visões com promessas paradisíacas para os crentes seguidores da lei divina ou ameaças de castigos terríveis para os desobedientes pecadores.

Essas visões produziam grande impacto no povo. O temor da ira divina era um poderoso fator condicionante da conduta e da obediência naqueles tempos. Ainda hoje continua sendo.

As narrativas dos *profetas anteriores* (de Josué até Elias e Eliseu) expõem mais fatos históricos e críticas a costumes desviantes da observação dos Mandamentos. As dos *profetas posteriores* são oráculos clássicos ou literários, incluindo Isaías, Jeremias, Ezequiel e o Livro dos Doze profetas menores.

Os ensinamentos proféticos transmitem a crença de que o caminho da humanidade é o trajeto das trevas para a luz, da iniqüidade para a justiça de Deus. Constituem também os primórdios de uma concepção de história universal, de antecipação de uma realidade transcendente global no futuro da Terra. Jeremias enfatiza a universalidade da religião na conversão de todos os povos ao único Deus verdadeiro (Jer. 23.6). Ezequiel, profeta de esperança, mais do que simples condenação, enfatiza a contribuição do indivíduo para a salvação universal, através de sua reconciliação com Deus, transformando-se em homem justo. Desenvolve-se, então, uma nova concepção de

culpa, baseada na responsabilidade de cada um pelos seus atos. *Lançai de vós todas as vossas transgressões que cometestes contra mim; e criai em vós um coração novo e um espírito novo...* (Ez. 18.31). A iniciativa, contudo, deve ser da própria pessoa que deseja livrar-se do pecado e estabelecer uma relação pessoal com Deus.

Os profetas evoluíram e consolidaram no Pentateuco — conjunto dos primeiros cinco livros do Velho Testamento, a saber: Gênesis, Êxodo, Levítico, Números e Deuteronômio — uma filosofia imbuída de firme crença na responsabilidade individual, considerando que o homem não carrega a culpa de seus ancestrais, não depende inteiramente dos outros homens nem fica subjugado pelos acontecimentos. O homem não está escravizado ao destino. Ele é espiritualmente independente, uma vez que se reconcilie com Deus e a Deus pertença.

No tempo das pregações, o medo daquelas visões catastróficas estendeu-se aos profetas. Sua aparição prenunciava desgraças coletivas. Eles passaram a ser também temidos e evitados; seu discurso veemente, muitas vezes, era negado, desacreditado, desmentido, ou até ridicularizado e combatido. O reforço da fé era difícil mesmo para um intermediário do verbo divino.

Teriam sido os profetas os precursores simbólicos dos adivinhos leigos (futurólogos) que surgiram e se multiplicaram em todos os povos?

Os profetas diziam-se inspirados por Deus em seus julgamentos e visões prognósticas. Os adivinhos mostravam talento na interpretação de aspectos da natureza quando avaliavam algumas formas, imagens, alterações perceptíveis de vários elementos como presságios de acontecimentos futuros. Usavam conhecimentos empíricos e intuição para apreciar o céu, as nuvens, o vento, a água, o fogo, as pedras, a areia, os astros, as plantas. Passaram também a interpretar símbolos de símbolos: as cartas, as letras, os números.

Vale lembrar que muito antes do surgimento da psicanálise, a interpretação dos sonhos consta do relato bíblico da história de José e os sonhos premonitórios do faraó do Egito.

Pode-se inferir que a narrativa sugere o valor da interpretação simbólica para a compreensão de situações obscuras e a conseqüente tomada de decisão adequada. O sonho pelo sonho, em seu sentido literal, pouco acrescenta além de sentimentos de prazer ou desprazer com seu conteúdo. Mesmo assim, pode despertar para o mistério, estimular a curiosidade, alertar para o desconhecido, mobilizar o desejo de descobrir o que quer dizer aquela linguagem enigmática. Se, contudo, uma leitura simbólica for feita, o significado do seu conteúdo latente pode ser apreendido como uma mensagem da realidade presente, e revelar possíveis alternativas de ação para lidar com os acontecimentos e transformá-los. A sabedoria popular considera o sonho um lembrete de algo que não deve ser esquecido, ou um augúrio que precisa ser seguido.

Os adivinhos competentes passaram a acumular outros poderes. O acerto de seus vaticínios era tomado como magia, domínio de forças sobrenaturais. A conotação de magos muitas vezes acompanhou os profetas.

Membros atuantes da gestão da empresa — tais como gerentes, executivos, líderes — podem exercer, simbolicamente, o papel de profeta.

As funções de planejador, comunicador e incentivador são inerentes ao papel do gestor. Contudo o mais importante é a característica de visionário, de sonhador. O dirigente/profeta moderno é um líder visionário que prognostica e desenha o futuro dos colaboradores e da própria empresa. O desenho de novos cenários expõe uma visão de futuro, um sonho do ideal desejado. Visões compartilhadas aumentam a motivação e o entusiasmo para trabalhar no projeto de transformação.

O líder propõe e planeja mudanças, pensa nos recursos, formatos e dificuldades. Anuncia as mudanças de forma habilidosa e entusiasmada, acompanha o processo informando, esclarecendo, confirmando. Seu entusiasmo é contagiante no início e durante todo o tempo de implementação, amparando e animando nas dificuldades e reconhecendo o mérito nos sucessos. Tudo isso acompanhado de afeto e confiança na capacidade dos outros. O planejamento cuidadoso e a comu-

nicação efetiva são elementos básicos na implantação de mudanças organizacionais. A credibilidade no líder reforça a confiança na validade de esforços perseverantes e eventuais sacrifícios para alcançar o objetivo comum. O lado positivo desejável será construído se todos juntarem esforços de maneira disciplinada, equilibrada, com fé e confiança no líder.

Em caso contrário, outro cenário poderá surgir, resultante de indisciplina, apatia, comodismo, esforços desencontrados. Isto pode explicar por que muitas empresas não conseguem sobreviver quando as condições ambientais mudam. Alguns líderes empresariais custam a perceber as tendências ou sinais que clamam por mudanças internas de rumo e de atividades para sobrevivência com êxito.

Quantas vezes ocorrem situações paradoxais na empresa...

Quem percebe mais do que os outros, de forma criativa e original, nem sempre é bem-vindo, apesar do discurso formal em prol da criatividade e iniciativa. Os arraigados hábitos da confortável rotina de acomodação induzem as pessoas a desconfiar e até zombar do "profeta" que ousa falar em mudar o *status quo*. A resistência à mudança é bem conhecida em todas as tentativas de transformação.

Seria o contraponto moderno às visões atraentes e agradáveis, porém trabalhosas, demoradas e sacrificantes enunciadas pelos profetas? O que originalmente seria considerado desobediência e pecado pode assumir uma forma disfarçada e sofisticada, que não é facilmente percebida como infração à Lei, às normas do sistema. Em alguns momentos históricos, tal atitude chega mesmo a ser defendida como louvável sob a denominação de *desobediência civil*. Muitos movimentos importantes da história da humanidade começaram como resistência à mudança e evoluíram positivamente em função de ideais mais antigos e profundos.

Cabe notar que os profetas simbólicos na empresa são também admirados, temidos e hostilizados. Ora podem tornar-se modelos e líderes ideais, modelando a cultura organizacional e granjeando adeptos das mudanças propostas. Ora podem ser vistos como sonhadores alienados, alimentando

fantasias que arrastarão todos ao desastre. E, com isso, a empresa fica dividida entre o culto ao líder carismático e o repúdio ao líder visionário, com seus membros engajados num ou noutro lado. O embate enfraquece a energia produtiva da empresa e cria hostilidade entre os partidários e os adversários do discurso do profeta.

O processo de aceitação da idéia nova ou de resistência à mudança caracteriza a dinâmica da empresa, a sua orientação ideológica e os valores realmente praticados, não apenas proclamados.

Os modernos profetas profissionais

A busca incessante de informações e tendências no ambiente de atuação da empresa sugere a ansiedade milenar de conhecer as variáveis do presente para, a partir deste, prever e construir o futuro.

A empresa recorre a muitos tipos de instrumentos diagnósticos e prognósticos, dos mais ortodoxos aos menos ortodoxos. Mobilizam-se recursos internos e externos no intuito de obter maior e melhor cobertura dos fenômenos pesquisados. Quando os recursos ortodoxos não levam aos resultados previstos, a empresa pode, eventualmente, voltar-se para meios alternativos, mais baseados na intuição, na crença e na fé do que em conhecimentos científicos.

Os especialistas internos costumam trabalhar na coleta e interpretação de dados e na elaboração de projetos que levem aos objetivos desejados. Os especialistas externos — conhecidos como Consultores — são chamados porque se acredita que eles sabem muito mais, por sua experiência maior com diversas empresas. Há também uma esperança secreta de que eles possuam certos poderes misteriosos para fazer acontecer aquilo que se deseja.

Os consultores podem exercer, simbolicamente, um papel comparável ao dos profetas. Anunciam novos cenários promissores; reforçam certos princípios, mobilizam a fé e a confiança em seu trabalho; mostram novas maneiras de alcan-

çar as metas fixadas. E ainda mais, auguram castigos/fracassos e cenários desoladores se todos não cumprirem, rigorosamente, as suas prescrições.

O consultor externo apresenta-se como uma figura dotada de poder esotérico. Tem uma aura de magia e competência. Atua simbolicamente como profeta e sacerdote. É admirado e temido como um profeta bíblico ou um sacerdote. Suas visões (prognósticos) são acolhidas, sua liturgia (metodologia de trabalho) respeitada e seguida.

Cria-se, então, um ambiente de esperança e motivação, mesclado de medo, que une esforços nos processos preconizados pelo consultor. O receio de punições e do possível malogro vaticinado pelo profeta constituem poderoso fator de obediência e adesão aos procedimentos preconizados pelo profeta/consultor.

Alguns grandes consultores adquirem uma imagem que transcende sua elevada competência e realizações bem-sucedidas. Crença em sua sabedoria profunda, fé em seus poderes extraordinários e atração por seu carisma podem transformar o consultor numa espécie de *guru* venerado por todos. Muitos fatores emocionais contribuem para essa imagem além da mídia e das conquistas acadêmicas e editoriais. Sua palavra é acolhida como verdadeira, suas recomendações são cumpridas sem questionamento. Sua autoridade intelectual, de conhecimento e experiência, é reconhecida, respeitada e admirada. Seu papel ultrapassa o âmbito técnico-profissional tornando-o, simbolicamente, mais que um profeta — um líder místico.

Se a empresa supera a crise iminente ou já instalada, o consultor/profeta recebe todo o mérito por sua atuação técnica excelente. Sua antevisão das potencialidades de sucesso e de fracasso serviu de alerta para os desvios que estavam impedindo o desempenho adequado e competente da organização.

Se, porém, a empresa não consegue vencer a crise, a culpa jamais é do consultor. São as pessoas que perderam a fé (motivação), pecaram (não trabalharam com competência), não seguiram devidamente as diretivas do profeta (consultor).

Por essa conduta abominável atraíram a ira divina e foram castigadas: a empresa afundou ainda mais na crise, arrastando a todos. Tudo conforme fora previsto e avisado pelo profeta/consultor, que sai ileso e sobranceiro!

A universalização religiosa prenunciada pelos profetas bíblicos — e um mundo de plena harmonia, em que o culto de todos os povos seria para um só Deus — poderia ser relacionada simbolicamente ao atual cenário de globalização, cultuando também um deus único? E qual seria essa divindade tão poderosa que domina o mundo hodierno?

Seria o Eterno, o Criador, o Infinito, ou seria uma elaboração material do homem em sua alucinante corrida para o conhecimento total, para desvendar todos os segredos do universo e controlá-lo, dominá-lo, transformá-lo? E tornar-se o rei da criação de um mundo novo, com novos ícones a serem adorados...

Alguns fenômenos atuais lembram, simbolicamente, as profecias dos castigos que seriam infligidos pelo descumprimento dos mandamentos divinos e pela insistência na prática da idolatria cega: desastres ecológicos e mudanças nos ritmos e ciclos da natureza, afetando lavoura, pecuária, produção de alimentos; pragas/epidemias de novas e antigas doenças, ainda incuráveis; patologias e sofrimentos sociais como violência, crime, injustiça, perversa distribuição de renda, desemprego, pobreza, discriminação...

Guerreiros

A partir de Adão e Eva, com a cisão entre pensamento/conhecimento e ação, abriu-se o espaço para outras ocupações além de pastores e lavradores.

Os guerreiros primitivos desempenharam papel complementar ao dos profetas, ocupando-se em conquistar territórios, espaços de expansão física para a tribo viver em paz. A função de guerrear, de lutar, era considerada importante e valiosa para a conservação da vida e da fé. O livro do Eclesiastes descreve, em linguagem poética, as diversas atividades

humanas em função do tempo, assinalando que há ... *tempo de guerra, e tempo de paz* (Ecl. 3.8).

Seria a luta de dominação uma forma peculiar de propagar e reforçar a fé? Seriam também os guerreiros incumbidos da missão divina de impor observância aos preceitos da Lei pela força?

Parece que a história da humanidade tem confirmado essa hipótese nos inúmeros exemplos de "guerras santas" ao longo dos séculos, em todas as regiões do mundo. Variam os deuses e as religiões, mas o processo básico da luta sagrada mantém-se inalterado.

Na atualidade, continuam os conflitos e atividades de conquista e dominação em nome da fé religiosa, agora com os mais avançados recursos tecnológicos. E os guerreiros profissionais continuam sendo admirados e venerados como grandes heróis.

Na empresa, executivos e gerentes de ação rápida e enérgica simbolizam os guerreiros, os bravos, que usam todas as suas forças e recursos para atingir as metas estabelecidas, os alvos organizacionais. Sua luta maior é contra os numerosos obstáculos que dificultam o caminho ou impedem de chegar ao alvo. E que, muitas vezes, podem ser pessoas — que precisam, então, ser vencidas ou neutralizadas.

A personalidade dos guerreiros organizacionais tende a caracterizar-se como "batalhador durão",* aquele indivíduo que alcança as metas a qualquer custo. Isto significa usar alegoricamente um rolo compressor, ou tanque de guerra, passando-o por cima de tudo e de todos que se atravessem em seu caminho, sem dó nem piedade. É a figura do lutador, do fazedor, do vencedor/conquistador/triunfador.

A tenacidade dos guerreiros, que não desistem facilmente, contagia os demais membros. Servem de exemplo e incentivo, induzindo a um esforço maior e mais perseverante por parte de todos. Mostram que o lema "querer é poder" tem

---

* Wallen, R. W. in Moscovici, F. *Desenvolvimento interpessoal*, p. 66.

validade na prática e que a atividade perseverante para superar obstáculos de todo tipo acaba logrando êxito.

A liderança dos guerreiros transmite vigor e certeza. Os seguidores sentem admiração pelas conquistas do líder e por sua autoconfiança; tendem a identificar-se com ele e desenvolver segurança psicológica.

Um problema que pode surgir, amiúde, é o exagero da carga agressiva nas ações encetadas para atingir o objetivo. A agressividade do guerreiro pode exceder o que seria necessário para alcançar o resultado desejado. Como nas situações de guerra, em que os guerreiros vitoriosos comemoram seu sucesso com atos desnecessários de crueldade e humilhação diante dos derrotados, os batalhadores organizacionais podem exorbitar e criar subprodutos disfuncionais de medo e desconfiança. E, com isto, reações defensivas de afastamento e de não-adesão ao propósito comum, o que dificulta o processo total.

Os guerreiros modernos fazem alianças para aumentar suas forças e conseqüente poder de conquista. As grandes empresas também se unem em fusões para conquistar melhores posições no mercado e vencer os concorrentes.

Antigas estratégias bélicas conservam-se válidas. E em nossa era de globalização, aquele velho princípio de que "no amor e na guerra os fins justificam os meios" parece ter adquirido maior intensidade e maior número de adeptos.

A revolução da informação trouxe mais armas e munição para as batalhas internas e externas do dia-a-dia. A capacitação maior ou menor em informática torna-se fator diferenciador na competição entre as pessoas, que lutam para conquistar espaço na categoria superior, destinada ao êxito e domínio profissional, e escapar do grupo inferior, fadado à estagnação e a eventual fracasso.

A liderança dos guerreiros organizacionais pode impulsionar a empresa a conseguir desempenhos de alto nível com iniciativa, competência, qualidade, energia e tenacidade, tudo absolutamente essencial para vencer as batalhas no ambiente globalizado e intensamente competitivo de nosso tempo.

Soberanos e sacerdotes

O gosto pelo poder caracteriza a humanidade desde o seu início.

Todavia o poder não é dividido igualmente por todos os homens. Alguns possuem mais poder que outros, alguns usam seu poder de forma adequada, enquanto outros dele abusam. Poucos se satisfazem com mínimo ou nenhum poder, todos querem mais.

A História descreve a interminável seqüência de conflitos, tensões, embates e lutas entre fortes e fracos, dominadores e dominados, conquistadores e conquistados, senhores e escravos.

Sacerdotes e soberanos exibem um poderio alegadamente concedido por Deus para cumprirem sua missão diferenciada junto aos outros homens. Os sacerdotes são investidos de poder espiritual para agirem em nome de Deus. Os soberanos exercem o poder executivo por direito hereditário, considerados como descendentes de Deus. Durante toda a Antiguidade, a outorga de poder divino manteve-se inquestionável. O povo aceitava e respeitava esta ascendência superior e sobrenatural.

Entre os hebreus, os sacerdotes reforçavam a fé do povo no Deus único por meio de atividades litúrgicas, exortações ao cumprimento da Lei e aplicação de sanções religiosas. Como delegados de Deus para as práticas religiosas, detinham também conhecimentos esotéricos que lhes aumentavam o poder.

Os soberanos, respaldados em sua prerrogativa de descendentes divinos, agiam como "deuses na Terra", governavam de forma absoluta de acordo com sua vontade pessoal.

Os monarcas reafirmavam, convictamente, sua feição divina. Nos tempos bíblicos, o faraó do Egito era considerado um "homem-deus", venerado como as divindades do sol e da lua. Em outros países e tempos, crenças parecidas foram observadas como, por exemplo, na China, onde os antigos imperadores atribuíam-se um mandato celeste sobrenatural; e na França, o mesmo aconteceu com o chamado Rei-Sol.

Na empresa atual, os dirigentes superiores mostram semelhanças simbólicas com os soberanos do passado. Possuem alto grau de poder, reconhecido por todos como poder legítimo, formalmente outorgado pela empresa. Esse poder executivo do alto escalão é exercido com satisfação crescente e liberdade/independência totais. Com tempo maior na função, o desejo de permanecer assim indefinidamente insinua algo parecido com a crença na "ascendência divina" e na qualificação de "vitalício". Tudo isso serve para assegurar um direito permanente em funções profissionais temporárias/rotativas. Os próprios títulos honoríficos sugerem alguns resquícios do poder absoluto do soberano bíblico.

Desde a Antiguidade, historiadores, filósofos e outros pesquisadores dedicaram-se a discorrer sobre o papel mítico dos reis como homens semidivinos. Estudos recentes de diversos autores, citados por Aktouf (1995), referem-se à presença do arquétipo do poder, representado pelo rei, no desempenho do dirigente dentro da organização. Pode-se, igualmente, inferir em algumas obras teatrais de Shakespeare (*Rei Lear, Ricardo II, Hamlet*) o conteúdo dramático dos conflitos psicológicos dos reis entre seu suposto poder divino imortal, absoluto e hereditário, e sua condição humana, sujeita às vicissitudes dos súditos mortais. A réplica simbólica desses dilemas não é rara nas empresas.

A mitificação do papel de soberano expressa a divindade em seu aspecto heróico.

No Ocidente, os grandes dirigentes/empresários da atualidade reproduzem o mito do herói, o símbolo deificado do rei. Conhecidos nomes do mundo industrial e de negócios incorporam atributos de super-homem, divulgados e exaltados pela mídia.

A partir da Revolução Industrial, a teoria da administração de empresas, especialmente na Inglaterra e nos Estados Unidos, desenvolveu-se valorizando sobremaneira o dirigente e o lucro. E com o crescente sucesso das empresas, seus fundadores/proprietários, diretores ou executivos principais passaram a incorporar a imagem do herói onipotente, triunfador,

dotado de poderes sobrenaturais. A admiração pelas figuras empresariais é reforçada por expressões alusivas à sua posição mítica de "rei-herói". Quem duvida que haja algo mágico e intangível — além de esforço, perseverança, competência (e um pouco de sorte) — quando se fala de um "rei do gado", um "rei da soja", e outros "reis", magnatas do mercado financeiro e dirigentes bilionários dos grandes negócios globalizados...

O lugar do sacerdote é hoje simbolicamente ocupado pelo cientista/pesquisador moderno, com seus conhecimentos esotéricos não compartilhados com outros profissionais. O tecnólogo/especialista possui poder legitimado pela divindade (saber científico) para impor e fazer cumprir as idéias constantes da Lei sagrada (Ciência), para interpretá-las e cultuá-las. Todos respeitam seu saber/autoridade para discernir o certo do errado, a ação adequada da inadequada, o desempenho elogiável do recriminável, a solução justa da injusta.

A divindade Ciência é cultuada como religião por homens inteligentes, racionais, lógicos, de grande conhecimento. A liturgia principal é representada pelo método científico, considerado como o único caminho válido para descobrir a verdade do mundo. As manifestações das verdades apresentam-se sob a forma de produtos tecnológicos. Quem não aceitar, incondicionalmente, o predomínio da ciência incorre em pecado e pode ser punido de várias maneiras.

Com a tecnologia cada vez mais presente e atuante nas empresas, os sacerdotes simbólicos desempenham sua missão com seriedade e denodo. A fé na ciência e em suas aplicações é preservada e até ampliada na crença de que os problemas organizacionais serão resolvidos pelo seu culto fiel.

Apesar dos rituais tecnológicos serem rigorosamente seguidos, os resultados nem sempre correspondem ao investimento e aos esforços dos profissionais. A perplexidade e a frustração dos tecnólogos/especialistas diante de alguns fracassos de sua prática ("religiosa") podem levá-los a insistir nas mesmas ações, configurando um processo circular de energia mal aplicada e desperdiçada.

Os modernos sacerdotes científicos relutam em admitir

que há outras dimensões na realidade da empresa, e que estas podem facilitar ou dificultar o uso da tecnologia para atingir os objetivos organizacionais. Mesmo que racionalmente aceitem a idéia, a sua práxis expressa o forte condicionamento cultural dos seus próprios processos de percepção e pensamento. Perceber e pensar fora dos padrões habituais exige mais do que inteligência e conhecimento. Exige flexibilidade receptiva, disponibilidade psicológica, autoconfiança e motivação para explorar o desconhecido e assumir riscos. E isto pressupõe humildade e coragem.

Toda empresa precisa de guerreiros — que lutem e conquistem vantagens competitivas no mercado, no ambiente globalizado instável, inseguro e ameaçador de nossa época.

Toda empresa também necessita de profetas — que sonhem, idealizem, planejem as estratégias mais adequadas, ousadas, diferentes; que exortem, entusiasmem, apóiem, emocionem pela esperança ou pelo medo.

E igualmente carece de sacerdotes/especialistas — que conheçam os segredos da tecnologia e que orientem a utilização das técnicas mais atualizadas.

O perfil desejável do gestor, executivo, gerente, do século XXI sugere a harmonia entre as características principais de profeta e guerreiro. A tendência mais provável parece ser o desenvolvimento do novo Líder Visionário e Lutador.

Pecado e punição

Desde Adão e Eva, o tema *castigo* é constante ao longo do registro bíblico. Mesmo no paraíso primitivo já havia preceitos de conduta, permissão e proibição.

Em nossa vida há sempre padrões, ordens, limites e punições. Quando não se segue a norma, caracteriza-se o ato de indisciplina, rebeldia, contestação. Qual o seu significado? É um conceito absoluto ou relativo? Pode-se desobedecer só um pouquinho, um pouco, bastante, muito ou totalmente? E se assim for, a punição deve ser proporcional ao grau de desobediência? Como avaliar este grau?

Voltando à narrativa bíblica, a questão da relação entre pecado e castigo é intrigante. Qual a escala de grandeza que serve de parâmetro para definir o tipo de castigo? Quais as infrações mais graves? O que consta no Gênesis insinua que o maior pecado/crime consiste em insurgir-se contra a lei do poderoso. Causar quaisquer danos ao seu semelhante (até seu extermínio) é pecadilho, não provoca sanções tão severas...

Por vezes ocorrem situações análogas na empresa. O poder não admite contestação nem transgressão. A relação de poder entre superiores e subordinados exige total observância dos princípios estabelecidos: jamais contrariar as ordens recebidas. A insubordinação costuma ser rigorosamente castigada. Outros desvios das normas prescritas são considerados menos graves e até tolerados, embora possam causar prejuízos materiais e danos à imagem/marca da empresa, como, por exemplo: ineficiência, acomodação, irresponsabilidade, erros nos procedimentos, desavenças, competição interna entre pessoas e grupos.

Por outro lado, a complexidade do comportamento humano admite muitas nuanças de desobediência e castigo. Há diferenças sutis entre intenções e ações, motivação e satisfação, metas e resultados no tocante a disciplina e indisciplina. Muitas vezes a desobediência tem o propósito de provocar o castigo para obter atenção. O castigo passa a ser uma forma de atenção personalizada, mil vezes preferível à indiferença, ao esquecimento.

A criança que não recebe suficiente atenção e afeto por parte de adultos significativos em sua vida pode recorrer a alguns estratagemas para obter, pelo menos, certa atenção e precário relacionamento direto, mesmo à custa de dor. A satisfação não decorre do ato em si e sim das conseqüências do ato: a ira e o revide personalizados, dirigidos diretamente à criança rebelde. Se o expediente dá certo, está aberto um caminho para réplicas futuras, uma tendência circular, uma escalada de atos de indisciplina e punições crescentes.

Isto também acontece com e entre adultos, sob formas disfarçadas, indiretas e sutis.

Muitas vezes as carências humanas movem as pessoas a condutas aparentemente descabidas. A diversidade de formas de satisfação é imensa e nem sempre explicável pela lógica. Sofrer para obter satisfação não pode ser considerada modalidade exclusiva de patologia masoquista no relacionamento interpessoal. Pode ser também uma alternativa — talvez até a única — eficaz em determinadas situações.

Crianças e adultos que freqüentemente provocam castigos são exemplos desta forma de suprir uma grande carência de atenção e afeto, cuja satisfação só lhes é possível através de dor física ou psicológica. E isto acontece com indivíduos ditos normais...

Quem pode afirmar que certos erros cometidos no trabalho não sejam modos de obter atenção de superiores e colegas, na ausência de qualquer reconhecimento direto pelo trabalho executado, pelo esforço despendido, pelo desejo de colaborar?

Este processo também é circular, reforçado pela tradição de só dar *feedback* negativo em relação a falhas de desempenho. Os acertos só raramente são valorizados.

O chamado "funcionário-problema" pode estar mais necessitado de atenção, aceitação e reconhecimento que de censuras, conselhos e treinamento. A pessoa carente de afeição e reconhecimento pode estar usando, inconscientemente, lapsos de esquecimento, distração, falhas na execução de tarefas como um meio para ser vista, ouvida e tratada de acordo com suas necessidades. Generalizações são perigosas, mas esta é uma hipótese plausível do ponto de vista psicológico.

Entretanto a questão relevante é: como os gerentes lidam com esses aspectos perturbadores do desempenho e da produtividade?

Quando se estabelece uma relação de amor-ódio, vítima-algoz, pecador-justiceiro, pode-se observar um padrão estrutural que surge em diferentes situações interpessoais, grupais, organizacionais, sociais. Tal padrão expressa uma feição oculta de manipulação e jogo de poder, em que a vítima passa a submeter o perseguidor à sua vontade.

O papel da serpente

Que teria acontecido se a serpente não tivesse tentado a curiosidade de Eva? E se Eva não tivesse convencido Adão a também provar do fruto proibido?

E se não houvesse a transgressão original — como teria sido criada a humanidade?

Adão e Eva continuariam vivendo inocentes e felizes, lado a lado no paraíso, em situação estática e perene de bem-aventurança. Mas nem saberiam que eram inocentes e felizes...

Aparentemente o papel da serpente é nefasto por induzir à transgressão da regra divina. Afinal, a serpente foi o elemento causador do pecado humano primordial e de suas terríveis conseqüências eternas.

Entretanto, sua atuação trouxe também decorrências positivas por séculos afora: a perpetuação da espécie humana, o livre-arbítrio do homem para conhecer e decidir, a responsabilidade inalienável por seus atos.

Além disso, a serpente tentadora exerceu, simbolicamente, uma das mais importantes funções catalisadoras: a de estimular a curiosidade e o gosto pelo novo, a de enfrentar o desconhecido e assumir riscos para alcançar o conhecimento.

Pode-se conjecturar que neste episódio figuram os primórdios do processo essencial de mudança que tem acompanhado o homem em todas as suas atividades.

Se o estado de equilíbrio ou de inércia psicossocial é constantemente mantido, diminuem as oportunidades de variação, criação, crescimento, desenvolvimento. A rutura desse equilíbrio estático permite ir além da morfoestase, buscar novos espaços, formas e caminhos e estabelecer um novo equilíbrio dinâmico em estágio mais desenvolvido. A rutura pode ocorrer por variáveis internas ou externas.

Aí surge a serpente simbólica para provocar o desejo de romper o equilíbrio existente, mesmo que seja "paradisíaco". Continuar no paraíso significa estagnação e provável tendên-

cia à deterioração e morte. A ciência de nosso tempo formulou o conhecido princípio da entropia que aponta o processo de desorganização fatal para os seres vivos e organismos sociais quando não há novos insumos transformadores.

A serpente pode ser representada por idéias, palavras, pensamentos expressos em textos, leituras, conversas, exposições orais e visuais, músicas e filmes, que contenham dúvida ou oposição aos parâmetros convencionais. Prestar atenção a isso, deter-se, refletir sobre novas idéias sem preconceito pode significar a tentação de ir além do conhecido, de romper o equilíbrio do que já está organizado, de correr riscos no encontro com o desconhecido. É um grande perigo receber novas idéias, julgá-las e aceitá-las. Isto implica substituir e reformular alguns aspectos da bem arrumada coletânea do conhecimento individual e coletivo.

O processo de aprendizagem, em suas modalidades superiores, encerra uma conotação de apelo, de convite (ou tentação) a sair da rotina do conhecido e buscar, corajosamente, novas formas e interpretações da realidade. E mudar e crescer com o próprio processo...

Espaços não racionais

Gercina Alves de Oliveira

ESPAÇOS NÃO RACIONAIS? Nas empresas? Sim, leitor. Na vida do ser humano e na vida das empresas também.

Espaços como dimensão imaterial, atemporal e universal, plena de fenômenos — ou mistérios? — ainda não revelados. Espaços de realidade inegável, quando se manifestam nas emoções, nos instintos, nos sentimentos, mas que permanecem insondáveis e insondados em outras manifestações.

Compreendida ou incompreendida, aceita ou rejeitada, a dimensão não racional é indissociável do homem e das organizações. Pensar sobre ela, aberta, livremente, sem preconceitos pode ser um passo racional para nova atitude frente aos espaços não racionais da empresa.

A dupla face da organização

A ação organizadora está vinculada à própria evolução do homem.

Organizações de formas, tamanhos e finalidades diferentes são encontradas em todas as culturas e civilizações. Desde o passado remoto, nossos ancestrais aprenderam a juntar esforços para atingir objetivos de sobrevivência, como sustentar e amparar a prole, manter a posse de um território, fazer a guerra, proteger-se das intempéries da natureza e de forças desconhecidas.

Deve ser bastante difícil para o homem moderno imaginar-se ou ver-se nos ancestrais da espécie. Fala-se e ensina-se

isso, mas tudo permanece num plano irreal. Só mesmo a arte para fazer o homem lembrar o que era o início.

Nesse particular, como esquecer as cenas iniciais do belo e instigante filme *2001: Uma odisséia no espaço*? Elas ilustram a racionalidade nascente, quando um indivíduo de um dos dois bandos em disputa por água descobre que um osso, usado como objeto de ataque, lhe dá superioridade sobre os contendores e, em conseqüência, lhe assegura poder.

A cena é antológica. Nela se vislumbram os lampejos da razão, o potencial de racionalidade que deu ao homem primazia sobre os outros animais e lhe permitiu evoluir do uso do osso, para o ataque-defesa, ao uso dos computadores para navegar no espaço; do bando de indivíduos ligados por necessidades instintivas de sobrevivência para as organizações de pessoas, vinculadas por relações definidas em torno de objetivos múltiplos e variados, nem sempre coincidentes.

Dizer que as pessoas estão sempre na origem das diferentes formas organizadas, como criadoras e destinatárias finais, parece algo incontestável.

Daí, talvez, alguns afirmarem, convictamente ou não, "que as organizações são as pessoas" e, esquecerem de acrescentar, que as pessoas não são as organizações.

A pergunta então seria: são as pessoas que se devem conter e plasmar-se nas organizações, ou são as organizações que devem expandir sua natureza original humana?

Penso que a indagação ainda ficará sem resposta satisfatória por muito tempo.

As tentativas nesse sentido partem sempre da dicotomia indivíduo-organização, numa perspectiva de opostos e não de sistemas complementares, embora de complexidade e magnitude diferentes.

A dupla face racionalidade-irracionalidade está presente nos dois sistemas.

A predominância de uma ou outra na pessoa não parece uma questão de escolha, mas de decorrência do caráter de sistema natural que é o ser humano.

Na organização, entretanto, o desejo é de que prevaleça

a racionalidade de sua natureza artificial de criação humana, concebida para atender a necessidades e resolução de problemas da vida associativa.

No sistema-pessoa, racionalidade e irracionalidade se manifestam em conhecimentos, valores, atitudes, comportamentos, como algo natural e imanente à condição humana.

O mesmo não ocorre com o sistema-organização, em que a racionalidade predominante é a da administração, com princípios, concepções, conhecimentos, métodos, técnicas, valores e objetivos próprios.

Na essência da administração está a busca deliberada, disciplinada, metódica do conhecimento indispensável para orientar decisões e ações da organização. É um corpo de conhecimentos teóricos e científicos, com lógica própria. Seu contexto de aplicação, entretanto, são as organizações. E essas, por mais que as pensemos como entes racionais, criados intencionalmente, conservam sua dimensão não racional.

A partir dessa união necessária entre organização e administração, estabelece-se o paradoxo, pelo fato de a organização possuir uma dinâmica essencialmente humana, que se manifesta tanto em comportamentos racionais desejados e controlados pela administração, quanto comportamentos que estamos chamando de não racionais, mas que obedecem a uma racionalidade própria e sobre os quais a administração tem pouco ou nenhum poder.

Apesar de a situação paradoxal persistir, seria injusto esquecer os esforços dos cientistas sociais para alertar sobre a dimensão humana e a necessidade de esta ser observada e considerada pela administração.

O primeiro sinal, digno de registro histórico, foram os estudos de Hawthorne, realizados na distante década de 1920. Seu objetivo — observar e avaliar a produção de operários numa fábrica — era meramente administrativo e econômico, mas terminou por chamar a atenção para o lado das relações humanas no trabalho, evidenciando a influência de fatores psicológicos ao correlacionar iluminação e produtividade.

A organização como categoria social eminentemente humana, com seus atributos de racionalidade e irracionalidade, só se impôs à administração pelo trabalho dos cientistas comportamentalistas; suas concepções, pesquisas e estudos passaram a constituir o foco temático da teoria administrativa, nos anos 50, 60 e 70.

À diferença dos pioneiros das relações humanas na organização, cujos postulados tinham por meta a felicidade humana e que não pareciam ver contradição fundamental ou dilema insolúvel entre essa meta-valor e a busca de maximização da racionalidade da administração científica, os comportamentalistas, aparentemente, não adotaram nenhuma espécie de meta-valor, mas um propósito científico.

Retomaram o veio do humano, mas em perspectiva ampla e profunda. Mediante pesquisas, estudos, descobertas e generalizações, as ciências sociais demonstraram a existência paralela de uma organização administrativa e uma organização humana, com suas racionalidades e irracionalidades, que precisavam ser integradas.

Dessa constatação emergiu a proposta de mudança no paradigma da administração burocrático-mecanicista. Abriram-se espaços para novos padrões administrativos, baseados na organização concebida como um sistema socioorgânico e no indivíduo como um ser em devenir, potencialmente motivado para aprender novos comportamentos, interessar-se pelo trabalho, assumir responsabilidades, enfrentar desafios, participar e cooperar com pares, chefes e subordinados. Enfim, uma pessoa em sua inteireza, não fragmentada.

Na esteira do novo paradigma, com suas formulações e generalizações teóricas, muitas empresas redimensionaram suas políticas, sobretudo na área de recursos humanos, em geral, e de gerência, em particular. Mecanismos foram planejados e desenvolvidos para dar respostas consentâneas com as descobertas dos comportamentalistas, relacionadas com pessoa e personalidade, motivação, comunicação interpessoal, liderança, estilos de atuação, papéis, processo decisório, conflito, processos grupais, intergrupais e organizacionais.

Houve, sem sombra de dúvida, um salto qualitativo nas concepções administrativas referentes à dimensão humana da organização. Tal salto foi reforçado com a proposta inovadora e idealista de Desenvolvimento Organizacional (DO),* enfatizando as estratégias educacionais orientadas particularmente pelas chamadas "variáveis de pessoa: valores, atitudes, relações e clima organizacional", estratégias essas consideradas alavancas básicas para impulsionar e sustentar os processos de mudança planejada das organizações, vistas e tratadas como sistemas abertos num mundo em evolução.

Depois da euforia inicial, o que aconteceu com as descobertas das ciências do comportamento? Que práticas administrativas, respaldadas em suas afirmações, foram postas a serviço da administração e da organização humana, eqüanimemente?

As descobertas foram incorporadas à teoria administrativa, mas, confirmando velho rifão que diz "na prática a teoria é outra", a administração das organizações pouco mudou, a não ser em termos de discurso.

O esforço dos estudiosos e profissionais, tidos muitas vezes como sonhadores ou humanistas visionários, valeu e muito.

Todavia, o desafio de lidar com o humano da empresa continuou existindo para a administração, que está escorada numa racionalidade própria, pouco sensível a demandas que não se ajustem a essa racionalidade.

---

* O DO foi introduzido no Brasil no fim da década de 1960. Representou importante movimento de integração de conhecimentos das ciências comportamentais, da teoria de sistemas e de concepções e técnicas da educação de laboratório, visando sua aplicação conjunta aos processos de mudança organizacional planejada. Contribuiu, essencialmente, para ampliar os conteúdos e o processo da consultoria tradicional que, de regra, se preocupava apenas com aspectos administrativos e técnicos, numa relação consultor para cliente. A prática de DO, além de exigir co-participação e co-responsabilidade na relação consultor com cliente, incluiu o comportamento humano no conteúdo da consultoria (1979).

A RACIONALIDADE ADMINISTRATIVA E OS ESPAÇOS NÃO RACIONAIS DA ORGANIZAÇÃO

Qual é a racionalidade da administração? A administração possui uma racionalidade própria e necessária? Há um lugar na racionalidade administrativa para os não racionais da organização?

Parece-nos que poucos autores se dedicaram à análise da racionalidade administrativa tão bem quanto Herbert Simon e Guerreiro Ramos.

Simon trata da racionalidade vinculando-a a valores, objetivos, processos conscientes e inconscientes, sem, no entanto, aprofundar suas proposições.

Tangencia a problemática indivíduo-organização quando se pergunta: "O comportamento do indivíduo numa organização é racional quando serve aos seus objetivos, ou quando serve aos objetivos da organização?" (1965)

Ante a questão que ele mesmo levanta, diz: "Talvez a única maneira de evitar essas complexidades, ou torná-las mais claras, seja empregar o vocábulo 'racional' juntamente com os advérbios apropriados."

Embora o autor esteja orientado para tipos de comportamento que podem interferir no processo decisório, o que ressalta de sua contribuição para as reflexões sobre os espaços não racionais da empresa é exatamente o reconhecimento de que a racionalidade não é um conceito de significado único e absoluto.

Já Guerreiro Ramos, ao tratar do tema no livro *Administração e estratégia do desenvolvimento* (1966), tomou por base duas concepções: a tipologia de ações sociais formulada por Max Weber, segundo a qual uma ação pode ser racional em relação aos fins, aos valores, à afetividade ou à tradição; e os conceitos de racionalidade funcional e racionalidade substancial elaborados por Karl Mannheim, a partir das ações sociais referidas a fins e valores.

A distinção essencial entre as duas racionalidades estaria

na sua aplicação funcionalmente adequada para se alcançarem objetivos predeterminados, dentro da ação administrativa.

Assim, a racionalidade funcional é avaliada na medida de sua contribuição "para atingir um fim preestabelecido, independente do conteúdo que possam ter as ações". (1966)

A racionalidade substancial é avaliada pela capacidade de o homem, não obstante sua dimensão transcendente, usar a razão para exercer domínio sobre impulsos, sentimentos, emoções, preconceitos e outros fatores que perturbariam a visão e o entendimento inteligente da realidade, segundo o autor.

As duas racionalidades são reforçadas por dois tipos de ética que as completam: a ética da responsabilidade, apropriada à racionalidade funcional ou pragmática, e a ética da convicção ou do valor absoluto, implícita nas ações orientadas para valores, em íntima relação com a racionalidade substancial, que tem em si a idéia de preservação da liberdade.

Parece fora de dúvida que Guerreiro Ramos admite ser a ação administrativa permeável aos dois tipos de ética, logo aos seus correspondentes de racionalidade. Parece também que o termo ética é tomado pelo autor em seu significado de conduta, de comportamento em função da contraposição entre os objetivos administrativo-organizacionais e os objetivos individuais, como se depreende da afirmação: "A integração do indivíduo na organização, em fases adiantadas de cultura social, tende a ser obtida mediante a deliberada auto-racionalização da conduta, em alto nível de consciência e compreensão. Supõe a ética da responsabilidade." (1966)

Mesmo admitindo o conflito entre indivíduo e organização, cujas causas julgo não se esgotarem nos objetivos de um e de outro, o autor dá a entender que, da parte da administração, praticamente nada pode ser feito e, do lado do indivíduo, deve ele racionalizar sua "irracionalidade substancial" que "deriva de impulsos, explosões emotivas, superstições, quimeras e preconceitos". "A razão da ação administrativa não é a razão entendida como faculdade humana transcendente". E mais adiante: "A organização tem um *ethos* específico, diverso do *ethos* da vida humana em geral." (1966)

Sem dúvida, a diferença existe e justifica o fato de a administração buscar apoiar-se numa racionalidade o mais próximo possível dos paradigmas científicos.

Justificável e necessário é que, nas organizações, as pessoas desenvolvam comportamentos adequados aos padrões da racionalidade funcional e da ética da responsabilidade.

Essa adequação, no entanto, tende a incidir sobre os comportamentos formais requeridos pela organização. São superficiais e fragmentados em relação à própria natureza humana do sistema organizacional e, por conseqüência, incapazes de abranger a dimensão não racional tanto das pessoas como daquele sistema, considerado como unidade social específica.

Continuar ignorando estes fatos equivaleria a descrer da própria racionalidade do homem para enfrentar e resolver problemas de sua existência pela via do conhecimento. Talvez, por isso mesmo, Guerreiro Ramos — confirmando sua vocação de pensador social — disse acreditar que o problema do equilíbrio indivíduo-organização é suscetível de ser encarado sempre de forma renovada, na medida em que a consciência social avance e possibilite à ciência contribuir para a sua resolução dentro de novos limites.

A organização: palco privilegiado para a observação dos espaços não racionais

Na organização somos todos atores; alguns com papéis focais, outros com papéis não tão focais, mas razoavelmente importantes, e a maioria como figurantes a quem, às vezes, o autor ou o diretor da peça concede uma fala.

Todos participamos da representação de episódios corriqueiros, por vezes dramáticos, cômicos, trágicos, como protagonistas, como platéia ou, ainda, como assistentes atentos ou não nos bastidores.

Dentre os incontáveis episódios de que participei em um desses papéis, reuni alguns ocorridos no próprio ambiente da

empresa ou em situações específicas de reprodução desse ambiente.

A ausência de comentários e conclusões sobre os episódios é proposital. Deixo-os por conta da sensibilidade do leitor.

Episódio Paz e amor

Cena: Reunião de avaliação de atividades numa empresa de consultoria.

Ação: Um dos consultores expõe as dificuldades que estão sendo enfrentadas por ele e outro consultor, para atingir o objetivo de determinado projeto, especialmente pelo fato de o sistema-cliente não apresentar condições mínimas, inclusive de natureza cultural, para implantar as medidas necessárias à sua concretização. Tendo em vista os valores sempre propalados pelo diretor de que, nos relacionamentos dentro da organização, deveria prevalecer a franqueza com "verdade e amor", o consultor diz que projetos como aquele talvez não devessem ser aceitos, no futuro, em benefício da própria reputação da empresa. O diretor, que sempre elogiara a competência profissional do consultor, discordou da opinião, visivelmente contrariado. Teve início uma discussão polarizada entre os dois, que terminou com a imposição áspera da autoridade formal.

Nesse momento, o consultor se deu conta da condição de subalterno e calou-se. Sentimentos e emoções fortes sacudiram-no: humilhação, vergonha diante do grupo, impotência, raiva. Era uma pessoa disciplinada, mas não submissa. Defendia e lutava por seus valores, que pensava coincidirem com os do diretor, já que ele os apregoava como filosofia da empresa.

A platéia fica muda. O pano cai. O consultor se retira muito abalado. O diretor procura-o e lhe pede desculpas, mas, à noite, o consultor tem sua primeira crise de hipertensão arterial.

Episódio Subversão no ar

Cena: Sessão de seminário para dirigentes de alto nível do serviço público.

Ação: Uma das instrutoras discorre sobre as tendências mais modernas da administração, à

época. Para ilustrar o tema que está sendo exposto, projeta na tela um texto de Peter Drucker, em que aparece a palavra "guerrilha".

Um dos dirigentes levanta-se como se fora impulsionado por um dispositivo elétrico. Indignado, protesta contra a palavra num texto de administração. Isto parece-lhe subversivo, exclama. As instrutoras estremecem temerosas, mas conseguem contornar a situação e o seminário prossegue.

Episódio O fantasma da hierarquia

Cena: Sessão sobre processos grupais e trabalho em equipe, na qual foi utilizada uma metodologia vivencial, que cria oportunidades para os participantes experimentarem comportamentos de gerência.

No caso, o objetivo proposto era a construção de uma torre pelos integrantes do grupo, organizados em duas equipes, seguindo as instruções da consultora.

Ação: As duas equipes, após escolherem seus coordenadores e um coordenador geral, se lançam imediatamente à tarefa. O tempo corre. As duas equipes terminam a parte da tarefa que lhes coube, com bastante antecedência dentro do tempo determinado e, juntas, partem para montar a torre sob a orientação do coordenador geral.

O trabalho conjunto caminha com dificuldade, enquanto os minutos se escoam. O clima do grupo é de ansiedade e tensão. O coordenador geral parece aturdido, ri nervosamente, mas tenta comandar a montagem. Os membros do grupo se amontoam em torno dele. Uns ajudam procurando encaixar as peças da torre, outros opinam, alguns observam calados e dois ou três se afastam. Destes, um diz à consultora que não consegue entender por que ninguém, inclusive ele próprio, não tentara coordenar a finalização do trabalho, pois estava claro que o coordenador geral estava em apuros para fazê-lo.

O coordenador geral escolhido ocupava uma das posições mais elevadas na organização a que os participantes pertenciam.

Episódio Não à uniformidade

Cena: Reunião de contato para prestação de consultoria a uma fundação de serviços sociais.

Ação: A gerente regional expõe os problemas para cuja resolução precisa da ajuda da consultoria.

O principal lhe parece ser a formação gerencial, mas aponta outros, como a dificuldade de adoção de uniforme para os funcionários, devido à resistência explícita de alguns. Pede aos consultores que persuadam os resistentes sobre a importância e as vantagens do uniforme.

A consultoria propôs e realizou seminários de desenvolvimento gerencial, abrangendo a parte técnica e a parte de comportamento, e ficou claro que os próprios auxiliares diretos da gerente não estavam convencidos da necessidade de obrigar os funcionários a usarem uniforme. Ficou a impressão de que se tratava mais de uma necessidade da gerente.

Episódio Mulher maravilha

Cena: Sessão sobre equipes, num seminário de gerentes de nível intermediário da área de produção de uma empresa siderúrgica.

O instrutor propõe o seguinte trabalho, a ser realizado pelas equipes, separadamente: montagem de painéis, segundo modelos fornecidos. Os painéis fazem parte de uma venda já fechada pela empresa. Qualquer atraso na entrega importa em aumento de custos e pagamento de multa.

Ação: As equipes se formam, escolhem seus coordenadores e iniciam o trabalho. Quatro delas terminam a tarefa dentro do tempo fixado.

A quinta equipe não consegue fazê-lo. Seus integrantes estão nervosos e alguém propõe troca da coordenação. Instantes embaraçosos. O coordenador — um homem aparentemente tranqüilo — aceita. A única mulher do grupo é escolhida e assume a função. O trabalho continua. A equipe procura manter a calma e não aceita ajuda das outras equipes. A tarefa é enfim concluída, num tempo bem mais longo. Constrangimento disfarçado, especialmente do coordenador substituído. As outras equipes aplaudem a finalização.

Episódio Mandinga

Cena: Gabinete do diretor de uma unidade de recursos humanos.

Ação: Uma assessora de treinamento e desenvolvimento — profissional notoriamente competente na área — entra no gabinete indignada e diz: "Fulano, quando cheguei hoje à minha sala e de X

(outro assessor), encontrei um passarinho morto em cima da mesa. É um absurdo! Só pode ser coisa de X! Deve ser alguma 'mandinga' contra mim! Por favor, dê um jeito nisso!"

Episódio Imagem distorcida

Cena: Uma seção técnica de cargos e salários de um órgão do serviço público federal, num dia qualquer da década de 1960.

Ação: Um homem — diretor de uma ferrovia, que estava com processo de enquadramento de pessoal naquele setor — dirige-se à funcionária sentada à mesa perto da porta e diz: "Quero falar com D. Fulana, a chefe da seção".

A moça o cumprimenta e se apresenta: "Sou eu mesma." O Diretor, entre surpreso e divertido, fala: "A senhora é D. Fulana?! Esperava encontrar uma pessoa mais velha" (e faz um gesto com os braços em curva, à altura do peito)...

Os dois riem. D. Fulana era jovem e bastante delgada.

Episódio Julgamento equivocado

Cena: Dois profissionais de administração — um homem e uma mulher — conversam, na sala da equipe que está realizando a revisão do plano de cargos e salários de uma fundação. Participam da equipe, que é chefiada pela mulher.

Ação: Os dois comentam sobre o andamento do trabalho, as dificuldades, a importância de algumas atividades profissionais que, entretanto, não eram reconhecidas devidamente, em termos de carreira e de salários. No meio da conversa, o homem diz à mulher: "Olha, Fulana, quero confessar uma coisa. Quando você me convidou para integrar sua equipe, quase recusei; não pelo trabalho, do qual gosto, mas porque nunca quis ser chefiado por mulher." E sorrindo: "Você me tirou a cisma."

Em sua singeleza, os episódios relatados sugerem que os aspectos da racionalidade das organizações formais, expressos nos princípios e elementos de administração, são insuficientes

para impedir a presença dos elementos não racionais; tão-somente minimizam ou suprimem os comportamentos que os manifestam.

A contraposição de ambos, isto é, aspectos racionais e aspectos não racionais, não deve levar a conclusões apressadas. Os dois têm sua razão de ser. Existem como dimensões intrínsecas do homem, portanto, das organizações e de sua administração. Se têm uma razão, possui cada qual sua racionalidade.

Parece que o problema não está em compreender e aceitar a racionalidade dos elementos não racionais, mas de lidar com ela no ambiente empresarial.

Entretanto, eles — os espaços não racionais — estão lá e não se limitam aos mais conhecidos como sentimentos, crenças, valores, aspirações, motivações, opiniões, atitudes, preconceitos, estereótipos; abrangem muito mais, como as emoções, das mais primárias às mais elevadas, que se aproximam das experiências culminantes de Maslow.* Não racionais, ainda por oposição a racionais, seriam também tantas formas de conhecer adormecidas no homem, uma das quais é a intuição.

RAZÃO, RACIONALIDADE *ET COETERA*

Quantas vezes você já se quedou maravilhado e interrogativo diante de um céu profusamente estrelado? Ou de uma árvore desnuda de folhas, numa tarde do início da primavera, e salpicada de brotos verdes na manhã seguinte? Ou de um filhote de pato recém-saído do ovo a caminhar para o córrego? E de uma criança que se abre num sorriso quando, aprendendo a andar, descobre que pode dar vários passos sozinha?

O leitor pode perder a paciência e se perguntar: Mas que

---

* O livro de Maslow, usado para referência, foi editado no Rio de Janeiro, pela Eldorado, sd.

tem isso a ver com razão e racionalidade? Lembrando o compromisso inicial de pensar aberta e livremente sobre os espaços não racionais da organização, respondo: tudo.

Tudo. Nada existe ou passa a existir por acaso.

A emoção de maravilhamento e o pensamento interrogativo subseqüente diante do céu estrelado, da renovação da árvore, do comportamento do filhote e da alegria da criança, tudo tem uma razão de ser.

Se tudo tem uma razão de ser, tudo tem uma causa, um motivo que justifica uma coisa ser como é, ou como nos parece ser.

Considerada por essa forma, a razão se confunde com a própria causa das coisas e de tudo que existe ou venha a existir. Equivaleria ao Logos da filosofia grega e ao Verbo da teologia cristã.

Nesta acepção, a razão é anterior à racionalidade e a transcende, justificando-se em si mesma.

Como, então, entender o sentido profundo e transcendente da razão, presente no homem e em tudo que o rodeia?

Aurélio Buarque de Holanda Ferreira, em seu *Pequeno dicionário brasileiro da língua portuguesa* (1960), diz: "Razão é a faculdade espiritual própria do homem, e pela qual ele chega à concepção das idéias universais, como sejam de unidade, de identidade, de causa, de substância..." E, em edição mais recente do *Novo dicionário da língua portuguesa* (1975): "1. Faculdade que tem o ser humano de avaliar, julgar, ponderar idéias universais; (...) 12. Sistema de princípios *a priori* cuja verdade não depende da experiência... 14. Princípio de explicação: o que dá conta de um efeito."

Por sua vez, afirma Guerreiro Ramos ao tratar da racionalidade substantiva: "...É um ato que atesta a transcendência do ser humano, sua qualidade de criatura dotada de razão." (1966)

Mesmo sem aprofundar a análise da questão, por uma perspectiva conjunta de filosofia e de paradigmas da física moderna, parece impossível deixar de reconhecer a transcendentalidade da razão no homem.

O que se apresenta como hipótese para as reflexões aqui formuladas é que a razão, como explicação transcendente da realidade, incluída nesta realidade o ser humano, tenha ficado adormecida na consciência do homem por milênios. Desperta, levou-o à procura de muitas respostas para a vida, inclusive para o que o transcendia como sujeito existencial e como objeto da existência maior.

De início, tais respostas eram sempre explicações sobrenaturais, de caráter mágico e religioso, encontradas em todas as culturas humanas. A partir de um certo momento, assumiram caráter filosófico. Primeiro, sob a forma de explicações acerca do real, do ser do mundo e das coisas; depois, com a sabedoria socrática, que foi transmitida por Platão, convidando o homem ao autoconhecimento, ao descortínio de sua realidade interior, de sua *psyche*, realidade que, muitos séculos mais tarde, passou a constituir objeto da ciência da psicologia.

Nesse quadro, como entender a racionalidade? Razão e racionalidade são a mesma coisa?

Em sua origem, a racionalidade pode ser vista como poderoso desdobramento da razão, manifestando-se no homem como o atributo que o diferenciou das outras espécies animais, por lhe facultar o pensar, o observar e o agir inteligentemente sobre a realidade.

Foi o instante do salto qualitativo da espécie, pois lhe permitiu olhar o mundo que o rodeava como um objeto de observação, e dar início ao processo de conhecimento desse mundo.

No começo, era um conhecimento assistemático, transmitido oralmente de pessoa a pessoa, com reduzido alcance explicativo e para consumo imediato da incipiente vida social organizada. Depois, com o homem sociocultural vivendo em comunidades mais complexas, um conhecer e um saber crescentes, que terminaram por desaguar nos conhecimentos filosóficos e científicos e por gerar sistemas autônomos, de grande alcance explicativo e preditivo, para consumo da humanidade.

Ao longo da evolução desses dois tipos de conhecer e saber, a racionalidade não se expressa apenas como capacidade

de pensar inteligentemente, mas sobretudo como faculdade mental de descobrir e estabelecer relações de causa e efeito entre fenômenos. E nesta acepção é apropriada pelas chamadas ciências empíricas, cujas generalizações e teorizações estão sujeitas ao teste da comprovação.

De certo modo, a racionalidade passou a ser um conceito de causalidade privativo das ciências que constroem conhecimento a partir da experiência controlada, com evidente prejuízo de seu significado mais amplo, de forma inteligível da razão para apreensão e compreensão do universo, do mundo e dos seres em suas inter-relações e interdependências.

À medida que as ciências se diferenciaram, em função da delimitação de campos e da definição de objetos do conhecimento, a racionalidade passou a ser particularizada e qualificada de acordo com cada ciência.

Assim, fala-se de uma racionalidade econômica, de uma racionalidade política, de uma racionalidade administrativa, por exemplo.

E mais. Ao revés da racionalidade das ciências físicas, químicas ou biológicas, por exemplo, onde a relação de causa-efeito não é aprioristicamente valorizada, nas ciências sociais, a racionalidade é dirigida por e para categorias permeadas de valores perseguidos por essas ciências, tais como rentabilidade e produtividade na economia; igualitarismo, participação e cidadania na política; eficiência, eficácia e resultados na administração.

À altura dessas reflexões, ousaria dizer que a racionalidade facultada ao homem para raciocinar, fazendo uso da razão, teria sofrido uma distorção em seu significado conceitual, desde que ele se habituou a pensá-la somente em termos de causas e efeitos apreensíveis no mundo material.

Entretanto, milênios antes de estabelecer o primado da ciência baseada na racionalidade da relação causa-efeito, o homem já desenvolvera conhecimentos que lhe permitiam explicar, prever acontecimentos e, mesmo, exercer certo controle sobre muitos deles, mediante a aplicação do livre-arbítrio que, como se sabe, é um ato de vontade.

Tais acontecimentos, com freqüência, eram cercados de mistério e restritos a grupos de iniciados, geralmente vinculados às religiões dos diferentes povos: sacerdotes da Babilônia e do Egito antigo, magos do Oriente, pitonisas dos gregos, pajés e xamãs dos indígenas, profetas do judaísmo, santos do cristianismo.

O que havia por trás desses saberes que, por séculos e milênios, ajudaram o homem a prosseguir em sua viagem evolutiva na Terra?

Por certo, não era a racionalidade sob a forma reconhecida pela ciência. Era uma racionalidade intuitiva, nascida da observação sistemática de analogias que se repetiam, capazes de fornecer explicação para muitos fenômenos, no plano individual e coletivo.

À diferença do saber comum, transmitido oralmente, alguns desses conhecimentos se constituíram em verdadeiros sistemas, como a astrologia, que fazia parte do currículo das primeiras universidades surgidas na Europa Medieval, ao lado da aritmética, geometria, música, lógica, gramática e retórica. Com as três primeiras formava o conjunto das artes ou ciências liberais, porque buscavam libertar o homem da materialidade e da emocionalidade nos excessos criados por ele mesmo.

O princípio básico do conhecimento astrológico é a analogia, a correspondência existente entre o Cosmos e a Terra com tudo que nela existe, entre o hiper-macrossistema (o Cosmos), o macrossistema (Terra) e o microssistema (Homem), todos entrelaçados por uma Razão que transcende nossa capacidade de compreender e explicar através das leis da ciência tradicional.

Depois de longo período, em que foi deliberadamente esquecida como um ramo do saber humano de inegável potencialidade explicativa e de previsão (não confundir com predição, profecia), a astrologia voltou a ocupar a posição que merece no concerto dos conhecimentos acumulados pelo homem. Sua legitimidade não se limita à qualificação de ciência, pela maneira como esta foi conceituada no mundo acadê-

mico ocidental. Seu imenso poder de penetrar os arcanos da personalidade faz dela excelente método de autoconhecimento, ao trazer à tona, explicar e mostrar caminhos que ajudam a pessoa inteira, com seus espaços racionais e não racionais.

Hoje, a astrologia ainda sofre restrições e rejeição de muitos. Mas, por outro lado, cresce a quantidade de pessoas que buscam no conhecimento astrológico informações e aconselhamento para suas vidas, para o exercício profissional e para seus negócios.

Profissionais de diferentes áreas — psicólogos, médicos, especialistas de recursos humanos — procuram complementar sua formação nas escolas de astrologia. E mesmo as empresas — redutos da racionalidade científica — se abrem para receber a contribuição da "racionalidade astrológica" na condução de seus negócios.

MUTAÇÃO EM MARCHA?

Ao iniciar as reflexões finais sobre o tema deste ensaio — os espaços não racionais — lembro a afirmação de Guerreiro Ramos, quando disse que acreditava na capacidade da ciência de encarar o dilema indivíduo-organização sempre de forma renovada, à medida que a consciência social avançasse.

A ciência atual pode encarar o dilema de maneira renovada? Avançou a consciência social?

Penso que sim.

Ciência e consciência sociais evoluíram, mudaram, embora em ritmos diferentes e sem a harmonia desejável.

Hoje, acompanhar as descobertas quase diárias da ciência e compreender seu alcance é missão impossível, especialmente para o homem comum.

Porém, mesmo sem compreender totalmente essas descobertas e para onde elas levarão os seres humanos — ou para

onde os seres humanos as levarão — é possível ver e sentir que estamos no limiar de um novo estágio da história da humanidade, talvez de uma verdadeira mutação, que, se não é ainda genética, tudo indica se-lo-á num futuro não predizível.

Do ponto de vista social, cultural, político e econômico essa mudança profunda já é visível no processo da globalização que, alquimicamente, mistura crenças, dilui valores, combina linguagens, destrói costumes e tradições. Que tipo de consciência social emergirá deste processo, ninguém sabe.

Só uma certeza parece inegável: a ciência reformulada a partir da teoria da relatividade e da física quântica, com toda riqueza de descobertas, conceitos, valores, paradigmas e aberturas para conhecimentos milenares, propiciará ao homem construir uma nova consciência social, que o dignifique como um ser inteiro.

Foge ao propósito do presente ensaio examinar todas as características desta nova ciência. Assim, referir-me-ei apenas àquilo que julgo ter implicações diretas sobre a problemática dos espaços não racionais, pela forma como têm sido equacionados no contexto das organizações.

A mais importante característica da nova ciência é o conjunto de paradigmas conceituais e metodológicos da física moderna, que apreendem, compreendem e explicam a realidade do universo, da Terra, dos seres e das coisas por uma perspectiva que muito se aproxima de algumas concepções presentes em determinados sistemas místico-filosóficos orientais, na filosofia dos pré-socráticos, e, em certa medida, na filosofia de Platão.

Ao revés da ciência clássica, assentada na noção de causalidade como uma relação linear de causa-efeito, que concebia o universo como um conjunto mecânico de partes ligadas por leis causais, a nova ciência considera o universo como uma totalidade, una e indivisível em sua essência. A análise dessa totalidade, sua explicação e seu entendimento não podem ser alcançados senão mediante uma compreensão que transcende o nível material explicativo da ciência convencional, porque

penetra num domínio comumente ignorado ou desprezado: o domínio do espírito.

Manifestações de natureza espiritual são tão antigas como o próprio homem. Por não saber explicá-las, ele as considerava sobrenaturais. Associava-as a forças, entidades ou acontecimentos extraordinários, desconhecidos. Por ignorância, temor ou as duas coisas, tais manifestações permaneciam na área do sagrado, da magia, da religião, dos mitos.

Por outro lado, a presença da dimensão espiritual do homem é uma constante significativa e básica dos grandes e milenares sistemas filosófico-religiosos orientais e do também milenar conhecimento esotérico, no qual pode se incluir a astrologia.

Ocorre, no entanto, que essa dimensão do homem tende a ser percebida somente pelo lado religioso, sobretudo por grande parte do mundo ocidental.

O próprio espiritismo — que tem como fundamento o espírito, suas manifestações e suas relações com o plano visível da matéria — é entendido e praticado pelo grande público apenas como uma corrente religiosa, embora, em meados do século XIX, seu codificador Allan Kardec (1974) o tenha classificado como ciência, filosofia e religião.

Essa breve e superficial incursão pelo tema espiritual tem por propósito assinalar que aquilo que foi sempre objeto de fé religiosa é visto hoje, na física e na metafísica modernas, como a própria energia criadora, vitalizadora, moldadora e evolutiva deste universo uno, total, indivisível, e de tudo que nele se contém.

Na obra *O espírito, esse desconhecido* (1977), o físico Jean E. Charon se debruçou sobre o tema a partir da concepção de Albert Einstein sobre espaço-tempo, e propôs o avanço no conhecimento da associação existente entre os aspectos físicos e espirituais dos fenômenos naturais.

Depreende-se de suas afirmações que há, no Universo, determinadas partículas estáveis — "as partículas espirituais" — com uma duração de vida "comparável à duração da própria vida inteira do Universo". (1977)

Por seu conteúdo profundamente propício à reflexão sobre o espírito, componente dos espaços não racionais das organizações, vale transcrever, na íntegra, este trecho de Charon:

> "Isto é extremamente importante pelas suas conseqüências metafísicas. Pois, se por um lado estas partículas encerram um espaço que não pode jamais perder seu conteúdo informacional, visto que, como já dissemos, a neguentropia do espaço do Espírito só pode evoluir crescendo; e se, por outro lado, estas partículas têm uma duração de vida praticamente 'eterna', então todas as informações que, durante nossa vida humana, armazenamos nestas partículas espirituais entram na constituição do nosso corpo e vão subsistir além de uma morte corporal, praticamente pela eternidade. Se convencionamos chamar Deus o princípio de eternidade, então o que acabamos de dizer nos permite afirmar que Deus, enquanto Espírito ligado ao princípio de eternidade, 'existe' e de resto, que cada um de nós é 'consubstancial' com Deus."

Não é esta consubstancialidade com Deus, mencionada por Charon, que liga solidariamente ao universo o homem e todos os seres e coisas — visíveis ou invisíveis — o princípio essencial da visão holística, outro paradigma básico da nova ciência?

Não é a duração infinita dessas partículas espirituais, com seus conteúdos de informação, que oferece a base para uma terapia que se desenvolve e se impõe cada vez mais — a terapia de regressão a vidas passadas? E também do postulado da reencarnação, comum a várias religiões e doutrinas?

Não é tudo isto e muito mais que ainda permanece desconhecido, ou se conhecido não é aceito, que levou Bob Toben e Fred Wolf à afirmação: "Não há morte: somente uma mudança de percepção, uma mudança de endereço cósmico"? (1982)

Embora Charon não faça alusão ao holismo, pelo menos na obra citada, suas concepções guardam íntima relação com

essa idéia, presente na nova ciência: a compreensão do universo como uma teia de eventos interconectados, como um sistema dotado de consciência, eventos que se auto-organizam e se autotransformam, num processo de equilíbrio dinâmico que corresponde à própria noção de realidade.

Na verdade, a visão holística do universo e de tudo que nele se contém funde os conceitos de origem e fim, unidade e separatividade, semelhante e diferente, manifesto e oculto, luz e sombra, inércia e movimento, som e silêncio, racionalidade e não racionalidade, matéria e espírito, enfim todos os pretensos inconciliáveis. Une, numa grande síntese, toda a sabedoria hinduísta manifesta na concepção de Brahman, como o espírito universal, e na de Brahma como o seu aspecto criador; todo conhecimento de civilizações antiquíssimas do Extremo Oriente unificado por Lao-Tsé no taoísmo, e expresso na enigmática mandala do tao; na lei da analogia e da correspondência da astrologia, que diz: "O que está em cima é como o que está embaixo, e o que está embaixo é como o que está em cima", lei que reaparece sob forma cristã na oração dominical, que teria sido ensinada por Jesus Cristo aos seus discípulos quando disse, referindo-se a Deus, o Pai: "Faça-se a tua vontade, assim na terra como no céu."

Outro paradigma da nova ciência, fundamental para as reflexões acerca dos espaços não racionais, é o de sistemas, já incorporado à moderna teoria administrativa.

Parece-me, todavia, que esta incorporação não cogita de todas as características imanentes ao conceito de sistema. A impressão é de que somente se lida com as características de interdependência e inter-influenciação, com referência às quais nossa lógica habitual funciona razoavelmente, sobretudo no que se relaciona a estruturas e processos.

Realmente, ainda não nos demos conta de que as pessoas e as organizações são organismos vivos, regidos pelo princípio dinâmico da auto-organização, do qual dimanam várias propriedades, entre as quais ressaltam as responsáveis pelos fenômenos da auto-renovação e da autotranscendência. (1987)

A auto-renovação refere-se à capacidade que os sistemas

vivos têm de renovar e reciclar seus componentes, mantendo a integridade de sua estrutura global. A autotranscendência prende-se à capacidade que esses sistemas possuem de se dirigirem "criativamente para além das fronteiras físicas e mentais nos processos de aprendizagem, desenvolvimento e evolução". (1987)

Essas capacidades, sobretudo a de autotranscendência, podem indicar uma possibilidade real e factível de as organizações ultrapassarem os limites rígidos da racionalidade administrativa, para se considerarem e considerarem as pessoas como sistemas transcendentes.

A concretização dessa possibilidade representaria para a organização um passo qualitativo comparável ao da racionalidade para o homem.

Esse passo exigiria mudança muito profunda de autoconsciência das organizações e empresas. Elas precisariam começar por assumir sua natureza primária de sistemas humanos e, por isso, com capacidade de autotranscendência, para irem além de suas fronteiras materiais e se autoconceberem como organismos em evolução, dentro do grande processo evolutivo do Universo.

Tal mudança — sabemos todos — é bastante difícil de ser cogitada, quanto mais concretizada.

Mas ela poderá vir um dia. Basta que empresas e organizações, ao lado dos valores utilitários e econômicos que as orientam, passem a se preocupar com seu papel no Universo, com sua responsabilidade de intermediar a evolução da espécie humana em todos os sentidos.

Muitas coisas estão acontecendo no mundo e mudando a feição da vida planetária, graças especialmente à revolução da informática que, a longo prazo, pode ajudar o homem a eliminar da comunicação o lixo informacional e transformá-la em instrumento de comunhão autêntica da humanidade.

Porém, a grande mudança ou a mutação só poderá acontecer se a consciência social evoluir sustentada por valores humanísticos e éticos que levem em conta o respeito às diferenças, à igualdade de oportunidades de acesso à educação e

aos produtos do sistema econômico, o direito de participação política ampla, o direito à vida e à sobrevivência, negado hoje, como antes, sob formas explícitas ou implícitas, às escâncaras ou sutilmente disfarçado.

E as organizações muito têm a fazer para que o hoje utópico seja o amanhã real.

O ritual da ambigüidade

Fábio Steinberg

PARECE UM JOGO de palavras, mas não é. No mundo real da empresa, predomina a fantasia. E na terra da fantasia corporativa, prevalece a realidade. Como subsistema da sociedade que a abriga, a organização nada mais é que um espelho — por vezes refletindo uma imagem distorcida dos modelos sociais e culturais ali encontrados. Por isto, os símbolos, metáforas, analogias e mitos encontrados em outras organizações, surgem também nas empresas — mas geralmente camuflados sob nomes pomposos como visões, credos, diretrizes, procedimentos ou mesmo "casos de sucesso".

Não há nada de novo sobre a terra. Na história do homem, alguém em algum momento e lugar do passado já inventou o modelo, só que em outras circunstâncias. Exemplos? Ao invés de deuses, há sempre os fundadores ou, na sua falta, os CEOs... Ao invés de guerreiros do passado, que tal associar com a equipe gerencial ou a força de vendas — que substituíram a bandeira da fé pela crença profunda nos produtos e serviços que fanaticamente representam? E se pensarmos em personagens místicos, como os profetas ou sacerdotes, quase que imediatamente podemos ligá-los, na empresa contemporânea, às figuras de conselheiros, assessores e consultores.

O comportamento humano é um mistério. Mas, observando bem, até que nem tanto... Charles Handy já modelou os quatro mitos organizacionais, e de forma quase previsível, dá para encontrá-los em todas as organizações. Com nomes, cargos, idades e sexos diferentes, essencialmente lá estão eles: Zeus, Apolo, Atena e Dioniso.

Zeus, com o seu carisma e poder absoluto, está represen-

tado não apenas por um presidente ou diretor, mas por qualquer profissional que luta, seja de forma clara ou sutil, pelo poder. Assim, estamos falando não apenas do mandatário supremo da empresa, aquele que decide sobre a vida, crescimento ou morte de seus subordinados. Referimo-nos também ao pequeno burocrata, que tiraniza os colegas através da manipulação de tempos e horários, o controle excessivo de documentos ou de acessos, a aceleração ou redução da velocidade de filas e processos — e tantas outras artimanhas aceitas como legítimas pela organização, mas que infernizam a vida dos seus integrantes. Apesar da distância hierárquica que separa os senhores da organização destes pequenos tiranos da burocracia, ambos — e provavelmente também os demais ocupantes de níveis intermediários — exercitam igualmente o poder e o predomínio de suas idéias. São todos eles portadores do mesmo conceito de dominância inquestionável e exercício do mando, físico ou psicológico, encontrado em deuses, semideuses, santos ou outros seres ungidos às alturas pelos homens.

Quanto a Apolo, embora por vezes bastante associado à burocracia e controle, é mais lembrado no dia-a-dia das empresas pelo seu lado narciso, de amor ao próprio umbigo. (Talvez nem o próprio Handy tenha pensado nisto, mas não sabe a oportunidade que perdeu...) Dentro das corporações, há potencialmente um Apolo atrás de cada funcionário. Faz até parte do contrato de trabalho de alguns destes seres superiores o direito formal de exercitar livremente a sua egolatria e elevar a sua auto-estima a níveis celestes. Para eles, não há mordomias, tratamentos *vips*, hotéis de cinco estrelas, carros de alto luxo, restaurantes da moda, presença na mídia, em doses suficientes para abrigar o amor que nutrem por si próprios. Aos demais associados, os mortais, se não é possível oferecer as mesmas condições, até para valorizar ainda mais a distinção dos apolos corporativos, pelo menos paira no ar uma promessa. É a de que se eles seguirem criteriosa e cegamente os procedimentos e processos impostos, existe a esperança de um dia ganharem também status semelhante num futuro imprevisível...

Se Atena representa a sabedoria e o espírito de equipe, não faltam candidatos no mundo empresarial para desempenhar este papel. Gerentes e consultores disputam a vaga, com a vantagem que os primeiros já estão lá dentro mesmo. Por isto, até pela lei da inércia, têm mais oportunidade de preencher o espaço disponível de conselheiros, embora nem sempre acompanhados da necessária competência para tal. De certa forma, esta escolha pela conveniência e não pela competência explica o alto índice de erros absurdos e improdutividade, por vezes observado nas organizações. A luta pelo papel de Atena é duramente disputada entre os gerentes, que representam a experiência e o "conhecimento da casa", e os consultores, que oferecem em contrapartida uma visão nova, independente e pré-aprovada pelo mercado. Certamente nenhum dos dois é auto-suficiente ou tem a razão completa a seu favor. No mínimo, o critério adotado por uma empresa para determinar o ponto de equilíbrio entre o uso de sabedoria própria e a comprada de terceiros serve para estabelecer a prioridade que uma empresa dá à sua política de valorização de recursos. Será que esta escolha entre uso de recursos próprios ou de terceiros defende os interesses corporativos de proteção ao emprego e oportunidades dos empregados, ou é pragmática, onde o negócio e os acionistas é que têm absoluta prioridade?

Finalmente, temos a figura de Dioniso. Com sua dedicação ao vinho e à música, nos remete não apenas ao lazer e à diversão, mas ao espírito de iniciativa, inovação, o sentido de propriedade (*ownership*) e amor ao trabalho. Este seria o lado dionisíaco positivo e desejável. A conseqüência disfuncional é o descontrole da organização sobre o mundo informal, inerente a qualquer atividade em que pessoas não apenas interagem, mas atuam sob emoção. Assim, como uma espécie de ressaca da orgia dionisíaca, os efeitos colaterais podem ir de inocentes comentários a rumores destrutivos e paralisantes; de simples devaneios no uso do telefone ou da internet durante o expediente até alto grau de improdutividade representado pela desmotivação ou inapetência pelo trabalho.

Na minha experiência em mais de trinta anos nas corpo-

rações, tenho convivido — direta ou indiretamente, como empregado ou consultor — com quase quarenta organizações de porte, muitas delas as mais importantes em seus respectivos segmentos no Brasil e no mundo. Pude não só confirmar pessoalmente a tese de Charles Handy, como até desenhar o perfil de tipos humanos semelhantes e situações organizacionais bastante parecidas entre si.*

Numa outra abordagem, podemos tomar quatro dos personagens mais básicos nas organizações: o patriarca, o líder, o juiz e o profeta. Ao longo do tempo e em qualquer sistema que se examine, eles estarão invariavelmente presentes. Há sempre um fundador (o patriarca). Logo a seguir surge alguém para realizar e fazer executar as idéias (o líder). Mas, neste modelo, é indispensável contar com quem possa julgar e decidir o que é melhor ou pior (o juiz). Finalmente, aparece um pensador ou conselheiro que alinhava o que existe com o que se quer alcançar (o profeta).

Se tudo isto é tão racional e previsível, por que então é complicado administrar uma empresa? É que nela, o que parece ser não é. E isto é muito mais complexo do que apenas reconhecer os aspectos formais e informais das organizações.

Sem dúvida, existe algo bem mais intangível, quase impossível de definir. É algo que quem vive no mundo corporativo sente, mas não consegue explicar. De um lado, representando o cartesiano e o racional, está a luz. É a depositária do ideal, daquilo que "poderia ser". Em suma, trata-se de uma soma de procedimentos, pensamentos e objetivos para serem seguidos por todos, visando evitar ambigüidades, dúvidas ou improdutividades.

Mas ai daquele que se basear apenas no que aparece sob a luz. Cedo ou tarde, vai tropeçar no outro lado, que é o da

* Grande parte destas observações está registrada em forma de cinqüenta histórias, passadas sob a égide corporativa, no livro *Ficções reais* (Campus). Essencialmente, concluí que tanto as pessoas como as circunstâncias que as envolvem são muito similares. A combinação de nomes, sexos, idades, profissões, raças, idiomas com locais, tipo de indústrias, mercados etc. dão a falsa impressão de que estamos tratando de coisas diferentes.

sombra, e que pode se traduzir no que "realmente é". Não adianta procurar as regras para a sombra, pois não estão escritas em lugar algum. Se se perguntar pelas normas, todos os dirigentes e funcionários vão negar a sua existência. Mas não as menospreze pelo fato de não estarem registradas, pois valem muito mais do que qualquer documento. O lado sombra representa o não-racional, o arbitrário, o emocional. Surgiu ninguém sabe de onde, mas já foi aceito e assimilado pelo inconsciente coletivo há muito tempo. É como uma segunda natureza: todos seguem cegamente preceitos misteriosos e invisíveis, sem questionamentos ou dúvidas. Às vezes, por este aspecto misterioso e internalizado em cada um, o mundo sombra é apelidado (indevidamente) de "cultura da casa". Funciona como uma barreira de segurança e proteção aos membros iniciados. No fundo, é uma reserva de mercado informal contra a incerteza ou elementos estranhos (e por isso não confiáveis), que buscam ampliar sua presença na organização, fisicamente ou através de suas idéias.

Como anticorpo reagindo num organismo, a sombra pode ser positiva, uma legítima defesa a favor do sistema. Ou pode se traduzir na luta contra tudo o que é novo e desconhe cido, que coloca em risco o status ou as conquistas do grupo

Uma coisa é certa: se a imensa energia presente na sombra for canalizada de forma adequada, pode representar um valioso instrumento para o desenvolvimento organizacional, e neste sentido sua importância é imensurável.

Cada empresa tem uma bíblia própria e professa a sua religião particular. As divindades que funcionam tão bem em uma organização podem se mostrar completamente inadequadas na outra. Por isto, não existem duas empresas iguais, assim como não há dois organismos idênticos. Esta é, aliás, uma das principais dificuldades enfrentadas nos processos de fusões e aquisições. A incapacidade de amalgamar mundos distintos em um só, na maioria das vezes, leva as incorporações (tão racional e economicamente viáveis no papel) ao completo fracasso.

Se não é possível classificar empresas por tipos e mode-

los, há pelo menos alguns parâmetros que ajudam a dar o tom. Estes atributos, presentes em maior ou menor grau em todas as organizações, se não podem ser considerados medidores cientificamente comprovados, servem pelo menos como referência, ao estabelecerem níveis diferenciados entre elas. Vejamos alguns desses conceitos:

A empresa-serpente. Dependendo de quem avalia a questão, a serpente do paraíso, citada na Bíblia, não trouxe desagregação, mas sim permitiu o questionamento e a própria evolução da espécie. Provocando a mudança, obrigou o homem a sair de sua passividade e dependência para, correndo riscos, buscar maneiras próprias de sobreviver e crescer. As empresas também podem se comportar como serpentes, dependendo do hiato entre o discurso da inovação e a realidade da acomodação. Sabemos que uma coisa é a teoria, a outra a prática. Qual a atitude de uma determinada organização: ela costuma premiar os disciplinados e punir os contestadores ou vice-versa? E por falar nisto, o que significam os contestadores para esta corporação: aqueles que pensam e agem em linha com o coletivo sem correr riscos, ou os inconformados, que se comportam de forma original, criativa e independente, enfrentando todos os perigos, inclusive o de exclusão?

A empresa-emoção. Levando-se em conta que as organizações são formadas por seres humanos que interagem, qual é o espaço disponível ou nível aceitável de exposição de sentimentos e emoções individuais? Há estímulo à concorrência interna entre empregados, inibição a conflitos de interesses, motivação a jogos de poder, promoção de conflitos de interesses? É uma empresa onde os funcionários podem expor livremente seus pensamentos e sentimentos ou vivem contidos, com medo de represálias?

A empresa-utopia. De um lado, oferece-se o mundo da fantasia, a terra prometida das realizações profissionais e pessoais, no qual o indivíduo será eternamente respeitado e o profissional sempre valoriza-

do. Mas a realidade mostra o contrário: a imposição e o exercício de regras, procedimentos e burocracias inflexíveis e impessoais pode levar a uma desagregação entre os valores desejados e os efetivos.

A empresa-ambigüidade. Processos de reengenharia não seriam dilúvios corporativos, que buscam a purificação das espécies e dos pecados funcionais cometidos no passado? A incongruência entre o discurso da carreira eterna e a realidade da "morte funcional" promovida por demissões em massa não embute o conceito ambíguo da água, que ao mesmo tempo pode significar vida e destruição? O que dizer dos falsos messias, os líderes de ocasião que surgem como salvadores e que prometem a felicidade eterna logo após o sacrifício coletivo? E das facções e dissidências que se formam dentro dos próprios organismos — como sindicatos, associações e grupos de pressão — e que oferecem a contestação e os caminhos alternativos para os que se rebelarem, mesmo que à custa da destruição da própria empresa que os abriga?

A empresa-babel. Não existe apenas um grupo único e coeso dentro das organizações, mas muitos, associados por departamentos, regiões, profissões, níveis culturais, idade, sexo, atividades desempenhadas etc. Com a prática da terceirização e até da quarteirização, diariamente as corporações são invadidas por um exército de fornecedores, parceiros, prestadores de serviços. Apesar de formalmente não pertencerem ao corpo principal, atuam, reagem, participam e se sentem como integrantes da organização. Com o tempo, os grupos, com culturas próprias, desenvolvem códigos, estabelecem alianças internas e provocam disfunções não entendidas pela administração central. Por isso, muitas vezes a comunicação interna que pensa estar transmitindo um discurso é percebida de outra forma ou simplesmente ignorada, por não corresponder nem a valores nem a expectativas e sim desenvolvida à revelia da empresa. Mais que isto: na falta de um programa de comunicação central e focado, criam-se processos de informação independentes e informais, mas de muito maior eficácia que o oficial.

Diante de tantas forças, fica a nossa questão inicial: como conviver e até sobreviver num sistema em que predomina a ambigüidade? O que é preciso fazer para ao mesmo tempo respeitar os valores formais, aceitos, escritos e sacramentados, e os informais, igualmente aceitos mas de forma invisível, e que dependem essencialmente do conhecimento empírico, subjetivo, onde inexistem regras claras de comportamento e de ação?

Tal qual um zoológico, onde convivem animais de diferentes espécies num mesmo lugar, uma coisa é observá-los e aos seus hábitos, de forma neutra, isolada e independente. A outra é interagir com todos eles, com as conseqüências, numa selva hipotética, onde cada um exercita sua adaptação ao *habitat*. Nela, cada animal preserva suas características biológicas, mecanismos de defesa e ataque, e hábitos próprios, produzindo um rico ecossistema — onde, de uma forma natural, uns vencem e outros perdem.

Guardadas as devidas proporções, as empresas e seus habitantes não deixam de representar uma selva de homens e mulheres, em que cada qual tem agenda própria, mas que depende do próximo para alcançar o seu objetivo maior. Emoções e racionalidade convivem lado a lado, mas de forma nem sempre harmoniosa e ideal. No mundo organizacional, a capacidade de somar esforços, saltar obstáculos e alcançar resultados separa os vencedores dos perdedores.

Por isto, pode-se falar num ritual da ambigüidade, condição indispensável para garantir a adaptação e sobrevivência dentro das empresas. Mais que os mais fortes, ficam aqueles que melhor entenderem o sistema. Mais que os mais bem preparados intelectualmente, fazem carreira os que utilizam de modo correto as energias latentes e disponíveis na sombra, como se fossem escadas para o seu progresso profissional. Mais que senioridade e experiência, tem vez quem melhor usa seus instintos e sensibilidades para sintonizar os objetivos da organização, fazendo com que coincidam com as suas próprias metas pessoais.

A eterna dicotomia entre o pecado e a virtude se repete

infinitamente, e mais de uma vez nas organizações. O que é melhor: ser punido pelo risco ou ser recompensado pelo comportamento previsível? Vale a pena ser serpente de paraíso? Provavelmente a resposta é sim, mesmo pagando um preço alto, que pode ir da incompreensão relativa à repulsa absoluta.

Mas não nos esqueçamos que, se não fossem as serpentes, inclusive as organizacionais, ainda estaríamos todos empurrando pedras, vivendo em cavernas frias e úmidas, sonhando com o animal que seria abatido (ou que nos abateria) nas próximas horas, para a única e duvidosa refeição do dia...

O mistério dos grupos

"DUAS CABEÇAS pensam melhor que uma... A união faz a força... A participação de todos garante resultados superiores."

Quem não sabe algum dito que enaltece a ação coletiva?

Os apelos à atividade em grupo são constantes e convincentes. Em nosso tempo, o coletivo sobrepuja o individual. A sociedade de massa prevalece. A Revolução Industrial propiciou o incremento da produção em larga escala, dos produtos em série, estandardizados. As máquinas permitiram acelerar e ampliar a produção em massa, com maior economia de recursos e, portanto, gerar maior lucro. O escopo da organização racional do trabalho era conseguir o máximo com o mínimo — um ideal válido ainda hoje para a sociedade materialista.

Observou-se que os trabalhadores que operavam em grupo pareciam produzir mais do que os da linha de montagem convencional. Conjecturou-se, então, que o trabalho em grupo rende mais do que o individual lado a lado. Estudos pioneiros sobre o trabalho em grupo procuraram descobrir por que isto acontecia. Os resultados, porém, não trouxeram grandes esclarecimentos. Mesmo assim, os grupos começaram a ser considerados instrumentos de maior produtividade. E passaram a constituir um campo de estudo e de práticas inovadoras na dinâmica das organizações.

A crença no valor das ações em grupo é antiga. As atividades humanas grupais costumam produzir efeitos mais intensos, consistentes e duradouros. Desde os tempos bíblicos, os cultos e as pregações religiosas são praticados em grupos, grandes ou pequenos. A história da humanidade consig-

na que os julgamentos, as decisões políticas, as lides bélicas, as doutrinações, os ensinamentos e as discussões filosóficas são, geralmente, realizados em grupo.

Como funciona um grupo

O estudo dos grupos humanos exige definição clara de perspectiva. Há diferenças marcantes entre um enfoque micro e um enfoque macro. Os fenômenos psicossociais, político-econômicos e culturais mudam drasticamente quando são apreciados de forma micro ou macro. É bem conhecida a distorção decorrente do emprego de indicadores estatísticos para caracterizar condições genéricas de grupos, como por exemplo o PIB, a renda per capita, e outros.

Costuma-se analisar a estrutura do grupo como primeiro passo para descrever seu funcionamento provável. De fato, a composição inicial do grupo fornece algumas indicações sobre possibilidades de comportamento grupal. Grupos homogêneos, heterogêneos, mistos, grandes, pequenos, espontâneos, forçados, de trabalho, de lazer, etc. são exemplos de diferentes composições, segundo algum critério previamente estabelecido, para alcançar determinado objetivo.

A estrutura interna também varia em função da composição e do objetivo. As posições relativas que as pessoas ocupam no grupo e as relações entre elas são variáveis influentes na dinâmica inicial.*

No íntimo dos grupos

Quem nunca se surpreendeu com o que acontece nos grupos?

Imaginemos uma reunião de grupo no ambiente de trabalho. Existe um líder e uma agenda, horário e local. Estarão todos presentes à hora marcada? A agenda será seguida e cumprida? A reunião decorrerá conforme o planejado? Os resulta-

* Ver Moscovici, F., *Desenvolvimento interpessoal*, cap. 8.

dos serão os esperados? Sairão todos satisfeitos? A resposta mais provável a todas as perguntas formuladas é: NÃO. Por quê?

Apesar dos profusos conhecimentos científicos sobre grupos, a surpresa e a perplexidade amiúde nos acompanham. O mesmo grupo não age nem reage de forma semelhante aos mesmos estímulos. Apresenta variações de motivação, ritmo, clima emocional, desempenho, produtividade. Por vezes parece até outro grupo. Como entender, e mais do que isso, aceitar essas variações? Um grande Mistério...

As variações de humor, bem-estar e desempenho de cada indivíduo são encaradas como naturais e dentro da normalidade. Todos nós apresentamos, a cada dia, oscilações nos órgãos sensoriais, nas emoções, no intelecto e no comportamento. Há dias de inspiração e alta energia, de alegria e afeto; e outros de desânimo e cansaço, tristeza e apatia — sem explicação. Ninguém fica em equilíbrio homeostático o tempo todo, por maior que seja o cuidado com a saúde, alimentação, repouso, lazer, trabalho, sociabilidade. Nossa energia não é distribuída de forma regular contínua. O ritmo biopsíquico é um dos fatores marcantes das diferenças individuais.

Essa personalização de comportamento é reconhecida e aceita sem reservas. Entretanto, tudo muda de figura quando se trata de um grupo. Supõe-se que um grupo bem constituído, com um objetivo comum e bem liderado, tenha um comportamento uniforme, um desempenho constante e regular. Ou seja, espera-se que um grupo composto de pessoas diferentes anule as diferenças individuais e exiba um comportamento global conforme planejado!

Gerentes, coordenadores e professores, os líderes em geral, vivem esse paradoxo. Acreditam que planejamento conveniente, estilo de liderança adequado e controle rigoroso das variáveis ambientais e psicossociais assegurarão um comportamento grupal dentro dos parâmetros estabelecidos. O plano de aula ou a agenda da reunião podem estar tecnicamente bem elaborados; as condições de infra-estrutura, apropriadas. O que vai acontecer durante o funcionamento do grupo naquele contexto espaço-tempo não pode ser inteiramente

previsto nem controlado. As expectativas do provável desenrolar do processo grupal serão tanto mais realísticas quanto maiores a capacitação, maturidade e experiência do líder.

Interação humana: um processo intrigante

Várias modalidades de interação ocorrem no grupo. A mais freqüente é a comunicação, em seus aspectos verbais, não verbais e emocionais. A partir da comunicação, outros processos grupais se desenvolvem e passam a diferenciar cada grupo dos demais pelas formas específicas de liderança, processo decisório, relacionamento. A motivação de cada membro do grupo ativa a energia global do grupo, para mais ou para menos, configurando um clima de maior ou menor envolvimento e participação nas atividades do grupo.

A idéia do objetivo comum como característica do grupo é uma confortável ilusão de planejadores e líderes de grupos.

Cada grupo abriga muitos objetivos individuais, mais ou menos conciliáveis. Em geral, determina-se um objetivo comum para o grupo de acordo com a situação-problema exterior, acreditando-se que ele seja adotado pelos membros e fielmente cumprido. Se for claro, compreendido e aceito por todos, sem provocar incompatibilidade com os objetivos individuais, pode tornar-se *o* objetivo comum compartilhado, orientador dos esforços coletivos.

A comunicação pode ser analisada em seus aspectos mais freqüentes, que passam a caracterizar o grupo: espontaneidade, liberdade para expressar pensamentos ou cuidado intencional e bloqueios no fluxo; distorções das mensagens e malentendidos; medo ou coragem de externar opiniões e discordâncias; intercâmbio de *feedback* hábil e útil.

Além desses aspectos conhecidos, existem ainda outros que escapam ao controle técnico e surpreendem os mais afeitos à segurança aparente oferecida pela racionalidade.

A liderança pode ser apreciada pelos estilos mais usados, por quem e em que circunstâncias, pelas modalidades de rela-

ções entre líderes e liderados, pela distribuição do poder dentro do grupo.

A liderança é, acima de tudo, um processo interpessoal extremamente complexo que não se limita aos aspectos visíveis e objetivos de técnicas e prescrições. Toda a gama de componentes psicológicos, especialmente os emocionais, evidencia a imensa dificuldade de aplicação da tecnologia gerencial como ferramenta estandardizada.

Tratar a liderança como um exclusivo procedimento técnico de gerência tem levado a equívocos embaraçosos e inexplicáveis. Os resultados da chamada "liderança científica" estão longe dos esperados e desejados pelos dirigentes. Por que certa técnica dá certo num grupo e não em outro, com o mesmo líder? Por que no mesmo grupo, em ocasiões diferentes, com o mesmo líder, aquela técnica pode dar certo ou errado? Qual a razão de tais fenômenos, se a tecnologia é correta e bem aplicada?

Esses eventos permanecem sem explicação lógica, parcela de um Mistério maior ainda não totalmente desvendado por nós — profissionais, pesquisadores, especialistas e praticantes — em nossa vã e arrogante certeza baseada em ciência e tecnologia...

Pouco adiantam cursos sobre liderança que não alertam para as muitas variáveis existentes no processo, variáveis que afetam a aplicação adequada das técnicas gerenciais no trabalho em grupo. O simples fato de saber que existem variáveis não tangíveis — como as emoções — que interferem no processo, pode induzir a maior cuidado no trato com a situação grupal e reduzir a enganosa onipotência do líder, tão confiante na tecnologia.

O processo decisório em grupo também apresenta facetas obscuras. Seja por imposição (autocrática) ou por votação (democrática), seja por participação consensual ou por manipulação sedutora (favorecimento de vantagens), outras variáveis, fora da lógica, também influenciam o processo, além das visíveis e conhecidas. Outro Mistério, a ser reconhecido com humildade...

O relacionamento entre os membros do grupo afeta

sobremodo o seu funcionamento. A afetividade positiva contribui, substancialmente, para incrementar a motivação, a comunicação, a execução adequada de tarefas, a coesão, a cooperação, a confiança, o respeito, o clima de entusiasmo e a satisfação pelo trabalho conjunto. Simultaneamente, reduzem-se a importância, o número e a intensidade dos conflitos, a competição desagregadora tipo "ganha-perde", a desconfiança, os equívocos, as omissões, a apatia, as manobras de resistência passiva e sabotagem.

Quando as pessoas sentem afeto recíproco num grupo de trabalho, tudo fica mais fácil. Os planos são implementados, as tarefas realizadas com qualidade e satisfação. As pessoas gostam de estar juntas, trabalhando, colaborando, dando o melhor de si.

Ah! O que se faz (ou não se faz) quando se gosta de alguém!

A afetividade existente, entretanto, não garante harmonia constante nem amor eterno. Como tudo o mais na vida, pode esgotar-se, gradativamente, ou transformar-se em sentimento diferente, e até no seu oposto. A convivência entre pessoas sofre a ação erosiva (ou corrosiva?) do tempo. Os sentimentos que ligam as pessoas não são estáticos. Situações e acontecimentos externos e internos modificam a dimensão afetiva intra e interpessoal, e a coletiva.

Se nossos sentimentos se mantivessem os mesmos, o mito do "final feliz", do "viveram felizes para sempre" não seria epílogo exclusivo dos contos de fadas, ou de um sonho, ou simplesmente a revelação de um desejo compartilhado por adultos inteligentes, informados e experientes. De novo, outro Mistério...

As transformações de sentimentos que ocorrem nos grupos de trabalho, contudo, não figuram entre as variáveis mais estudadas e consideradas na avaliação do desempenho grupal. E assim os componentes emocionais continuam relegados a um papel secundário na dinâmica dos grupos, enquanto as perplexidades emergem e crescem diante de comportamentos e resultados inesperados nos projetos de produtividade e qualidade das empresas.

As emoções

Até que ponto podemos ser plenamente racionais? Quais as vantagens de desenvolver tanto a lógica, a objetividade, o cartesianismo, o método científico?

E as emoções, que fazer com elas, uma vez que são inerentes ao ser humano?

Nossa característica humana não se desenvolve cronologicamente nem de forma linear. É um processo delicado, espontâneo, lento e personalizado. Em convívio com os outros, nós nos tornamos humanos — se não houver forte interferência contrária. É um processo taoísta, em que as forças da natureza trabalham harmonicamente. O desafio é deixar acontecer, não perturbar a ação da natureza.

O ser humano é uma inteireza, uma entidade holística física, intelectual, emocional, espiritual.

A depender de seu ambiente físico e social, de sua educação, de sua história de vida, cada pessoa desenvolve essas facetas de maneira diversa, com maior ênfase numa ou noutra.

Nossa civilização ocidental industrializada privilegia a dimensão cognitiva, a atividade em si, a racionalidade, o mecanicismo, a pressa, os resultados rápidos, os fins acima dos meios, a competição, o individualismo.

Recentemente, a dimensão emocional vem recebendo maior atenção, principalmente por motivos pragmáticos, visando a melhoria do esquema de produção individual e em grupo. A dimensão espiritual, no entanto, continua longe das preocupações dos dirigentes empresariais, pouco conhecida e trabalhada nas organizações.

A idealização do sucesso

Todos querem sucesso, e quanto mais melhor. Como conseguir sucesso, eis a questão.

Muitas indagações intrigantes sobre o desempenho das pessoas não conseguem ser satisfatoriamente respondidas.

Quem vence na vida? Quem se sai melhor? O que conta mais: a inteligência, o conhecimento, a experiência ou a simpatia, o bom humor, o bom relacionamento com os outros?

Até que ponto os alunos mais inteligentes e brilhantes obtêm maior sucesso depois que saem da escola — no trabalho, nos negócios, na vida em geral? Seria mesmo o famoso QI (Quociente Intelectual) um indicador confiável de sucesso na vida real, fora do ambiente escolar?

Nesta era de avançada tecnologia, quem tem maior inteligência e mais conhecimentos atuais supõe-se mais bem equipado para sair-se bem no trabalho e galgar altas posições na carreira profissional. Pelo menos assim se acreditou durante muito tempo, quando o conceito de QI fazia a grande diferença, e servia de instrumento de seleção e de prognóstico para a capacidade escolar e profissional.

Qual a contribuição dos fatores emocionais para o êxito ou o fracasso no desempenho profissional?

Há muitas opiniões sobre o valor e a importância dos fatores intelectuais e emocionais nas atividades humanas. Algumas são válidas do ponto de vista científico, outras são errôneas, pois correspondem apenas a crenças e preconceitos que se reforçam e eternizam casuisticamente.

Se você, leitor, tiver curiosidade de verificar suas próprias idéias sobre a influência dos componentes emocionais e racionais no comportamento humano, experimente examinar o Quadro Certo ou Errado? e assinalar sua concordância ou discordância em relação às afirmações costumeiras sobre o assunto.

E então? Reflita agora sobre suas opiniões e pense como poderia distinguir veracidade científica de crenças arraigadas, porém não comprovadas.

Embora a primazia do racional perdure, tenazmente, na estrutura da sociedade, na educação e no trabalho, os recentes estudos e publicações sobre a chamada Inteligência Emocional reafirmaram a indubitável importância dos componentes emocionais no desempenho produtivo em todos os níveis.

CERTO OU ERRADO?

	C	E
1. Sentimentos e emoções prejudicam a produtividade.		
2. Os grandes líderes usam intuição nas decisões.		
3. A objetividade é essencial para um trabalho bem-feito.		
4. As mulheres são sentimentais e por isso não raciocinam logicamente.		
5. O controle das emoções pode ser treinado.		
6. A empatia nos faz sofrer pelos outros.		
7. Seguir sentimentos gera injustiças na avaliação do desempenho individual.		
8. Demonstrar sentimentos enfraquece o líder.		
9. Competência técnica e inteligência garantem a qualidade no trabalho em equipe.		
10. A objetividade assegura imparcialidade no julgamento.		
11. Emoções perturbam o raciocínio lógico.		
12. Sintonia com os próprios sentimentos leva a decisões mais adequadas.		

O conceito de QI como único fator válido de prognóstico de êxito profissional foi gradativamente questionado. A Inteligência Emocional passou, então, a ser encarada como o elemento crítico para desempenho superior, conquistas de carreira, triunfo nos negócios, vitória na corrida competitiva. E, conseqüentemente, as pessoas deveriam desenvolver Inteligência Emocional para lograr sucesso no trabalho e incrementar a produtividade das empresas.

Esta é a visão simplista e pragmática, atrelada a valores materialistas de triunfo em competições, tão generalizada em nossa sociedade, em nossa época. Nestes tempos de globalização, o que importa é vencer a disputa, superar (ou derrubar) o adversário, conseguir vantagens (e lucros), agir e reagir

velozmente, estar sempre à frente, liderar o mercado, usando todos os recursos possíveis e imagináveis.

É ingênuo considerar a dimensão emocional como simples coadjuvante da cognição para obter certos resultados concretos e, eventualmente, alguma qualidade de vida. A emocionalidade humana não pode ser separada da dimensão intelectual na lida cotidiana dos problemas, da tomada de decisão, da administração de conflitos, da execução de tarefas. Nosso comportamento resulta da interação contínua entre racionalidade e emoção.

A conotação pragmática usual de QE (Quociente ou Qualidade Emocional), no sentido de Competência Emocional e Social para conquistar sucesso e produtividade, está relacionada a valores culturais preponderantes em nossa sociedade ocidental globalizada.

Os valores materiais podem representar uma parcela considerável de satisfação pessoal sem, contudo, trazer a tão desejada Qualidade de Vida.

A motivação orientada para valores materiais dificilmente pode ser satisfeita de forma cabal. Alcançado um alvo, deseja-se obter mais, sempre mais. Acontece assim com o sucesso, o lucro, as posses, o poder. Quem diz que se satisfaz com o que conseguiu, quem se considera plenamente realizado? Que empresa fixa um teto para o seu lucro? Que profissional define um limite para o seu sucesso? Quem determina um final para suas posses? Quem delimita seu próprio poder?

À medida que se alcançam os objetivos prefixados, a satisfação é temporária. A motivação se mantém e se reforça circularmente pela própria atividade. Quanto mais se tem, mais se deseja ter. Toma-se gosto pela coisa...

A sede de poder parece insaciável, mesmo na mais alta posição hierárquica! Outro Mistério do comportamento interpessoal humano...

As teorias motivacionais de carência não explicam a energia aplicada além da necessidade suprida, além da homeostasia. Esta modalidade de motivação faz-se acompanhar de ansieda-

de crescente, de tendência à neurose e ao estresse. Isto evidentemente não pode ser considerado Qualidade de Vida!...

O desenvolvimento da Qualidade Emocional, ou melhor dito, da Competência Emocional e Social, deveria constituir uma aprendizagem de ajustamento às normas vigentes em cada sociedade.

As emoções são treinadas para expressão socialmente correta, para consolidar o que se considera "boa educação", boas maneiras, compostura, relacionamento equilibrado. À medida que se desenvolve a autoconsciência emocional, aprende-se a controlar as emoções e a encaminhá-las produtivamente. Que significa isto? Significa apreensão e internalização dos valores vigentes de sucesso, vitória, pragmatismo, que conduzem à massificação da expressão emocional para cada situação de vida. As pessoas "educadas" têm medo do ridículo e das sanções sociais caso não sigam os parâmetros convencionados de interação.

Vale lembrar a diferença de expressão emocional nas diversas culturas, não havendo uma forma única adequada universal. As formas de interação representadas por gestos, mímica, movimentos corporais, risadas, choro, contato físico, linguagem (palavras, tom, ritmo e pausas) caracterizam o estilo cultural de maior ou menor expansão ou controle na direção das emoções.

As emoções nos grupos de trabalho

Se as emoções são onipresentes nas pessoas, evidentemente também o são nos grupos humanos. E influem de modo decisivo sobre o comportamento do indivíduo e do grupo. A questão crucial é como as emoções são percebidas, reconhecidas, tratadas, e expressas.

O manejo individual das emoções já é difícil e nem sempre bem-sucedido. Quando pessoas passam a trabalhar juntas, a dificuldade cresce geometricamente.

Todos que trabalham em grupo sabem muito bem como

é complicado compatibilizar idéias e emoções, raciocínio e sentimento, intuição e lógica, criatividade e tradição, e além disso produzir resultados!

Como participar efetivamente num grupo, contribuindo para o objetivo comum, e ao mesmo tempo afirmar-se e realizar-se como pessoa?

O grande dilema dos membros de um grupo organizacional está na dosagem dos dois processos contraditórios indicados por Koestler como característicos de cada *holon*: auto-afirmação e integração.

Um *holon* pode ser uma pessoa, um grupo, uma área dentro da empresa. Como harmonizar auto-afirmação com integração?

Cada um de nós deseja auto-afirmação, reconhecimento de valor pessoal e age, freqüentemente, neste sentido; dentro de certa medida é normal e não provoca maiores reações contrárias. Quando, porém, ultrapassa certos limites, a pessoa vai devotar demasiada energia a este propósito. E com isto pode gerar reações adversas ao trabalho coletivo. Cada grupo tem sua "estrela" ou estrelas, que drenam energia do trabalho grupal e dificultam a colaboração e a integração.

Muitos líderes carismáticos cultivam esta situação sem causar maiores danos ao desempenho do grupo. Seu carisma pode ser um forte apelo motivacional para integração dos participantes e para trabalho esforçado e perseverante. O vínculo de união, a relação líder-liderados, torna-se predominantemente emocional-afetiva. Existe admiração, afeto, respeito e confiança total no líder, em sua competência profissional e em suas qualidades como pessoa. O grupo se dispõe a obedecer e seguir o líder em qualquer situação, a fazer sacrifícios de todo tipo.

Competência emocional de equipe

A atenção dedicada às emoções e seu manejo hábil constituem características diferenciadoras dos estágios de desenvolvimento de grupos e equipes.

Tomando-se por base a classificação de Katzenbach e Smith (1993), pode-se observar que nos dois primeiros estágios, o de grupos de trabalho e de pseudo-equipes, pouca atenção é dedicada aos fatores emocionais. As equipes em potencial já se preocupam mais com o emocional, até atingirem a condição de equipes verdadeiras. Quando estas continuam seu desenvolvimento rumo à excelência, os componentes emocionais assumem papel importante juntamente com os fatores cognitivos e técnicos na execução das tarefas. Este estágio mais avançado caracteriza as chamadas "equipes de elevado desempenho", consideradas o modelo ideal de funcionamento de equipe na empresa.

Competência emocional de equipe significa desenvolvimento de autoconsciência, controle emocional, intuição, empatia, comunicação autêntica e relacionamento sadio entre os membros do grupo.

Tomar consciência das próprias emoções é o primeiro passo para o autoconhecimento. Conscientizar-se de seus sentimentos permite exame mais realístico de suas reações emocionais nas diferentes situações de trabalho e fora dele. Conhecer o que se passa dentro de si facilita integrar pensamento-emoção-ação, fundamento da auto-estima.

Controle emocional implica "segurar" o impulso de expressão emocional imediata ou, como se diz comumente, "contar até dez antes de responder". A pessoa que desenvolve controle emocional não deixa de experimentar emoções e sentimentos; a vazão destes é que é retardada para que sua canalização se torne mais adequada e produtiva.

A intuição tem sido louvada, preconizada, enaltecida ou, ao contrário, negada, combatida, desmerecida em função do contexto cultural em que se está.

Nas empresas, a intuição não tem merecido reconhecimento por seu potencial facilitador nas decisões e na resolução de problemas. Há, ainda, muita desconfiança quanto à contribuição efetiva real da intuição na empresa racional e tecnológica de hoje, uma vez que a espontaneidade também não tem

lugar nos procedimentos "sérios" de trabalho... Se a espontaneidade é acolhida, poderá haver, então, espaço para a intuição como procedimento legítimo e confiável nas decisões, planos e ações das equipes.

A empatia é um processo-chave na competência emocional.

Sintonizar-se com os outros, e sentir como os outros sentem, favorece a confiança e o respeito mútuo. Quando se trabalha em equipe, a empatia é absolutamente essencial nos processos interpessoais. O clima de sintonia emocional e a experiência de compartilhar sentimentos tendem a promover um forte vínculo de proximidade, compreensão, compaixão, afeto, intimidade, ajuda recíproca.

Se a consciência das emoções, o controle de sua expressão, a intuição e a empatia são desenvolvidos, a comunicação no grupo tenderá a ser autêntica, livre, com ampla troca de idéias e opiniões, sem medo nem subterfúgios. As divergências são tratadas aberta e diretamente; o *feedback* é solicitado e oferecido de forma natural, hábil e respeitosa. Saber ouvir é uma arte que floresce sob certas condições favoráveis. Os processos de dar e receber *feedback* ultrapassam o plano das palavras e vêm a exprimir atitudes reveladoras de valores internalizados. Tudo isso facilita a cooperação e a administração de conflitos. A equipe funciona melhor, com produtividade e satisfação. E a empresa acaba sendo a maior beneficiária final...

A comunicação aberta e confiante permite construir um relacionamento sadio — ou será vice-versa: o relacionamento sadio leva a uma comunicação autêntica? Mais um Mistério...

O modo convencional de abordar processos humanos de forma linear, procurando determinar causa e efeito, pode trazer dilemas desnecessários, como na conhecida charada sobre quem nasceu primeiro: o ovo ou a galinha?

Os fenômenos humanos não são estanques; costumam ser artificialmente separados apenas para fins de estudo. Na realidade são interdependentes, ocorrem de forma simultânea, influenciam-se reciprocamente. Assim acontece com os processos interpessoais de comunicação e relacionamento.

Relacionamento sadio pressupõe trocas afetivas relativamente equilibradas, reciprocidade de sentimentos de teor positivo, amizade, carinho, confiança, intimidade, entrega, amor. As pessoas se sentem bem umas com as outras, ficam à vontade, podem ser mais espontâneas e autênticas, podem desenvolver uma relação genuína de dar e receber afeto e ajuda, sem cobranças nem manipulação planejada.

Divergências existem, sendo tratadas abertamente de forma natural e construtiva, como um problema comum a ser resolvido com esforço pessoal e boa vontade, coragem e honestidade de todos.

Manter a relação passa a ser mais importante que a vitória pessoal, embora o indivíduo seja valorizado e reconhecido pelos demais. Não se trata de abrir mão de opiniões para conservar a relação a qualquer custo, pois isto seria uma renúncia falsa e perigosa a médio e longo prazos. Trata-se de conciliar diferenças e fazer concessões voluntárias para alcançar um consenso que contribua para a harmonia dinâmica no relacionamento presente e futuro das pessoas envolvidas.

A competência interpessoal abrange competência emocional e social, no sentido de poder e saber lidar consigo mesmo, suas emoções e sentimentos, e com os outros, de forma autêntica e construtiva.

Cabe lembrar, mais uma vez, que um grupo com alto QI médio e alta competência técnica não se transforma necessariamente numa equipe de desempenho superior. Inteligência geral, conhecimentos técnicos e experiência de seus membros não bastam para prover o desempenho produtivo característico do trabalho de equipe.

Com que freqüência ainda nos surpreendemos com os inacreditáveis episódios — por vezes pitorescos, por vezes pungentes — de grupos constituídos por profissionais superdotados do ponto de vista intelectual, competentes, e com boa experiência, que não conseguem trabalhar juntos para produzir resultados à altura de seus notáveis desempenhos individuais! Um enigma de fácil decifração...

O que faz a diferença entre líderes de grupo

Quem assume a liderança, formal ou informal, em qualquer grupo, precisa estar preparado para as variadas exigências e vicissitudes do papel.

Esta capacitação abrange mais do que competência técnica e interpessoal em trabalho com grupos. Conhecimentos sólidos dos processos grupais e domínio da tecnologia de grupo são absolutamente essenciais. Habilidades de competência interpessoal, desenvolvidas em programas especiais de formação de coordenadores de grupos, também são fundamentais e ajudam sobremaneira. Entretanto, não bastam para lidar adequadamente com situações imprevistas e pouco estruturadas.

Considerando-se a sólida competência técnica e interpessoal do líder como premissa básica, alguns pontos merecem maior atenção na liderança de grupos de trabalho.

Autoconfiança

O líder que desenvolve segurança interior e auto-estima, que acredita em si mesmo, em seus conhecimentos e habilidades, em sua capacidade de resolver problemas "ao vivo", provavelmente enfrenta melhor as situações novas, pouco estruturadas ou ambíguas.

Autoconfiança geralmente acompanha um processo bem-sucedido de autoconhecimento. Quando a pessoa explora suas forças e fraquezas, suas possibilidades, preferências e peculiaridades, pode desenvolver confiança em si mesma. Fica mais claro o que pode e o que não pode fazer, o que precisa melhorar, modificar, superar. Sua auto-estima cresce e fica evidente em seu comportamento. Autoconfiança e auto-estima influenciam-se mutuamente, contribuindo para maior credibilidade e desempenho superior do líder.

Autoconfiança permite confiar nos outros, estabelecendo-se um processo de interação baseado em boa-fé, cordiali-

dade, sem suspeitas infundadas; isto facilita construir e manter um clima agradável de confiança recíproca e de segurança psicológica.

Um líder autoconfiante provavelmente manifestará menos reações paranóides em sua interação com o grupo. As ameaças e suspeitas que surgirem no trabalho poderão ser avaliadas de forma mais realística, no devido senso de proporção, diminuindo muito os conflitos supérfluos intra e intergrupais.

Quantas vezes o trabalho produtivo na empresa fica perturbado, atrasado e dificultado por incidentes, fofocas, intrigas, conflitos decorrentes mais da insegurança do líder do que de problemas técnicos. O receio de perder poder e status pode levar o líder a interpretar qualquer ocorrência como sinal de oposição, de conspiração contra sua pessoa ou posição, revelando certa tendência paranóide.

A desconfiança emerge e se alastra, mina o relacionamento entre líder e liderados, entre líder e outros líderes e até entre líderes da cúpula.

A existência de líderes inseguros nas empresas não é exagero nem ficção. Qual o impacto real da problemática desses líderes no desempenho global da empresa? Eis um ângulo ainda pouco estudado na dinâmica organizacional.

Autoconfiança não quer dizer prepotência. Autoconfiança gera uma atitude positiva de encarar dificuldades como desafios para utilização plena de sua potencialidade, como profissional e como pessoa. Inclui, também, humildade no reconhecimento de seus limites e consciência da impossibilidade de resolver ou controlar totalmente algumas situações.

Experiência e maturidade

A experiência de vida e a maturidade psicossocial concorrem para consolidar a autoconfiança do líder de grupos.

Compare-se a atuação de um líder principiante com a de um líder experiente. O primeiro cerca-se de muitos cuidados metodológicos, planejamento minucioso das atividades e do

tempo alocado às mesmas, rigor no seu controle, reservas de conhecimentos e técnicas. O segundo também segue os parâmetros técnicos de planejamento e execução das atividades, porém sem tanta rigidez nem ansiedade.

A grande diferença entre o desempenho dos dois revela-se quando surgem fatos inesperados. O primeiro considera que houve falhas (suas) no planejamento ou na execução, e que é preciso corrigir imediatamente o que está saindo do esquema preestabelecido. Tenta, então, reverter a situação para o quadro esperado. Improvisa algumas ações modificadoras do processo em andamento, usa sua autoridade para imprimir o rumo "certo".

Como diz o ditado popular: "Pior a emenda que o soneto." Na maioria das vezes as coisas pioram em vez de melhorar. A ansiedade do líder cresce, juntamente com emoções e sentimentos que diminuem a sua capacidade de perceber e diagnosticar claramente os fatos e de criar opções efetivas de ação. O quadro foge ainda mais a seu controle rumo a um desfecho de variadas possibilidades imprevistas e não desejadas.

O sentimento de ameaça provocado por situações novas, pouco estruturadas, está ligado à falta de segurança interior, ao escasso equilíbrio do líder. Um líder psicologicamente inseguro tende a estabelecer rotinas de trabalho mais estruturadas e minuciosas, e tende a fiscalizar rigorosamente o tempo no sentido de manter total controle da situação. Não permite desvios da agenda planejada. Qualquer alteração pode ameaçar sua autoridade, seu poder no grupo. Sua preocupação maior concentra-se em manter o domínio das atividades e das pessoas, em detrimento dos objetivos da tarefa e do respeito aos indivíduos.

O medo de perder o controle do grupo e a sua posição de poder faz com que líderes inseguros adotem formas mais autocráticas na condução de seus colaboradores.

O líder mais experiente, por sua vez, enfrenta fenômenos semelhantes sem, contudo, perturbar-se com eventuais desvios nos acontecimentos. Sua maior experiência ensinou-lhe que o

processo de grupo é algo vivo, que não se submete a padrões estereotipados de planejamento e controle, que o inesperado acontece não por falha sua e, sim, por variáveis misteriosas e não controláveis, existentes nas pessoas e nos grupos. E como faz parte do grupo, é também co-responsável pela ocorrência de tais fenômenos. Esta autoconsciência de *holon*, como parte de um todo dinâmico e como totalidade coadjuvante do fluxo das ações e reações do grupo, torna o líder um membro especialmente dotado para conduzir pessoas e equipes.

Um gerente dominador, autoritário, inflexível, que atemoriza seus subordinados, cria uma imagem de grande segurança, coragem e força. Surpreendentemente, ele pode ser, no íntimo, fraco e inseguro, e utilizar aqueles meios justamente para negar e esconder sua fragilidade interior, e exibir e afirmar exteriormente seu poderio.

Quando o sentimento do "nós" aflora e se consubstancia internamente no líder, o processo de liderança e o relacionamento interpessoal tendem a transformar-se em harmonia e bem-estar.

Os membros do grupo não são mais "os outros", os adversários, que se precisa controlar e dirigir. Tornam-se parceiros, amigos, quase familiares, cujo relacionamento é agradável, não mais ameaçador. Não é necessário defender-se, atacar e subjugar os outros. Manipulações e manobras ocultas são abandonadas. Comunicação aberta e relacionamento sadio são reforçados.

Valores, ideologia e desempenho

Até que ponto um líder de grupo costuma pensar nas implicações humanas de seu planejamento e orientação no trabalho? Ou fica mais preocupado com a tecnologia e os resultados concretos das atividades do grupo?

Enquanto o líder estiver devotado a aplicar uma tecnologia correta, eficiente e eficaz para alcançar resultados produtivos, estará cumprindo seu papel do ponto de vista formal,

organizacional; será muito bem avaliado e conceituado na empresa, podendo escalar uma vitoriosa carreira profissional.

Entretanto, que estará acontecendo com o relacionamento entre o líder e os membros do grupo enquanto seres humanos?

A interação socioemocional, que ocorre juntamente com a interação de tarefa, vai gerando satisfações e insatisfações, carências e desejos, reforçando crenças. E neste processo os valores humanistas podem ser negligenciados, se o líder os deixa em segundo plano, se prefere e enfatiza os aspectos tecnológicos.

Esta atitude do líder pode dificultar, ou até negar, o acesso a uma oportunidade de desenvolvimento humano aos membros do grupo e, inclusive, a si mesmo. Quando o líder vai além dos aspectos materiais de produção, quando começa a levantar questões metafísicas, de cunho existencial, poderá encetar a busca de seu próprio desenvolvimento como ser humano, e propiciar desenvolvimento correspondente aos demais membros do grupo.

O desenvolvimento holístico do ser humano compreende aspectos físicos/sensoriais, intelectuais/cognitivos, emocionais e espirituais. A empresa determina a prevalência de alguns aspectos e abandona outros em seus programas de treinamento e desenvolvimento. Quais os aspectos privilegiados, e o quanto são desenvolvidos revelam, indiretamente, a filosofia de gestão de cada empresa, independente do discurso ou rótulo apregoado.

Mudança de nomenclatura na empresa não significa, necessariamente, mudança de filosofia.

Por exemplo, substituir simplesmente a expressão Recursos Humanos por Seres Humanos em nada vai afetar os procedimentos produtivos, a não ser que mudem também a mentalidade dos dirigentes e os valores atuantes ou a filosofia empresarial. Nem o discurso laudatório dos trabalhadores como seres humanos, por si só, basta para devolver-lhes a dignidade humana.

Lidar com a condição humana dos outros exige dos líderes sua própria e plena consciência humana. E isto requer corajosos questionamentos subjetivos, metafísicos, fora da área técnica de seu amplo domínio.

O líder, como pessoa, também cresce e amadurece no grupo como os demais membros. Suas reflexões e autoavaliação fazem-no conscientizar-se de sua verdadeira orientação filosófica e reexaminar sua hierarquia de valores, declarados e praticados.

Se o líder faz indagações honestas sobre o verdadeiro significado cognitivo e emocional do ser humano, individualmente ou em grupo, pode iniciar um processo holístico de busca existencial. Pode desvendar caminhos que transcendem a ciência e a tecnologia, mobilizam a intuição e estados diferenciados de consciência, em sua profunda sabedoria latente, em direção a incipientes experiências místicas, espirituais.

Não adianta apenas estudar e discorrer sobre a filosofia humanista/existencial de Sartre, Kierkegaard, Heidegger, Buber, Rogers e outros. Atitudes e ações dizem mais do que palavras. Não é o discurso, e sim a práxis, que vai exercer a função educativa e modeladora de identificação psicológica com o líder. Sua filosofia de vida e seus valores norteiam sua metodologia de trabalho com o grupo e suas indagações existenciais: "como vejo os outros, o meu papel, o meu ser (a minha pessoa), o mundo..."

A filosofia humanista-existencial, uma vez internalizada, passa a fazer parte da vida e a imprimir nítida orientação às atividades.

O líder que se desenvolve e cultiva valores humanistas/espirituais pode, igualmente, estimular o desenvolvimento humano dos membros de seu grupo de trabalho, durante a realização das tarefas. Seus motivos e ação vão além da produção de resultados materiais; seu desempenho estimula e facilita o processo de sensibilização, questionamento e alcance da consciência da essência humana de cada membro do grupo.

Seu exemplo repercute e se multiplica nos outros. Revela que é possível ser um profissional competente, de elevado

desempenho técnico, e ao mesmo tempo cultivar e desenvolver sua plenitude humana. A relação EU-TU, idealizada por Buber, torna-se uma possibilidade efetiva de crescimento interpessoal, quando esta base filosófica autêntica se manifesta e desenvolve.

Uma abordagem humanista-existencial no trabalho com pessoas e grupos transcende a tecnologia, não a substitui.

Indagações pertinentes relacionam-se aos aspectos não cognitivos, emocionais, intuitivos e místicos dos relacionamentos. Esta busca exige condições pessoais de competência, maturidade, espontaneidade, harmonia interior, plenitude, fé, espiritualidade. Eis mais um grande Mistério do ser e da existência humana...

Aprender sempre mais e atualizar-se tecnicamente não substitui nem impede o crescimento pessoal de cada um como ser humano.

Por que isto não acontece, usualmente, na prática?

A ideologia empresarial preconiza o favorecimento da orientação tecnológica e competitiva nos processos de produção. O que mais importa é produzir, lucrar, competir. A qualidade dos produtos e serviços é enfatizada, enquanto se descura a qualidade de vida de trabalhadores e consumidores.

Os discursos sobre as características humanas dos trabalhadores são cada vez mais numerosos e bonitos, enaltecendo qualidades e direitos dos mesmos. Por enquanto, contudo, a beleza fica mesmo nas palavras, não chega à realidade cotidiana das empresas. A dinâmica organizacional não abre espaço para o humano em seus múltiplos aspectos. Onde existe o respeito pelos sentimentos das pessoas? Onde existe a merecida atenção aos sonhos, visões, intuição, pareceres, afetos das pessoas?

Outro discurso insistente refere-se à mudança de paradigma. Passar do paradigma racional-mecanicista para o holístico parece a salvação universal no mundo das empresas.

Que quer dizer mudança de paradigma? Da maneira como é apregoado, sugere uma operação de mudança de nomenclatura global que determina mudanças de siglas e procedimentos dentro da empresa. Não é bem assim. A simples mudança de nomes não implica mudança de paradigma.

Muitos fracassos de mudança organizacional devem-se a esta concepção simplista e errônea de que mudando os títulos, as coisas também mudam. Isto sugere a força de uma crença muito arraigada no valor extraordinário das palavras, no pensamento mágico: basta pronunciar as palavras esotéricas encantadas para fazer acontecer o que se deseja!

Nem tudo são flores no trabalho em grupo...

Com a crescente ênfase sobre o trabalho em equipe nas organizações, o interesse maior de dirigentes, líderes, pesquisadores, especialistas e consultores volta-se para as variáveis relevantes, que facilitem diagnosticar a utilização adequada dos recursos pessoais para atingir os objetivos do grupo.

Os processos intrapessoais, interpessoais e grupais ocorrem o tempo todo e interpenetram-se. O que parece mais evidente estar acontecendo não é o mesmo para todos os presentes naquele determinado espaço-tempo. Um dado elemento impressiona um participante e não outro, ou não da mesma maneira. A seletividade da percepção humana é conhecida e indiscutível, porém esquecida ou negligenciada quando se estudam os fenômenos de grupo.

Líderes e pesquisadores perguntam-se, reiteradamente, que aspectos estorvam um grupo na busca de seus objetivos, embora disponha de membros competentes, recursos materiais adequados, tecnologia atual, planejamento correto. Mais um Mistério...

Uma pesquisa de percepções

Um levantamento simples, feito pela autora, colheu percepções de 374 participantes de 20 grupos heterogêneos que freqüentaram o seminário "Trabalho em equipe", realizado em várias cidades brasileiras, em formato aberto, durante o período 1995-1997. Os participantes pertenciam a organizações de diversas atividades-fim, dentre estatais, privadas e multinacionais.

Durante o seminário, um exercício ilustrativo do processo de pré-diagnóstico do trabalho em equipe consistiu em ordenar os itens de dificuldades listadas num formulário.* Cada participante registrou suas percepções sobre o funcionamento do seu grupo na empresa. Os resultados individuais foram tabulados em conjunto, formando a imagem de um grupo virtual, constituído pelos insumos dos grupos reais tal como percebidos pelos participantes de cada seminário. O perfil do grupo virtual, tão logo completo, foi apresentado para análise e discussão dos resultados ao vivo com os seus autores, o que permitiu hipóteses, inferências e *insights* valiosos sobre trabalho em equipe.

Além dessa amostra inicial, o mesmo exercício foi também aplicado a 313 participantes de 12 grupos em outros seminários abertos e módulos específicos em programas de MBA no período 1998-2000. O total de questionários respondidos, contabilizados e analisados foi de 687.

Resultados

As quatro maiores dificuldades no trabalho em grupo decorrentes das percepções dos participantes, foram:

1. Comunicação deficiente: receio de dizer coisas, não ouvir os outros, interpretações errôneas, etc.
2. Falta de tempo ou de disposição para examinar processos interpessoais no grupo.
3. Falta de clareza de objetivos e de definição de responsabilidades individuais.
4. Mal-entendidos e conflitos não tratados abertamente: acordos superficiais.

* O formulário "Dificuldades no trabalho em grupo" figura como anexo ao final deste capítulo.

Os resultados da ordenação sugerem que as maiores dificuldades no trabalho conjunto situam-se no âmbito dos processos emocionais/interpessoais.

Do ponto de vista lógico/racional, não se suporia que o item "comunicação deficiente" fosse indicado como o maior problema. Isto porque os participantes integravam grupos de trabalho de nível técnico e gerencial, ou acima, a maioria com formação universitária. A análise dos resultados e os comentários mostraram que as pessoas no grupo não sabiam ouvir, que o medo de falar francamente e expor as opiniões levava a interpretações equivocadas e que o trabalho coletivo sofria os efeitos negativos desta situação.

Cabe levantar uma indagação delicada: se as condições de comunicação são assim tão precárias, como pensar em trabalho de equipe, produtivo e sinérgico nas empresas?

A segunda maior dificuldade, "Falta de tempo ou de disposição...", insinua a baixa motivação para considerar aspectos interpessoais no trabalho conjunto. Quando se declara "falta de tempo" para algo, provavelmente este algo não merece tanta atenção quanto outros elementos considerados mais importantes ou prioritários. Pode-se inferir, então, que no trabalho em grupo o aspecto técnico ou de tarefa deve ser a preocupação principal (e quiçá exclusiva) dos esforços dos membros do grupo. Sabe-se bem que quando se tem interesse, quando se está motivado, arranja-se tempo.

A propósito, a técnica de distribuição do tempo de executivos e gerentes não pode ser reduzida a um esquema racional/mecânico, sob pena de ficar apenas no papel e não funcionar na prática. As motivações individuais também precisam ser levadas em consideração.

A terceira dificuldade indicada, "Falta de clareza de objetivos...", sugere a forte influência do contexto organizacional. Os membros do grupo sentem a necessidade de saber o que fazer, individual e coletivamente, de forma clara para programar suas atividades consoante as diretivas de ordem superior. Sugere também a necessidade subjacente de estrutura da situação de trabalho em grupo.

A quarta dificuldade, "Mal-entendidos e conflitos não tratados", pode revelar uma tendência cultural em nossa sociedade, tão preocupada com as aparências. Divergências e conflitos são considerados negativos e, por isso mesmo, devem ser evitados, minimizados ou apaziguados o mais rápido possível.

Desde a infância, somos ensinados a estabelecer acordos superficiais, dar as mãos, abraçar (e até beijar) quando os sentimentos internos são contrários a estes comportamentos socialmente aprovados, porém ilusórios e inócuos a médio prazo. "Trocar de bem", "fazer as pazes", e "acordos de paz" podem representar somente tréguas momentâneas, ou paliativos na escalada de hostilidades e agressões, se não houver um trabalho concomitante e sério de análise, conscientização e reequilíbrio de emoções e sentimentos subjacentes.

Tentar resolver conflitos apenas por via cognitiva/racional é no mínimo ingênuo. Pois se o intelecto tudo resolvesse na dinâmica humana, certamente os preconceitos estariam extintos há muito tempo...

É interessante notar, por outro lado, que os itens 3 (*Falta de confiança entre os membros*) e 10 (*Subutilização de idéias, opiniões e experiências de todos os membros do grupo*), que ficaram empatados na última posição, permitem formular algumas hipóteses curiosas.

Até que ponto aceitar a idéia de que existe falta de confiança entre os membros seria desabonador para os mesmos? Uma vez que nossa cultura valoriza tanto a confiança mútua e a cooperação no trabalho de grupo — pelo menos nos discursos —, a auto-imagem individual e grupal ficaria socialmente prejudicada.

Dificilmente alguém se atreveria a afirmar que não confia nos outros, que não há confiança recíproca dentro do seu grupo...

Da mesma forma, como reconhecer que idéias, opiniões e experiências dos membros estejam sendo subutilizadas? Isto seria aceitar a ineficiência/deficiência da liderança e da participação dos próprios membros, incluído aí o respondente.

Como ficaria a auto-imagem individual e grupal?...

Os mistérios ora explicitados não esgotam a perplexidade que nos envolve quando vivenciamos os processos de grupo em qualquer contexto.

Que outros enigmas você, leitor, tem percebido no trabalho com grupos? Não fique constrangido, você não é o único a enfrentar mistérios!

O que importa é como você reage a eles:

1) com ingenuidade, de forma autêntica e natural?

2) usando negação ou racionalização, e buscando explicações lógicas?

3) com ansiedade, mesmo aceitando o incognoscível como parte da vida?

4) aprendendo a conviver com o mistério que não pode ser inteiramente desvendado?

Completando a introspecção, perguntemo-nos: Até que ponto podemos admitir que não possuímos o controle total da situação, do ambiente físico e social e de nós mesmos? E que não temos todas as respostas?

DIFICULDADE NO FUNCIONAMENTO DO GRUPO*

Algumas deficiências no funcionamento dos grupos estão listadas abaixo. Utilizando a escala, indique em que medida elas existem em seu grupo.

	1	2	3	4	5	6	7
1. Falta de clareza de objetivos e de definição de responsabilidades individuais.							
2. Reuniões demoradas, desinteressantes e ineficientes.							
3. Falta de confiança entre os membros.							
4. Falta de iniciativa, inovação, riscos: apenas ações de rotina para enfrentar os problemas.							
5. Relações ambíguas entre as pessoas: sentimentos não expressos claramente.							
6. Comunicação deficiente: receio de dizer coisas, não ouvir os outros, interpretações errôneas etc.							
7. Mal-entendidos e conflitos não tratados abertamente: acordos superficiais.							
8. Falta de tempo ou de disposição para examinar processos interpessoais no grupo.							
9. Indícios de insatisfação, hostilidade e ressentimentos velados.							
10. Subutilização de idéias, opiniões e experiência de todos os membros do grupo.							

* Moscovici, F. *Equipes dão certo*, 5. ed., Rio de Janeiro: José Olympio, 1999 p.194.

Castigo ou qualidade de vida?

SE O TRABALHO foi uma invenção divina para servir de castigo eterno aos pecadores expulsos do paraíso, a maldição tem cumprido seu desígnio.

Durante toda a história da humanidade, o trabalho escravo revelou o lado perverso da maldição bíblica. A distribuição desigual de poder entre os homens, com base no trabalho forçado, estabeleceu as categorias de senhores e escravos. Não é de estranhar, portanto, a quantidade de queixas ligadas às diversas conotações negativas do trabalho: obrigação penosa, dever pesado, punição descabida, desprazer inevitável, imposição fatídica, ou seja, fatalidade inexorável para a grande maioria dos homens. Poucos privilegiados escapam a este cruel destino.

Desde tempos antigos, o trabalho constitui um dos aspectos distintivos dos segmentos da mesma sociedade. Há trabalhos de maior e de menor prestígio social. O guerreiro sempre foi considerado superior, assim como o sacerdote. O rei e sua corte ocupavam o topo da hierarquia social sem trabalhar e, por isso, precisavam preencher seu tempo com outras atividades, geralmente recreativas e artísticas. Caçadores, lavradores, serviçais, artesãos situavam-se mais ou menos no meio da escala. Os escravos ficavam excluídos da ordenação social, pois eram simples executores de trabalhos pesados e perigosos. Os operários da indústria e trabalhadores intelectuais, cientistas e técnicos, viriam mais tarde completar e desenvolver o mosaico das profissões e corporações privilegiadas. Status social e poder sempre estiveram ligados ao tipo e quantidade de trabalho.

Poderíamos conjecturar que os escravos seriam a personificação simbólica da maldição bíblica em sua amplitude extrema? E que os demais membros da sociedade sofreriam o castigo em proporções diferentes, de acordo com fatores internos e externos variados? E que a Revolução Industrial, em tempos mais recentes, tenha reproduzido alegoricamente a situação desigual entre trabalhadores da linha de montagem, inteira e rigorosamente controlados, e trabalhadores de colarinho branco, com mais liberdade? E que a divisão entre possuidores e possuídos [dominadores e dominados] sempre existiu na sociedade e na empresa, apesar de disfarces e rótulos iludentes?

A escravidão é uma realidade e persiste através dos tempos desde a sua forma original, direta e clara na Antiguidade, até as formas indiretas e sofisticadas dos nossos dias. Analfabetismo, ignorância, não-capacitação profissional, desemprego, doença, miséria constituem variáveis de uma condição genérica de inferioridade social, falta de oportunidades e opções, ínfimo poder para mudar a situação de dependência extrema da conjuntura socioeconômica. As conseqüências psicossociais mais freqüentes revelam-se em baixa auto-estima, rebeldia e desmotivação para tentar reverter este quadro desolador. Muitas vezes a revolta e a falta de confiança nos outros e na sociedade podem levar a formas agressivas de compensação à margem da lei. Outras vezes, repetidas experiências frustradas, desilusões e falta de esperança podem levar a conformismo total diante do triste, injusto e inescapável destino.

Quando seres humanos se sentem desfavorecidos e oprimidos por circunstâncias externas fortes, e aparentemente imutáveis, e se acomodam à falta de liberdade, de escolhas e decisões próprias, pode-se depreender que vivem à feição de escravos numa sociedade autocrática, perversa e indiferente à sorte dos marginalizados.

Por outro lado, o progresso tecnológico condiciona também os mais favorecidos socialmente a uma espécie de "escravidão tecnológica", de dependência crescente de equi-

pamentos avançados de uso diário. Quem não fica afetado e impotente por eventuais disfunções do telefone celular ou fixo, ou do computador, pela falta de energia elétrica, pelo sistema fora do ar, por enguiços no automóvel, etc.? Enquanto as falhas não são corrigidas, podemos constatar o quanto ficamos dependentes do funcionamento desses aparelhos, e sem opções eficazes imediatas para superar o poder das máquinas sobre nossa vida pessoal e profissional.

Pontos de vista

Que significa Qualidade de Vida? Sucesso profissional e pessoal? Dar e receber amor? Ausência de estresse? Ter amigos, paz interior? E depende principalmente de que ou de quem? De circunstâncias externas? Sorte? Dinheiro e posses? Pessoas? Fé?

Muito se tem escrito e falado sobre qualidade de vida, sem contudo atingir a desejada clareza ou concordância quanto ao seu significado. O conceito pode ter várias conotações a depender das premissas e enfoques adotados.

Uma visão predominantemente biológica definiria QV como decorrente do funcionamento normal do organismo humano, constituído de órgãos e sistemas hígidos, sem desvios patológicos, caracterizando o estado de saúde.

Uma abordagem psicossocial preponderante tenderia a enfatizar os aspectos motivacionais de carências e satisfações do indivíduo e do grupo, valores culturais, conhecimentos, profissão e carreira, vínculos afetivos, relacionamentos, família e amigos, participação em grupos, cidadania.

Do ponto de vista da ciência econômica, os indicadores econômicos expressariam o grau de desenvolvimento humano e social alcançado naquela sociedade ou país com base no PIB e na renda per capita.

Um enfoque político apregoaria a vantagem de determinado sistema político para assegurar QV a todos os cidadãos.

Sob premissas filosóficas e religiosas, QV significaria desenvolver e cultivar a sabedoria intrínseca e a fé, e alcançar

estágios superiores de harmonia interior e exterior, de espiritualidade.

Diante de tantas variáveis, seria possível elaborar um conceito abrangente de Qualidade de Vida?

Além disso, a avaliação do que se convencionasse conceber como QV apresentaria grandes dificuldades de operacionalização na prática.

Para certos componentes haveria possibilidade de mensuração direta e quantitativa. Para outros, esta mensuração seria extremamente difícil ou inexeqüível. Assim, vários aspectos biológicos, econômicos, políticos prestar-se-iam a fornecer indicadores quantitativos que classificariam as pessoas em grupos distintos quanto ao item em causa. Por exemplo: pressão arterial, hemograma, renda familiar, moradia, tipo de emprego, patrimônio, filiação partidária, entre outros. Outros aspectos não poderiam ser avaliados dessa maneira; teriam que ser apreciados qualitativamente.

Nosso condicionamento cultural na sociedade tecnológica reluta em admitir indicadores diferentes dos numéricos produzidos com rigor técnico. Será verdadeira esta dicotomia? Até que ponto os índices numéricos estão isentos de erro?

A grande dificuldade está ligada à nossa incompetência para lidar com aspectos subjetivos, com a intuição, com as emoções. Não somos educados para apreciar itens não racionais do comportamento. Contudo eles são parte inerente de nossa vida, e afetam significativamente nossas decisões e ações.

O conceito e a avaliação de Qualidade de Vida merecem cuidadoso exame e reformulação para entendimento mais amplo e compartilhado de seu significado e importância, tanto do ponto de vista individual quanto coletivo.

Modo de viver

De que maneira você leva sua vida?

Como você costuma enfrentar desafios, dificuldades, problemas, frustrações, ciúmes, ressentimentos, inveja, tenta-

ções, sucessos, ganhos e perdas? Quaisquer que sejam as respostas, elas tendem a delinear um padrão que define seu estilo de vida. E você é o principal arquiteto da modalidade predominante, por meio de seus pensamentos, sentimentos, escolhas e ações no dia-a-dia.

O eixo central gira em torno de dois pólos que se alternam ao longo da vida: saúde e doença. Saúde não quer dizer simplesmente ausência de doenças, é muito mais do que isto. É um conceito complexo que abrange o bem-estar físico, mental e social. Expressa um certo equilíbrio dinâmico entre órgãos e funções, associado a uma sensação de harmonia interior e bem-estar. Este estado permite e favorece o desempenho produtivo nos aspectos físico, mental e emocional, e facilita o relacionamento interpessoal; não é estático nem permanente, porém indica as condições mais freqüentes do funcionamento da pessoa.

Estará cada pessoa fadada a um destino geneticamente fixado de mais saúde ou mais doença?

Evidentemente, o DNA é um poderoso determinante do futuro de cada um, mas não é o único, uma vez que os fatores ambientais exercem também grande influência. O código genético consigna mais as potencialidades do que as realidades finais da pessoa.

Os cuidados com a saúde compreendem alimentação adequada, exercícios físicos, atividades e repouso, lazer, higiene (saneamento, vacinas), proteção física (moradia e vestuário), segurança (contra riscos desnecessários), trabalho/emprego.

Praticar esportes, alimentar-se bem, alternar atividades de trabalho e de lazer não traduzem por si sós, necessariamente, qualidade de vida, embora possam contribuir sobremaneira para tal.

É incontestável que outros fatores importantes concorrem para a qualidade de vida: trabalho, moradia, saneamento básico, educação, transporte fácil, possibilidades de lazer, convívio familiar e amigos. Comparando-se pessoas marginalizadas em nossa sociedade, analfabetos, doentes, desempregados — em estado de pobreza e até miséria — com trabalhadores

empregados, sadios, não há como negar as evidentes diferenças de qualidade de vida entre uns e outros.

Vários fatores psicológicos e sociais são importantes para assegurar e manter a saúde. Emoções e sentimentos de alegria e prazer, elevada auto-estima, autoconfiança, capacidade de dar e receber amor, empatia, ter amigos, contribuem muito para a saúde física e mental. Inúmeras pesquisas apontam a relação entre fatores psicológicos/emocionais e o funcionamento do sistema imunológico, do qual depende a resistência orgânica contra diversos tipos de alergias, viroses, úlceras, câncer, e outras moléstias de maior ou menor gravidade.

Não obstante a conjugação de variados fatores, a própria pessoa é a maior responsável pela construção da qualidade de sua vida. Cuidar da saúde, alimentação, exercícios físicos, repouso, lazer são atribuições indelegáveis de cada um. A capacidade de cultivar amizades e manter relacionamentos, as trocas afetivas, as habilidades interpessoais para viver e trabalhar em grupo precisam ser desenvolvidas para criar um convívio harmonioso e sadio.

A doença do progresso

Variadas indisposições e dificuldades de desempenho relacionam-se a uma síndrome conhecida genericamente como estresse, considerada pelos especialistas como a "doença do nosso tempo".

Experiências repetidas de forçar limites fisiológicos, fracasso, desilusão, impotência, incompetência, desejos irrealísticos, preocupações, medos, ansiedade, ciúmes e inveja do sucesso dos outros, rejeição afetiva, entre outros aspectos, podem levar a pessoa a entrar num círculo vicioso de esforços crescentes e ações compulsivas em escalada desgastante e infindável.

Diversos fatores ambientais urbanos também concorrem para provocar e aumentar o estresse dos cidadãos: filas por todo lado, transportes deficientes, comunicações idem, falhas no fornecimento de energia, água, gás, mau atendimento em serviços públicos e privados, demora forçada, insegurança que acaba gerando tendências paranóides em pensamento e ação.

Os ecologistas afirmam que o impacto da poluição e de outras ações predatórias contra a natureza provoca conseqüências prejudiciais para a saúde de todos e para o futuro do planeta, com inegáveis reflexos sobre a qualidade de vida em geral.

O estresse é apontado como o grande vilão do progresso tecnológico e da velocidade de mudanças que superam a capacidade humana de adaptação rápida.

Desde o alerta de Alvin Toffler em sua célebre obra *O choque do futuro* (1970), seguido de desdobramentos em *A terceira onda* e *Mudanças no poder*, outros autores também enfatizam os imensos desafios da aceleração tecnológica para o desempenho produtivo do homem.

O computador vence o homem na execução instantânea de cálculos complexos e inúmeras outras tarefas. E, se programado superior e habilmente, derrota-o até em raciocínio inteligente e estratégia, como aconteceu no famoso jogo de xadrez entre o supercomputador Deep Blue da IBM e o campeão mundial, mestre Gary Kasparov, em 1997.

E o confronto entre Homem e Máquina está apenas começando...

A superioridade do homem, criado à semelhança de Deus, foi uma crença firme e poderosa durante séculos, alimentando sua vaidade e arrogância. Todavia, com o desenvolvimento da ciência moderna, esta crença passou a enfrentar sérias contestações por parte de figuras marcantes como Copérnico, Darwin e Freud, que revolucionaram a história da ciência.

Quando Copérnico destronou a Terra como centro do universo, e indicou seu lugar comum girando em torno do sol, o homem sofreu o primeiro golpe. Quando Darwin formulou a teoria da evolução das espécies, considerando o homem apenas como o espécime mais evoluído dos primatas, um segundo e profundo golpe foi desfechado. Quando Freud elaborou a teoria do inconsciente da psique, retirando do homem o controle total de seu próprio mundo interior, o terceiro golpe em sua auto-estima e autoconfiança, em seu orgulhoso autoconceito, foi mais contundente ainda.

Ferido e humilhado, tendo que aceitar a perda da primazia de seu *habitat* entre os astros celestes, a contestação de sua ascendência especial divina e a fraqueza de sua mente inteligente, incapaz de dominar por completo seus desejos, decisões e conduta, que restou ao homem moderno?

Revide, consolo, vindita ou talento e esperança — a estimulação da criatividade humana favoreceu a expansão de invenções e o aperfeiçoamento de máquinas e artefatos que diminuem o esforço e o tempo na execução de tarefas e produção de resultados.

A Revolução Industrial foi um marco no processo produtivo, abrindo novos caminhos para o progresso tecnológico em todas as áreas de atividade humana. Graças a este formidável avanço, o homem teve oportunidade de resgatar sua autoestima como inventor, criador, organizador. As máquinas por ele fabricadas obedecem à sua vontade, existem para servi-lo e tornar sua vida mais fácil, confortável e prazerosa. São escravos mecânicos que suprem seus desejos e necessidades de transporte, comunicação, entretenimento, lazer, conforto ambiental, preparo físico, higiene, saúde.

Tendo já dominado, em grande parte, a natureza e o ambiente em que vive, através das máquinas suas servas, o homem sente-se novamente senhor de tudo e de todos. E imagina usufruir seu poder e ser feliz — para todo o sempre! Doce ilusão...

Eis que, para sua surpresa e susto, como num episódio de ficção científica, a criatura volta-se contra o Criador — que sofre espetacular derrota de sua superior inteligência, derrota infligida pela máquina por ele mesmo criada! Como fica o ego do Homem diante da ameaça, não de todo fantasiosa, de máquinas inteligentes, que possam sobrepujar a capacidade humana de análise, raciocínio, lógica, ponderação, decisão?

O progresso da informática mostrou as possibilidades reais desse cenário incipiente, com a avassaladora velocidade e precisão dos cálculos e as múltiplas aplicações de *software*, aumentando a esperança de concretizar em breve a inteligência artificial. Se e quando isto acontecer, as próprias máquinas

poderão criar e programar novas máquinas, como se humanas, inteligentes e criativas fossem. E o poder dessas máquinas superinteligentes não terá limites, passando a dirigir e controlar as atividades humanas. Pequena amostra dessa tendência já pode ser notada quando dependemos cada vez mais dos computadores em atividades corriqueiras.

O vilão mutável

Costuma-se condenar o estresse como um processo danoso ao indivíduo, à sua saúde, ao seu desempenho produtivo e até a sua felicidade. Nem sempre isto é assim. Certo nível de estresse pode até ajudar a pessoa a crescer e desenvolver-se; a mobilizar energia extra para perseverar em ações necessárias e importantes, como parte da própria motivação intensa para superar obstáculos e atingir metas no trajeto da auto-realização.

O estresse pode ser aproveitado positivamente, atenuando-se seus efeitos perturbadores e prejudiciais. O segredo está em aprender a lidar com o excesso de energia, o desequilíbrio de impulsos, os sintomas desagradáveis, o mal-estar, a sensação de impotência. É preciso conviver com o estresse e não evitá-lo ou fugir dele a qualquer custo. O temor constante e as manobras obsessivas de evitação e fuga de situações estressantes podem causar mais malefícios do que o próprio estresse. O indivíduo acaba enredado num círculo vicioso e neurótico de ações “exorcizantes”, que acabam por aumentar o estresse. Configura-se um irônico e triste paradoxo que aflige cada vez mais o ser humano.

Livros recentemente publicados sobre o assunto sugerem programas para transformar estresse em energia positiva no trabalho, especialmente em se tratando de gerentes e executivos. Baseado no treinamento de atletas profissionais, um desses programas* mostra a importância de alcançar a “boa

* Loehr, J. *Sress for success* (1997).

forma" física, mental e emocional através de exercícios apropriados ao executivo contemporâneo, considerado um "atleta corporativo".

A partir de um autodiagnóstico sobre o estilo de vida e de uma avaliação dos rituais que precisam ser abandonados, melhorados ou criados, pode-se aprender a lidar com o estresse no sentido de torná-lo um energizante positivo.

Os rituais críticos a serem analisados abrangem: sono, exercício físico, nutrição, família, planejamento diário, transporte, telefone, ambiente de trabalho, tempo criativo, tempo para si mesmo, espiritualidade. Cada um desses rituais pode envolver carga desnecessária de estresse, se o indivíduo não desenvolver habilidades para cumpri-los de forma eficaz e econômica, sem acumular excessos ou pendências de tensão.

Enfatiza-se também a necessidade de desenvolver *toughness* — significando habilidade de bom desempenho sob pressão —, resistência e tenacidade.

Igualmente importante é aprender a despertar as emoções pertinentes a cada situação, como fazem os atores; estabelecer seu estado ideal de desempenho, bem focado e relaxado ao mesmo tempo; fazer exercícios para capacitação física; incorporar os poderes curativos da recuperação (repouso e relaxamento) em sua rotina diária; acompanhar seu próprio nível energético. Como um atleta profissional, deve-se exercitar a concentração, controlar o dispêndio de energia, estabelecer novos limites pessoais e desempenhar-se adequadamente sob demanda. E treinar sempre para alcançar e manter a capacidade física, mental e emocional de forma firme e flexível ao mesmo tempo.

Paredes, objetos e pessoas

Que mensagens transmite o espaço físico da empresa? Como perceber e entender os diferentes locais em que se trabalha? Como lidar com eles? E que influências exercem sobre o comportamento dos trabalhadores?

A obra *The hidden dimension*, de Edward Hall (1966),

despertou grande interesse para estudos antropológicos e psicossociais relativos à influência dos espaços físicos sobre motivação, conduta, desempenho e satisfação das pessoas que neles se encontram. O ambiente organizacional traduz padrões ditados pela filosofia empresarial e pelas peculiaridades das funções/atividades. A arquitetura, seja externa ou interna, expressa valores implícitos na dinâmica da organização.

Sabemos bem que alguns locais de trabalho são prazerosos, convidativos à permanência maior; outros, ao contrário, afugentam mesmo quem está bem-intencionado. Não é difícil inferir as conseqüências de uns e outros no tocante à motivação, produtividade e satisfação das pessoas. A planta dos prédios, a disposição e divisão dos espaços, o *layout* de móveis e equipamentos, as distâncias e acessos, a localização relativa, a beleza e o conforto ambientais, a música ambiente e outros aspectos físicos interagem constantemente com as pessoas.

Faz diferença trabalhar num ambiente agradável, bem localizado, confortável, e que possibilite personalização. As queixas mais freqüentes sobre os locais de trabalho referem-se à despersonalização ou uniformidade dos mesmos. O moderno paisagismo organizacional parece condenar as pessoas a fazerem parte de espaços uniformemente dimensionados, com móveis e objetos em arranjos semelhantes, como se elas — pessoas — também objetos padronizados fossem, cada uma no seu lugar próprio.

As peculiaridades dos espaços podem facilitar — ou não — a comunicação entre as pessoas, seu relacionamento, a sensação de conforto e bem-estar, de isolamento/exclusão ou de companhia/participação. As percepções e sentimentos relativos aos locais da empresa afetam a diferenciação de climas para desempenho produtivo. A arquitetura funcional é interpretada de forma particular pelos habitantes que vivem e convivem naqueles espaços. E esta interpretação nem sempre coincide com as intenções oficiais definidas para os ambientes e as pessoas.

A padronização dos locais de trabalho, muitas vezes com proibições explícitas de diferenciação personalizada — não permitir colocar adornos, fotos, objetos pessoais que tornariam

aquele espaço o "seu espaço"— pode indicar um aspecto oculto da filosofia administrativa: considerar as pessoas como elementos materiais semelhantes a móveis e equipamentos. É comum surgirem apelidos, tais como "baias", por exemplo, para as chamadas estações de trabalho. Esses nomes jocosos cumprem a função de desabafo e relaxamento de tensão.

Por outro lado, a mesma filosofia velada estabelece graus variados de status e poder por meio dos símbolos físicos espaciais e seus acessórios. Quem não adivinha o significado do elevador privativo, da sala individual, dos móveis, tapetes, telefone direto, etc.? A própria localização nas partes mais nobres do prédio, o pavimento, a distância relativa da cúpula, a privacidade e o espaço mais amplo reforçam a diferenciação.

A linguagem simbólica também traduz o significado do ambiente específico. Onde fica geralmente a diretoria da empresa? Lá no alto, nos pavimentos superiores, no "Olimpo", ou seja, no cume da montanha mítica, lugar dos "deuses". Referências ao superior hierárquico como "o lá de cima" também são comuns, bem como aos "escravos", servos, plebeus, povão, em metáforas ligadas à localização física, indicadora de poder e status.

O território organizacional quase sempre não é percebido como espaço neutro, mesmo sendo provido de elementos técnicos e ergonômicos específicos para o desempenho profissional de qualidade, e apresentando conforto ambiental, higiene, equipamentos e materiais suficientes e adequados. Adquire também, e principalmente, um significado psicossocial em termos de status, poder relativo, privacidade, possibilidades de comunicação e relacionamento, visibilidade.

Pode ser interpretado como gerador de um clima propício ao bem-estar e favorável à produtividade e qualidade. Ou o seu contrário. A configuração dos espaços pode até sugerir uma expectativa formal encoberta de provocar determinados comportamentos em certos níveis da empresa, a fim de assegurar um padrão mínimo de conduta coletiva.

O restaurante da empresa também transmite mensagens quanto ao status e qualidade de vida das pessoas que o fre-

qüentam habitualmente. As filas, o auto-serviço, as mesas grandes (coletivas) ou pequenas (personalizadas), locais comuns compartilhados ou reservados traduzem diferenciação hierárquica que pode ser percebida como reforço de privilégios e que tende a gerar satisfações ou insatisfações com a empresa.

Outro local sujeito a dúvidas e disputas é o pátio de estacionamento. Qual o critério de alocação das vagas? Quem fica com o melhor local, de acesso mais fácil, em área coberta, com vaga cativa para o seu automóvel? A orientação a ser seguida é funcional-hierárquica ou democrática, por ordem de chegada, ou pode ser negociada entre as partes para um acordo razoavelmente satisfatório?

A interação pessoa-ambiente ainda é negligenciada de forma irresponsável, embora possa ser decisiva no desempenho, na qualidade dos produtos e serviços e na vida das pessoas.

Depreende-se, portanto, que o problema da qualidade de vida no trabalho é bem mais complexo e abrangente do que se supõe, ao focalizar e analisar, apenas, de forma ingênua e simplista, o conteúdo das tarefas e o salário.

Quando o trabalho é fonte de prazer e satisfação

O trabalho pode ser também uma bênção ao invés de aflitiva maldição.

Quando se fica desempregado por algum tempo, descobre-se o grande valor do trabalho. Quando se fica doente e não se pode trabalhar, o trabalho passa a ter outro sentido. Quando chega a tão sonhada aposentadoria, a vida sem trabalho fica bem diferente daquela idealizada. Nessas situações, e em outras parecidas, o trabalho revela-se benfazejo, fator essencial para a auto-estima, o autoconceito, a autoconfiança e base sólida para o equilíbrio psicossocial e a saúde mental.

Mesmo na rotina comum, o trabalho pode ser fator de reequilíbrio e proteção contra desgastes inúteis. A obrigação

maior de dedicar parcela considerável do seu tempo diário a uma atividade produtiva exime a pessoa de ficar enredada em problemas banais, em esforços dispersos e cansativos. O trabalho torna-se uma prioridade e serve de referência para estabelecer proporções realísticas nas demandas diárias.

É bastante comum associar a idéia de lazer com qualidade de vida. Entretanto, nem sempre é assim.

Quantas vezes se anseia por um dia de folga ou por um período sem obrigações... Não se consegue perceber que o outro lado pode ser pior, mesmo quando as condições de trabalho não são as mais favoráveis. Afastar-se dos problemas domésticos, ocupar-se com tarefas profissionais, preencher produtivamente seu tempo podem ser práticas construtivas contra o tédio da ociosidade, as tensões dos problemas triviais de casa, e a desagradável sensação de desperdício de tempo valioso e irrecuperável, ao consumir com miudezas aquelas preciosas horas livres. Será este um ponto de vista mais feminino que masculino em nossa cultura atual?

Por outro lado, quem trabalha tem direito ao lazer. Todavia, poucos são os afortunados que podem e sabem desfrutar o lazer merecido. Nossa sociedade não permite o usufruto pleno do lazer, parece insinuar que é uma atividade inferior e indevida. O tempo que é consumido de maneira não produtiva profissionalmente passa a ser julgado como ociosidade negativa, o que desperta sentimentos de culpa. Como conciliar, então, o valor do lazer com sentimento de culpa?

O trabalho pode oferecer desafios estimuladores de recursos pessoais não utilizados habitualmente. Aceitar esses desafios e procurar vencê-los é bastante motivador; os esforços continuados trazem prazer durante todo o processo, há uma sensação de vitalidade, energia, poder. Isto é contagiante em termos de auto-estima e autoconfiança. O relacionamento com os outros tende a ficar também mais satisfatório.

Há diferença sensível entre trabalhar por simples obrigação e trabalhar com agrado. O contentamento de fazer aquilo de que se gosta revela a motivação superior auto-sustentável, que se mantém por longo tempo.

A alegria e o orgulho do artesão com sua obra expressam qualidade de vida autêntica.

Quantos de nós, que trabalhamos nas organizações, podemos sentir isso em relação ao que fazemos? Até que ponto cultivamos a criatividade em nossa obra ou sucumbimos à rotina da padronização? Lutamos pela possibilidade de algum tipo ou medida de artesanato profissional ou nos submetemos à despersonalização de nossos afazeres em nome da técnica mais apurada? Elaboramos algo novo ou repetimos apenas o que já chega pronto e acabado?

Embora a qualidade de vida esteja relacionada a equilíbrio de atividades, todo e qualquer exagero de insumos e ações não pode ser considerado negativo.

Muitas pessoas, devotadas a um ideal, podem apresentar ritmo incomum de trabalho, tensão, sono, alimentação e, ainda assim, experimentar grande prazer na realização de um projeto importante, grandioso, tal como a criação artística, literária, um evento comunitário, religioso, etc. O que faz a diferença não é o ritmo de trabalho mais pesado e, sim, o seu significado naquela ocasião. Quantas vezes há enorme alegria ao trabalhar intensamente, além do imaginável, até a exaustão, que se faz acompanhar de sentimentos de realização e de triunfo pessoal!

Ter um ideal, desejar atingir algo distante ou difícil, dá significado especial aos esforços diários de trabalho. A motivação elevada e constante permite enfrentar os imprevistos e os obstáculos que surgem, e faz-nos não desistir facilmente.

Afirma-se que o trabalho dá dignidade à pessoa, torna-a um membro ativo participante, com deveres e direitos, granjeando respeito dos demais. Nos campos ou nas cidades, o trabalho identifica as pessoas, categorizando-as e valorizando-as conforme padrões socioculturais.

Desde a infância, o ritual de ir e vir do trabalho faz parte do cotidiano, com seus componentes agradáveis e desagradáveis. As crianças, quando pequenas, relutam em aceitar o afastamento dos pais. Cada despedida é um drama. Depois, resignam-se a sofrer sua ausência inevitável. A intensidade ou extensão de resistência e protestos dos filhos pode despertar

sentimentos de culpa nos pais, principalmente nas mães. Estas, por condicionamento cultural, "deveriam" cuidar dos filhos, não abandoná-los. O papel de trabalhador, provedor do sustento da família, pertence ao homem. Esta imagem protege o pai do questionamento dos filhos. Embora estes queiram também, e muito, a companhia do pai, e a solicitem direta ou indiretamente, conformam-se com o inquestionável dever paterno e contestam a falta inexplicável ou injustificada da mãe.

Que implicações a diminuição da interação direta das pessoas, em razão do trabalho, pode ter sobre a qualidade de vida das crianças e dos adultos? Não só as crianças sofrem pela falta de relacionamento com os pais; estes também sofrem com a sobrecarga dos sentimentos de culpa. Tenta-se racionalizar afirmando que quantidade não é qualidade, que não é o número de minutos que conta, e sim a qualidade de atenção e carinho no tempo dedicado à companhia dos filhos. Não é bem assim.

Todos nós sabemos que desejamos ficar mais tempo com nossos amigos queridos, com as pessoas que amamos. E quanto mais, melhor!

Uma receita preconizada por Freud, quando indagado sobre o que comporia uma vida plenamente equilibrada, resumia-se ao binômio Amor e Trabalho.

Quando as pessoas ocupam seu tempo de maneira construtiva, fazendo algo que sirva para atender a necessidades de outras pessoas, estarão provendo sua própria subsistência e, concomitantemente, desenvolvendo sua auto-estima. E quando criam relações afetivas entre si, tendem a um intercâmbio mais equilibrado entre o pensar, o fazer e o sentir. Assim, pensamentos, atividades e sentimentos funcionam harmonicamente, configurando bem-estar, saúde física e mental e qualidade de vida.

É preciso trabalhar. É preciso amar.

Desenvolver habilidades de executar bem as tarefas; desenvolver habilidades de dar e receber afeto; competência profissional e competência emocional para viver bem — eis uma fórmula básica para buscar equilíbrio e realização intrapessoal, interpessoal, transpessoal.

Os rituais

Os rituais fazem parte de nossa vida desde a infância — o modo de embalar o bebê, a chupeta, a posição no berço, o inseparável objeto "de transição" (boneca, ursinho de pelúcia). Como sentimos prazer com certos atos que se repetem sempre com significado compartilhado no grupo e na comunidade!

Na vida adulta, os rituais cumprem sua função de prover segurança psicológica e prazer. Quem não gosta da festinha de aniversário, das reuniões alegres com familiares ou amigos sob qualquer pretexto — comemoração, despedida, casamento, formatura, promoção, viagem... Festas são manifestações comuns de rituais prazerosos.

Nossa vida é pontuada por rituais sociais institucionalizados: atividades escolares, festas de fim de ano, formaturas, solenidades e cerimônias diversas, inaugurações, casamentos.

Como seriam nossos dias sem os rituais?

Observemos o que acontece em cerimônias diversas. Inicialmente há uma parte formal, relacionada ao propósito principal do evento, constituída de discursos, louvações, agradecimentos, troca de elogios e gentilezas. Lembra um balé verbal com uma coreografia ensaiada, repetida em todas as cerimônias do tipo — só varia o "recheio", o conteúdo em relação a nomes, datas e fatos. É a porção ritualística cognitiva que antecede os momentos esperados (e desejados) de confraternização informal.

O simbolismo do ritual sugere uma prova coletiva de paciência, respeito às formalidades, submissão aos cânones culturais, filiação ao grupo — é preciso "sofrer" esta parte, por mais demorada, desinteressante, monótona e cansativa que seja, para merecer/ter direito a participar da parte mais agradável — o coquetel, o brinde, o *vin d'honeur* — que vem ao final. Aí a conversa descontraída e o encontro com amigos completam o prazer e tornam o evento uma experiência válida.

A refeição é utilizada como elemento ritualístico para marcar eventos sociais através do processo gustativo/fisiológico, que desperta e reforça sensações e sentimentos de alegria

O RITUAL DA FELICIDADE

"Todo final de ano repete-se o ritual: sonhos, desejos, decisões, planos, promessas. Pensamento lógico e pensamento mágico convivem em paz.

Trabalhar, ler e estudar mais e melhor, ser mais tolerante, cuidar da saúde (exercícios e dieta a sério), cultivar as artes, dedicar mais tempo à família, aos filhos, aos amigos, usar melhor o tempo, cumprir os Dez Mandamentos, etc.,etc., são decisões corajosas que se tomam "para o próximo ano".

É um tempo de permissão para expressar desejos secretos: conseguir um novo amor, ou conservar e incrementar o já existente; obter sucesso e reconhecimento, alcançar auto-realização profissional e pessoal; receber *feedback* de admiração, elogios; sentir-se dentro do grupo, como membro importante; manter relacionamentos afetivos estáveis e recíprocos, ter bons amigos. E ter bons momentos de alegria, prazer, emoção, sem culpa.

Trocar cumprimentos e votos faz parte do ritual, bem como cartas, cartões, telefonemas, visitas. Trocam-se também pequenas lembranças, flores, bombons. E fazem-se festas de todos os tipos.

E como o fenômeno é coletivo, as autoridade patrocinam festejos "oficiais" diversos para o evento – espetáculos teatrais, musicais, shows, bailes, jogos, até maratona (corrida de São Silvestre). Observam-se rituais de caráter mágico e catártico, conforme o local e a cultura prevalecente. Os cultos a Iemanjá e a outros orixás acontecem nas praias e terreiros. Nas residências e salões, músicas e danças, comidas e bebidas, fantasias, máscaras, apitos e outros apetrechos ajudam a criar um clima fantástico de invocação de forças sobrenaturais que assegurem, durante o ano todo, a continuidade dos ingredientes das festas: fartura e requinte de comida e bebida, música, dança, saúde e energia, alegria, confraternização, proteção dos deuses contra perigos e "mau-olhado".

Para reforçar a magia, observam-se ainda tradições no uso de roupas (cor, tipo, enfeites, detalhes), nota de dinheiro na carteira, grãos de romã, uvas brancas, bebidas e outras "simpatias" para "dar sorte". O emocional fica solto, acolhem-se crendices e superstições sem o rígido controle racional. A criança de cada um fica livre, sem a censura do pai crítico e do adulto lógico.

E assim iniciamos mais um ano do tempo convencional com a esperança de que, desta vez sim, iremos realizar nossos desejos e sonhos e alcançar a tão desejada felicidade. Amém!

(Fela Moscovici, SBDG, Porto Alegre, Ano-Novo 2000)

e bem-estar. Os componentes emocionais prazerosos aumentam quando a situação é compartilhada com outras pessoas com quem existe algum vínculo afetivo ou simples simpatia momentânea.

Contudo nem todos os rituais festivos geram prazer. Muitas vezes comparecemos a solenidades e festas por mera obrigação social. E o desenrolar das mesmas torna-se um suplício que cumprimos para o bem da nossa imagem social e para preservar relacionamentos. Tanto individual quanto coletivamente cultivamos esses rituais, mesmo quando os criticamos. Embora possam ser enfadonhos e insignificantes, não deixamos de cumpri-los, se bem que reclamando antes, durante e depois...

Como na infância, do ponto de vista emocional continuamos dependentes de rituais e ligados a eles.

Qual a utilidade dos rituais?

Na medida em que incorporamos valores, normas de conduta e hábitos da família, da organização de trabalho, dos grupos informais, da comunidade em que vivemos, estamos ampliando os rituais sociais que nos identificam como pertencentes àquela cultura. Por outro lado, nossa identidade cultural é reforçada por esses mesmos rituais que compartilhamos nos vários contextos.

Faz diferença na qualidade de vida sentir-se ligado aos outros, com vínculos dentro do grupo, ou sentir-se excluído, marginalizado, sem elos consistentes. Um dos fatores que contribuem para o sentimento de inclusão nos grupos pode ser a prática conjunta dos rituais, o intercâmbio correto da etiqueta social.

O sistema educacional exibe alguns rituais aceitos e referendados pela sociedade — os exames, as notas classificatórias, distinções (prêmios) e penalidades (castigos), inclusão meritória e exclusão vexatória (repetência ou desligamento formal).

Como a expectativa de vida atualmente é mais elevada, o mercado de trabalho não se renova com rapidez, fica saturado

e não consegue absorver os jovens no ritmo desejável. Assim a longevidade dos mais velhos passa a ser um problema econômico-social de equilíbrio do mercado de trabalho. E como há grande dificuldade de emprego para os jovens recém-formados, criam-se formas ritualísticas, cada vez mais sofisticadas, para prolongar o tempo de escolaridade: mestrado, doutorado, pós-doutorado, e o que mais vier no futuro. Indubitavelmente, estes cursos são importantes e valiosos para a vida profissional, o que não lhes tira, porém, o caráter simbólico de rituais (competitivos) acadêmicos e suas conseqüências, positivas ou negativas, para a qualidade de vida pessoal.

Sentimentos de sucesso ou de fracasso nas tarefas ao longo da vida escolar — que aumenta cada vez mais e consome os anos mais decisivos na formação e consolidação da personalidade — fortalecem ou enfraquecem a auto-estima e autoconfiança para novos desafios. E isto tem grande significado para o presente e o futuro da pessoa.

Poderia o trabalho ser também considerado uma espécie de ritual social?

Como meio de assegurar a sobrevivência não, porque é uma atividade absolutamente necessária. Todavia, numa perspectiva mais abrangente algumas conjunturas poderiam ser interpretadas como rituais de ocupação do tempo de forma digna e louvável socialmente. Talvez o mecanismo psicológico de sublimação possa explicar certas motivações e a continuidade de desempenho em situações de trabalho que se estendem além da necessidade de subsistência.

Não é difícil discernir, também, elementos ritualísticos nas formas de entretenimento coletivo do passado e do presente.

O circo romano, os torneios medievais, as competições desportivas, os jogos olímpicos encerram um conjunto de rituais parecidos: a aglomeração de pessoas, o embate entre indivíduos ou grupos — provocando emoções intensas nos espectadores — o contágio emocional na multidão, a empatia e a identificação com os lutadores.

A figura do herói é um dos mitos mais antigos da humanidade: o triunfador, imbatível e indestrutível, dotado de

poderes sobre-humanos, um semideus, admirado e venerado pelo povo. Este culto continua sendo um dos rituais mais freqüentes em nossa sociedade atual, tanto nas guerras quanto nos torneios e jogos. Quem não reconhece, na recepção festiva aos jogadores de futebol, no desfile em carro aberto sob aplausos ruidosos da multidão — como heróis nacionais — o culto mitológico aos vitoriosos, como no circo romano, nos duelos medievais, ou no retorno dos guerreiros invictos?

Figuras talentosas mostram também suas características extraordinárias em outros campos de atividade, como nas artes, por exemplo. Muitos artistas tornam-se ídolos do público, revivendo o mito do herói, embora alguns possam ser apenas produtos criados pela mídia moderna, poderosa no processo de influência social. O desfile de celebridades e os atos, falas e trejeitos repetitivos na cerimônia anual de premiação da indústria cinematográfica norte-americana — a famosa festa de entrega do cobiçado Oscar — constituem um claro exemplo contemporâneo de culto ritualístico ao herói.

Se bem que os rituais sejam inevitáveis, nossa vida não se esgota neles.

Se a pessoa vive voltada predominantemente para os rituais, ela pouco se distingue de um objeto mecânico que pode substituí-la no trabalho. A máquina executa os movimentos repetitivos de forma precisa, veloz e incansável. O desafio justamente consiste em fazer o que a máquina não faz, a diversificação de atos de maneira personalizada. É criar e preservar espaço livre para atividades não repetitivas, não programadas, espontâneas, criativas. A questão da qualidade de vida não está no cumprimento dos rituais em si, e sim nas possibilidades de diminuir ou excluir aqueles rituais estéreis, simples rotinas inexpressivas, e principalmente ampliar o espaço/tempo discricionário.

No ambiente organizacional, quando a pessoa fica ocupada o tempo todo com rituais, ela pouco consegue fazer além do trabalho mecânico, que poderia ser executado por uma máquina. A empresa costuma utilizar a maior parte do tempo das pessoas em atividades rotineiras, repetitivas.

As próprias reuniões de trabalho, tão do gosto dos gerentes, podem representar um ritual de ocupação do tempo aparentemente em prol da empresa. Não é bem assim.

Muitas reuniões consomem tempo precioso e não geram retorno compensador. Conclusões e decisões nem sempre são alcançadas, marcando-se nova reunião para completar a agenda original. Na seguinte, pode acontecer o mesmo, repetindo-se o círculo vicioso do ritual de reunião inconclusa. Desapontamento, frustração e insatisfação costumam ser resultados comuns que acabam minando a motivação e a credibilidade nas inúmeras e freqüentes reuniões de trabalho.

A insistência nessa prática pode ser interpretada como o reforço da imagem de funcionários ocupados, participando de muitas reuniões. Isso transmite a mensagem institucionalizada subjacente à filosofia organizacional: "Manter todos ocupados o tempo todo." Na verdade, o ganho objetivo da maioria dessas atividades em grupo revela-se diminuto. Estar sempre ocupado não quer dizer trabalho produtivo.

A encruzilhada do destino

A vida vai correndo normalmente, com alegrias e tristezas, ocupações e preocupações, rotinas e surpresas, realizações e frustrações, sucessos e insucessos, atividades planejadas e outras inesperadas... até que, de repente, chega um instante de pausa e questionamento. Esta ocasião é bem diferente da atitude revolucionária do adolescente, que quer reformar o mundo todo — a começar por sua família e, em especial, seus pais.

Entre as várias crises existenciais, a chamada "crise da meia-idade" atinge o homem experiente e amadurecido, quando já viveu supostamente a maior parte de sua vida e começa a olhar o futuro com desassossego, contemplando a aproximação inevitável de sua morte. O tempo exibe aí sua faceta assustadora de irreversibilidade, sua finitude sem reposição.

É um período de perguntas e avaliação. Filosofia existencial e qualidade de vida são postas em dúvida. Questões profundas são levantadas, sem encontrar respostas fáceis, indubitáveis, confortadoras.

"Qual o sentido da vida? Que tipo de vida levei até agora e como será a continuação deste viver? Que vim fazer neste mundo? Qual a minha missão?" — são exemplos de indagações freqüentes.

É uma fase conturbada de desorganização interior, em que antigos temores, inseguranças, fantasias e emoções perturbadoras podem ressurgir com maior ou menor intensidade.

A superação desta crise existencial depende de numerosos fatores, entre os quais a dinâmica da personalidade da pessoa, sua qualidade de vida, condições de saúde, auto-estima e autoconfiança, hierarquia de valores, espiritualidade. Não é raro recorrer à religião em busca de respostas, orientação e apoio nessas situações mais aflitivas. O passado também influi na análise da situação, através dos condicionamentos culturais de enfoque, premissas, raciocínio, valores, contexto pessoal e interpessoal.

Qualquer que seja o resultado desse julgamento, o mais importante é o que se decide quanto ao futuro, o que se tenciona fazer e como.

Se o ciclo de vida tem sido satisfatório, se a pessoa desfruta boa qualidade de vida, se as variáveis pessoais, interpessoais e profissionais são positivas, a crise, provavelmente, suscita muita ansiedade e desconforto, ressalta alguns aspectos que precisam ser tratados com mais atenção e cuidado, ou até reformulados, mas não abala a confiança básica em si mesmo, nos outros e no mundo.

Se, porém, a avaliação for negativa, uma sensação difusa de fracasso prevalece, mesmo quando as condições externas, objetivas, parecem assinalar o contrário, com todos os indicadores de sucesso presentes. O julgamento pessoal é subjetivo, interno, definido por parâmetros qualitativos em relação aos sonhos e aspirações mais secretas. Podem, então, sobrevir desânimo e desesperança, porquanto "não há mais tempo para mudar", juntamente com uma tendência à depressão. Esta pode manifestar-se no conformismo com o papel de vítima do "cruel destino", da "vida madrasta", e outras formas de lamúria sem ações reparadoras concretas. E também em

sintomas psicossomáticos bem conhecidos pelos médicos e familiares.

A crise da maturidade é uma encruzilhada perigosa e traiçoeira.

Pode ser a oportunidade de escolher um caminho luminoso, de realização e fé, para percorrer o último trecho do trajeto pessoal; ou de assumir o papel de vítima, atribuindo culpas a outrem pelo seu infortúnio e mergulhar em desespero pelo tempo perdido, sem possibilidades de refazer os acontecimentos. Este conflito existencial corresponde ao dilema entre "criatividade e integração do ego" *versus* "estagnação e desespero", o último estágio do ciclo vital humano conceptualizado por Erik Erikson (1975).

A encruzilhada obriga a pensar no que se fez e no que não se fez, nos erros e acertos, nos êxitos e nos malogros, nos sonhos e nos esforços para concretizá-los; enfim pode ser uma possibilidade singular de balanço corajoso e sincero de como a vida foi construída e desenvolvida.

O estilo de vida decorrente das escolhas aparece com nitidez no âmbito do trabalho e diferencia, principalmente, os profissionais maduros e experientes. Alguns, mesmo em final de carreira, continuam motivados, inovando, transmitindo conhecimentos, apoiando e estimulando os mais jovens a enfrentarem dificuldades, preparando-se para o término de suas funções com realismo e tranqüilidade. Outros, com experiência e capacidade semelhantes, desperdiçam sua energia e seu talento ao deblaterarem contra os jovens que irão substituí-los; entram em compasso de espera, marcado por declínio do ritmo de atividades, pouco interesse por novos projetos, uma vez que pensam não terem mais tempo de realizá-los integralmente.

A diferença de qualidade de vida no período pré-aposentadoria fica mais flagrante e dramática, pois não há muito futuro à disposição, ao contrário das outras fases. O contraste entre o entusiasmo, o dinamismo e a tranqüilidade de certas pessoas mais velhas e o desânimo, a apatia e a inquietude de outras, tanto no trabalho como fora dele, pode

refletir o estilo de vida predominante adotado na juventude e na maturidade.

Conquanto a pessoa tenha a principal responsabilidade pela qualidade de sua vida, as organizações sociais são também co-responsáveis. A empresa que reconhece e assume sua missão social preocupa-se com o bem-estar dos empregados e sua qualidade de vida. Esta orientação revela a verdadeira filosofia empresarial e os valores perfilhados e postos efetivamente em prática. O ambiente físico e psicossocial, as condições e processos de trabalho, a liderança/gerência, os desafios, os estímulos, o reconhecimento, o tratamento, o clima organizacional, as oportunidades de carreira, tudo enfim pode ser planejado e conduzido para obter mais produtividade, lucro, sucesso nos negócios e, concomitantemente, qualidade de vida no trabalho.

Uma realidade fantástica

Seria utópico pensar em enfrentar e vencer a forte competição entre as empresas e, ao mesmo tempo, preservar e incrementar a qualidade de vida das pessoas que nelas trabalham? Mera fantasia ou possibilidade real?

Indaguemo-nos seriamente: Que seria do mundo — e de nós — se não houvesse mistério, magia, sonhos, esperanças?

O vaticínio do escritor I. Bashevis Singer (Prêmio Nobel, 1978) insinua os tristes efeitos da carência de fantasia e beleza em nossa vida:

> "... Quando todas as teorias sociais entrarem em colapso e as guerras e revoluções deixarem a humanidade em estado de desalento total, o POETA pode ressurgir e nos salvar a todos."

Nosso caro poeta Mário Quintana, da mesma forma, costumava, amiúde, afirmar: "Fora da poesia não há salvação."

O maior empecilho no caminho para o bem-estar e a harmonia (e a felicidade?) está na percepção usual condicionada de que não é possível conciliar demandas materiais com

demandas espirituais. De que são absolutamente excludentes, incompatíveis, que a opção por um tipo invalida o outro. Isto não é verdade, porquanto opções variadas podem ser feitas ao longo de um contínuo no eixo material-espiritual. A questão está mais ligada à dosagem de cada um desses espaços, à orientação preferencial valorativa na composição da vida pessoal.

É comum observar que um gerente/executivo no meio da carreira pode estar muito mais voltado para aspectos e atividades pragmáticas, produtivas, e por isso deixar pouco espaço para a espiritualidade. Sua competência e seus esforços persistentes provavelmente geram retorno positivo por parte da empresa. Sua carreira avança na direção planejada, com as recompensas materiais correspondentes. Todavia, uma pitada de espiritualidade existe dentro dele e permanece latente à espera de condições oportunas e de estímulo para desabrochar e alterar o quadro desenhado até então. E dar um novo sentido à vida. Se isto, porém, não acontece a tempo, a crise existencial pode transformar-se em profunda angústia.

Diante da complexidade e sutileza do processo de viver bem a vida, a conscientização de que nós somos os principais construtores deste processo clama por decisões imediatas e ações conseqüentes.

O tempo não perdoa nossa inércia, passa rápido e não volta. A decisão de agir, de se redirecionar, de trabalhar para a qualidade de sua própria vida é absolutamente pessoal, indelegável, e inadiável.

Vale lembrar que o notável e incisivo questionamento do sábio rabino Hilel (Babilônia, século I), continua atual e poderoso:

> "Se eu não for por mim mesmo, quem o será?
> E se eu for por mim somente, o que serei?
> E se não agora, quando?"

Quem imaginaria que tantos séculos depois, apesar de todo o imenso progresso tecnológico e profundas transformações no mundo, o ciclo de vida humana ainda apresentasse questões, perplexidades e inquietações semelhantes...

Quanto valem as pessoas

TUDO NESTE MUNDO tem seu valor.

Objetos, pessoas, situações podem ter valor intrínseco, extrínseco, relativo, temporário, duradouro... Qual o valor de cada item? Como expressar o valor de cada coisa?

Qual o significado de valor concreto, valor abstrato, valor cultural, moral, existencial, escala de valores?

Que seria de nossa vida sem o balizamento dos valores? Como viver com os outros sem compartilhar valores? E como conciliar valores diferentes ou divergentes?

Na família, no trabalho, na sociedade, no lazer os valores atuantes moldam atitudes e comportamentos, norteiam e condicionam relações entre as pessoas e as atividades.

Objetos adquirem valor por sua utilidade; também pelo material de que são feitos e pela qualidade ou marca que ostentam. Em nosso cotidiano, as máquinas são muito valorizadas, principalmente pela velocidade e precisão no desempenho.

É comum comparar o valor dos objetos. Valores concretos são atribuídos aos componentes materiais da empresa. O somatório desses valores representa o seu patrimônio.

Mas uma empresa não se compõe apenas de bens materiais. Ela possui outros bens não materiais que integram seu patrimônio líquido. A marca, a imagem social, o conceito no mercado, pela qualidade de seus produtos ou serviços, têm também seu valor. A contabilidade torna-se bem complexa quando se contemplam bens não materiais.

E as pessoas, o que representam neste acervo material e não material? Qual a sua verdadeira contribuição para acrescentar valor à empresa?

Assim como os recursos materiais constam na contabilidade convencional como "ativo" e "passivo", a força de trabalho, que igualmente representa capital, poderia ser também distribuída nesses dois conjuntos. Saúde, conhecimentos, habilidades, atitudes, motivação, criatividade, adaptabilidade, capacidade de resolução de problemas fariam parte do ativo da empresa. Por outro lado, gerência deficiente ou inadequada, ignorância, incompetência, fadiga, estresse, frustração, insatisfação, condições inconvenientes de trabalho, desinteresse, alienação seriam elementos do passivo deste capital.

Vale lembrar que Rensis Likert (1967), um dos pioneiros a abordar a problemática do valor do sistema humano na empresa, havia elaborado uma proposta bastante original que denominou "Contabilidade de recursos humanos". Embora se afirmasse, já naquela época, que as pessoas eram a parte mais importante e nobre da organização, a administração tradicional ainda as considerava como "custos", que traziam problemas financeiros. A idéia inovadora era tratar as pessoas como "ativos" na contabilidade formal da empresa. Como quantificar o valor de cada empregado para a organização e como administrar essa conta passariam a ser prioridades na gestão empresarial.

Contudo, como a teoria na prática é diferente, permanecemos ainda hoje sem saber muito bem como avaliar e lidar efetivamente com o elemento humano no ambiente de trabalho. Apesar de tantos recursos, instrumentos, programas sofisticados — de nomes ou siglas esotéricas imponentes — que até produzem indicadores numéricos importantes, todos se revelam incapazes de expressar a imensa variedade de valor das pessoas na organização.

Desempenhos diferenciados por natureza

"Cada um precisa ter as competências requeridas para a sua função. A qualificação do empregado é essencial para a realização bem-sucedida das tarefas. O processo seletivo bem feito assegura esta condição básica; o treinamento amplia e

aperfeiçoa a capacitação." Todos parecem concordar com estas afirmações óbvias.

O que traz dúvidas ou surpresas, porém, são os eventos do dia-a-dia. Pergunta-se: mesmo se cada empregado está capacitado para a função, terão todos o desempenho esperado, ou seja, o mesmo valor para os resultados da empresa? A experiência mostra que não. Há outros aspectos que influem no desempenho dos empregados, a começar pela experiência.

Quando se observa e se compara o desempenho dos empregados mais experientes com o dos menos experientes, a diferença é inegável — há um "algo mais" que está além da capacitação específica.

Uma queixa freqüente entre jovens candidatos ao primeiro emprego é a de que o empregador exige "experiência" como condição para contratar, não basta a qualificação profissional. E o infeliz candidato sente-se aprisionado numa armadilha, sem saída, sem conseguir obter experiência para qualquer emprego agora ou no futuro.

Mas não só a experiência conta além da competência. Vários fatores difíceis de arrolar, reconhecer e dispor em categorias desafiam os estudiosos e especialistas em produzir esquemas abrangentes de classificação das variáveis de desempenho profissional.

A motivação, por exemplo, considerada de grande importância na teoria e nos discursos, tem sido freqüentemente relegada na prática, apesar de ser um dos fatores mais influentes no desempenho do trabalhador.

Quando há interesse para as tarefas tudo se faz melhor. Não basta saber fazer, é preciso querer fazer. Um trabalhador competente, e até com experiência, não apresentará necessariamente o melhor desempenho. A motivação é um diferencial do sucesso.

A questão da motivação em geral, e no trabalho em especial, é complexa e enganosa. As pesquisas sobre o assunto são inúmeras, porém as conclusões ainda suscitam dúvidas e controvérsias. Teorias e mais teorias motivacionais abordam ângulos diversos e chegam a resultados divergentes, aumen-

tando a perplexidade e o desamparo de gerentes, executivos e empresários quanto à possibilidade de aplicação acertada para obter resultados concretos.

Desde o advento da administração científica até a atualidade, conceitos e preceitos se sucedem sem, contudo, oferecer uma base segura para lidar com o problema da motivação dos empregados. Desde simples observações empíricas até rebuscados procedimentos supostamente científicos, tudo tem mostrado resultados desanimadores na prática.

O Enigma pode começar a ser desvendado quando se considera a diferença entre homem e máquina.

As máquinas funcionam todas do mesmo modo, conforme suas especificações, desde que sejam providas as condições adequadas para tal. Às vezes, verificamos que determinada máquina, em algum momento, não funciona da maneira prevista. O diagnóstico objetivo é de que a máquina está com defeito e precisa ser consertada para voltar a funcionar como deveria. Imaginemos, porém, que, mesmo sem ter sido consertada, a máquina volte a funcionar como antes. E que, em outra ocasião, torne a acontecer o mesmo fenômeno. Suponhamos que isto ocorra tanto em máquinas que funcionam isoladamente ou em conjunto com outras no mesmo ambiente físico.

Qual a explicação científica? Poder-se-ia pensar em fadiga, rebeldia, oscilação de humor, instabilidade emocional, desvios de conduta, conflitos, estresse etc., etc.? Seria verossímil um funcionamento mecânico intermitente, regulado a partir do interior por condições mutantes? Seria plausível atribuir a cada máquina uma personalidade diferente, com um "jeito" próprio de cumprir sua tarefa?

Sem dúvida, isto seria um exagero antropomórfico ao qual, entretanto, recorremos, ocasionalmente, quando não conseguimos atinar com uma interpretação lógica.

Ficção ou realidade?

Cenas insólitas acontecem todos os dias e em toda parte, sem que nos surpreendam mais: por exemplo, um ser humano

falando com a máquina defeituosa, tentando fazê-la funcionar por meio de palavras — súplicas, promessas, sedução, ameaças — e/ou atos agressivos...

O comportamento parece reproduzir modalidades de interação humana de diálogo social: pedidos ("por favor, funcione agora, só um pouquinho..."), promessas variadas de maior atenção, cuidado, melhorias (acessórios), tratamento respeitoso doravante, sedução explícita, ou então ameaças diversas de rejeição, castigos, até de destruição/extermínio.

Como as palavras não produzem o resultado desejado, e a máquina continua muda e sem reagir/funcionar, isto pode ser interpretado como desobediência, desrespeito, implicância, pirraça, impertinência, teimosia... O indivíduo pode, então, passar das ameaças à agressão verbal ou física. Insultos e pancadas, desde leves xingamentos a termos mais pesados, acompanhados de sacudidelas, socos e pontapés, arremessos e até uso de objetos contundentes.

Parece que a agressão serve a uma dupla finalidade: catarse de sentimentos de frustração, raiva, impotência diante da máquina, e reafirmação do poder de comando e controle sobre a máquina — ou como diz o povo: "se não vai por bem, vai por mal".

Só que isto pouco adianta na situação descrita do pseudodiálogo homem-máquina, pois não resolve o problema na prática.

Todavia, se por inexplicável acaso, a máquina reage a um desses estímulos humanos e volta a funcionar, pode iniciar-se a instalação de um processo de condicionamento supersticioso no homem triunfante, que proclama: "Vê? Ela só funciona a pancada!" ou "Deixa comigo, eu conheço as manhas dessa máquina implicante!"

Mesmo que a "melhora" seja uma vez só ou apenas temporária, serve ainda assim para que o homem recupere a autoestima ao dominar a máquina e impor sua vontade.

Esse tipo de funcionamento intermitente reforça condicionamentos supersticiosos em muitas situações de vida, inclusive no trabalho. Trabalhadores são conhecidos e admira-

dos pelo seu "jeito" de lidar com as máquinas em geral, ou com uma em particular.

Sabemos bem que o condicionamento de reforço intermitente é o mais difícil de ser desativado, pois não depende mais de recompensas cada vez que ocorre o estímulo; se um comportamento deu certo uma vez, tenderá a ser repetido mesmo que não obtenha sucesso outras vezes. E assim mantém-se uma superstição por longo tempo.

Não é preciso muito esforço nem imaginação para notar, por vezes, esse estranho tipo de relação homem-máquina dentro de um ambiente de avançada tecnologia.

Vale relembrar que o pensamento mágico não é atributo exclusivo de crianças e povos primitivos — existe no homem adulto de nossa sociedade e no profissional competente, por mais culto e intelectualizado que seja.

O homem continua utilizando pensamento mágico, rituais verbais e comportamentais e superstições milenares para conseguir lidar com suas emoções e resolver problemas no cotidiano.

Quando acreditamos que a motivação de várias pessoas seja a mesma em relação a certas situações, e adotamos práticas decorrentes desta crença, estamos incorrendo em equívoco similar.

As pessoas não são máquinas de desempenho programado e previsível dentro de suas especificações técnicas. A motivação é variada, individual, e direciona a energia de forma personalizada, tornando diferente o desempenho de empregados com capacitação e experiência bastante semelhantes.

O tempo é outra variável obscura, ainda pouco enfatizada nos estudos de motivação.

Os interesses da pessoa variam, geralmente, de acordo com a idade cronológica em cada fase do ciclo vital. A atividade profissional mostra bem essas variações, acrescidas da influência do tempo em que permanece na função, no grupo de trabalho e na empresa. Jovens trabalhadores, em início de carreira, têm interesses e preocupações diferentes dos que

estão no meio da carreira e dos que estão aguardando a aposentadoria (Kets de Vries & Miller, 1984). Seria, no mínimo, ingênuo tratar da motivação dessas pessoas como equivalente, considerando certos itens homogeneizadores, como qualificação profissional, status na empresa, recompensas.

Sabemos que a novidade estimula a imaginação, energiza a pessoa, incrementa a motivação. A repetição contínua das atividades traz monotonia, desinteresse, diminui a motivação. A perspectiva temporal do futuro também influencia a motivação no presente. Olhar o curto prazo é bem diferente de olhar a longo prazo. A motivação do tempo presente não se confunde com a do tempo futuro. A energização para uma tarefa imediata é passível de maior controle ambiental, enquanto a perspectiva ampla de vida mobiliza e mantém, internamente, energia constante que assegura perseverança na realização de projetos existenciais.

Como compatibilizar presente e futuro, sonhos e realidade, cenários prazerosos e trabalho intenso, esforços continuados rotineiros e picos de entusiasmo na empresa?

Quanto valem as pessoas motivadas, realmente interessadas no trabalho, que "vestem a camisa" da empresa, que são confiáveis em qualquer circunstância pela dedicação e lealdade à empresa? Até quando valem, se valem de fato?

Se reconhecermos que há diferença entre o valor formal e o valor ativado das pessoas, poderemos lidar melhor com os principais fatores que facilitam ou dificultam a compatibilização entre capacidades, motivação e comportamento.

A cultura organizacional constitui um dos mais fortes condicionadores do desempenho profissional, pois saber e querer fazer nem sempre andam juntos; há outros itens ambientais que facilitam, ou não, a harmonização entre conhecimento e ação produtiva.

A filosofia empresarial predominante determina a modalidade de gestão dos recursos humanos.

A gerência pode estar mais voltada para resultados no curto prazo negligenciando, a longo prazo, a visão estratégica. Se a preocupação maior consiste em produzir mais e me-

lhor para vencer a competição, a execução eficiente das tarefas prevalece no estilo de liderança.

Se, entretanto, valores humanísticos fazem parte da cultura organizacional, o estilo de liderança pode voltar-se também para o desenvolvimento do ser humano dentro do ambiente de trabalho. Isto significa atenção, cuidado e respeito pelos empregados como pessoas. Significa prover condições melhores, mais adequadas de trabalho. Significa ter confiança no empregado, em sua capacidade de agir e de escolher as modalidades de execução das tarefas, em sua responsabilidade total. Significa encorajar sua criatividade — ouvindo suas idéias e sonhos — e acreditar em sua intuição. Significa descobrir o potencial de cada empregado, não apenas falar sobre o aproveitamento de atributos latentes. Arrolar esses itens no perfil ideal de liderança é fácil e simples, bonito e elegante, moderno e avançado, em teoria.

Na prática, entretanto, uma indagação crucial persiste como um desafio: até que ponto a liderança humanística é verdadeiramente aplicada quando se tem pressa, quando o imediatismo predomina em meio a pressões competitivas globalizantes?

Não obstante o conhecimento que se tem deste fato, o justo reconhecimento da motivação, dedicação e lealdade aparece mais nos discursos do que nas práticas organizacionais. As recompensas são raramente atribuídas a fatores "subjetivos", de difícil avaliação, considerados de cunho abstrato. Perdem-se então possibilidades preciosas de incluir e consolidar, na cultura organizacional, o valor da motivação das pessoas como fator concreto de diferenciação nos processos produtivos, na qualidade e competitividade da empresa como um todo.

Empresários, gerentes, técnicos de RH queixam-se, reiteradamente, do desinteresse, da apatia, da fraca motivação dos empregados e buscam, ansiosos, novas tecnologias para despertar e manter a motivação no nível operacional. Teorias e procedimentos são importados e aplicados apressadamente sem uma análise crítica de sua adequação à cultura organiza-

cional, às pessoas, ao momento da empresa e ao contexto conjuntural.

Não é de admirar, portanto, o desapontamento pelos resultados medíocres da aplicação de princípios tidos como certos para incrementar a motivação das pessoas no trabalho. Continuamos insistindo em "abanar a mesma cenoura", como se todos os cavalos fossem iguais.

E o problema da motivação permanece insolúvel, pelo menos no curto prazo, malgrado tudo o que tem sido feito, teorizado, experimentado e proclamado por parte de especialistas e praticantes.

O capital humano

Quando tanto se apregoa e enfatiza a importância de recursos humanos qualificados para a empresa competitiva, é paradoxal verificar como não se aproveita devidamente o talento humano existente nas empresas. Há desperdício generalizado, apesar de discursos e mais discursos sobre a otimização de recursos, tecnologia de Qualidade, conceitos e técnicas de gerência do Capital Humano e Gestão do Conhecimento.

Se se perguntar a cada empregado se está rendendo de acordo com sua real capacidade, a resposta mais freqüente costuma ser: NÃO. E o desempenho, obviamente, fica aquém do que poderia ser, com prejuízo para o empregado e a empresa.

De que depende a utilização plena das competências individuais? Por que as pessoas não rendem o que poderiam render? A resposta não é simples nem linear.

O reconhecimento da existência deste tipo de perplexidade vem crescendo com as pesquisas e orientações técnicas de renomados especialistas. A ênfase de Peter Drucker (1999) sobre a liderança de pessoas, e principalmente de trabalhadores intelectuais, vem de longa data em suas obras sobre a ciência da Administração contemporânea.

A transformação da sociedade pós-industrial em sociedade do conhecimento requer transformações equivalentes nos

modelos de gerência, na visão estratégica de negócios, na mentalidade dos dirigentes. A procura maior tende a ser por vantagem competitiva a médio e longo prazos, e não apenas por resultados concretos mais volumosos no curto prazo. O valor patrimonial da empresa não assegura riqueza duradoura. Valores não concretos passam a ser considerados como outra espécie de capital existente na empresa.

O capital humano é um ativo real e potencial, ainda não gerido nem aproveitado total e adequadamente. As pessoas possuem inteligência, conhecimentos, competências, experiência e emoções. Se a empresa só se preocupa e ocupa com as qualificações profissionais cognitivas e sensório-motoras adequadas às tarefas, no sentido de bem realizá-las no momento, estará desperdiçando uma boa parte do seu capital humano, estará negligenciando a importância dos componentes emocionais.

A gestão, tanto do capital intelectual quanto do capital emocional, ainda carece de maior compreensão e de habilidades específicas para tal.

Improvisação e empirismo não substituem uma sólida base conceitual, técnica, ideológica e ética. Embora muitos fatos e princípios sejam compreendidos e divulgados, sua aplicação ainda está longe de ser acertada. Fórmulas e discursos normativos não produzem efeitos por si sós.

É preciso mais do que compreensão cognitiva e competência técnica para lidar bem com pessoas.

Thomas Stewart (1997) afirma que o conhecimento é hoje o principal ingrediente para criar riqueza, e que a gerência desse capital intelectual constitui, de *per si*, a mais importante tarefa econômica dos negócios empresariais.

Contudo, muitas organizações permanecem negligenciando seus elementos mais valiosos nesta era da informação, sem saber usar o conhecimento como recurso estratégico prioritário e como um ativo tão valioso quanto os outros ativos de ordem financeira. Continuam a gerir seguindo o modelo das velhas empresas industriais, muito atentas aos componentes físicos e financeiros, tratando os recursos huma-

nos de forma contábil tradicional, como itens descartáveis, de substituição semelhante à das máquinas. O autor aborda os problemas da gestão do capital intelectual de forma ampla na empresa em seus três aspectos principais: o humano, o estrutural e o do cliente.

O capital emocional tem sido bastante descuidado no mundo dos negócios.

Emoções e sentimentos ainda são ignorados ou menosprezados como se fossem variáveis menos importantes e menos decisivas na dinâmica da organização. Sua influência sobre os resultados do trabalho não tem recebido a atenção que é dedicada a outros aspectos organizacionais. Quase sempre emoções e sentimentos são considerados elementos negativos, que precisam ficar fora das atividades produtivas. É comum ouvir a advertência: "Sejamos objetivos, deixemos as emoções de fora, elas atrapalham o trabalho sério"! Como se isto fosse possível e fácil...

A qualquer momento, em qualquer situação, nossas emoções fazem parte inerente de nossa psique, e determinam a modalidade de interação com o ambiente físico e humano.

O descaso ou a inabilidade ao gerir este tipo de capital tem custado caro às empresas e à sociedade em geral. A baixa competência emocional tende a gerar e agravar problemas de todo tipo em todos os setores sociais.

Com a grande repercussão decorrente da divulgação do conceito de inteligência emocional e de obras afins publicadas, era de esperar que as empresas passassem a cuidar mais deste aspecto. Os resultados práticos, no entanto, não correspondem ainda ao alarde provocado. Parece que a nomenclatura ficou sendo a parte mais importante, insinuando novo modismo no campo da administração contemporânea. Saber da existência do conceito de inteligência emocional, conhecê-lo, falar sobre ele e usar termos correlatos podem dar a sensação de que algo está sendo feito nesse sentido.

Palavras, porém, não substituem ações. O desenvolvimento da inteligência emocional, que resulta em competência emocional, exige compreensão, planejamento cuidadoso e

liderança efetiva para sua utilização plena como ativo real da empresa. A competência emocional que se multiplica nas e através das pessoas constitui um patrimônio valioso que dota a cultura organizacional de condições positivas para a produtividade em situação normal, e para a resolução de problemas em situações imprevistas e crises.

Se o capital emocional é abandonado à sua sorte, pode acontecer o mesmo que com o capital financeiro mal gerido: não rende, diminui, esgota-se, gera dívidas, inadimplência, falência. A gestão competente do emocional contribui para a saúde do indivíduo e da organização, criando condições favoráveis ao relacionamento e ao trabalho produtivo.

A empresa sadia reconhece, acolhe e permite a expressão das emoções, procurando aproveitar essa energia de forma positiva. Se a empresa ignora, não aceita ou reprime o trânsito emocional, esta energia encontra mecanismos menos sadios de liberação, podendo configurar condições neuróticas na cultura organizacional. Neste caso, o funcionamento da empresa sofre desvios variados que afetam processos e resultados organizacionais de forma negativa.

A gestão adequada do capital emocional completa e integra a do capital intelectual, criando condições favoráveis ao crescimento pessoal e coletivo e ao estabelecimento de um clima sadio de trabalho, colaboração e sinergia de esforços.

Bem diferente é a situação quando componentes neuróticos passam a predominar e caracterizar estilos disfuncionais na cultura organizacional, tais como o paranóide, o compulsivo, o dramático, o depressivo e o esquizóide, conforme pesquisa de Kets de Vries e Miller (1984) sobre a organização neurótica. Como pode render o capital humano num ambiente em que a tônica é a suspeição, a desconfiança generalizada característica do estilo paranóide, por exemplo? Como esperar comunicação aberta, transparência, cooperação, relacionamento afetuoso e produtividade se ninguém confia em ninguém, se todos se sentem ameaçados? Evidentemente os resultados da organização sofrem e mostram os efeitos danosos cumulativos da gerência precária ou relapsa dos aspectos emocionais.

Empowerment

O desejo do poder faz parte de toda a história da humanidade.

As glórias bélicas, terras e povos conquistados, caracterizam a trajetória das grandes civilizações, que cultuam seus líderes guerreiros. A mitologia grega enaltece os feitos dos heróis que tentaram e ousaram usurpar o poder dos deuses. A própria Bíblia narra os embates freqüentes entre pais e filhos, irmãos, clãs, tribos e povos no empenho de conquistar, manter e aumentar o poder pessoal e grupal.

Os povos primitivos recorriam à religião e à magia para sobreviver e controlar o ambiente em que viviam. Os conhecimentos secretos para subjugar a natureza e as pessoas foram institucionalizados como privativos de sacerdotes e magos, que assim passaram a dominar formalmente a vida das comunidades. O povo não tinha acesso aos conhecimentos e, portanto, ao poder. Durante séculos perdurou essa relação inquestionada entre pessoas comuns (povo) e pessoas privilegiadas, possuidoras de saber esotérico ou ligação com a divindade (sacerdotes, magos, soberanos).

Com o advento da ciência moderna, o poder passa largamente aos cientistas, detentores também de um saber semiesotérico, não compartilhado com o povo.

As lutas de poder que marcam a história da humanidade evoluíram desde a pura violência, dos músculos para as armas, para as riquezas, o dinheiro, e finalmente para a inteligência, a informação, o conhecimento, como expõe Alvin Toffler (1991) em seu livro *Powershift: as mudanças do poder.* Nesta obra, o autor refere-se à deusa oriental Amaterasu, que é representada com a espada, a jóia e o espelho. O simbolismo da espada e da jóia é bem claro; o do espelho requer interpretação mais sutil. Olhar-se no espelho, e para dentro de si mesmo, pode significar busca de autoconhecimento, o princípio do verdadeiro conhecimento.

A famosa inscrição no pórtico do templo de Apolo, em Delfos, recomendava: "Conhece-te a ti mesmo." Esta mensa-

gem era considerada por Sócrates como essencial ao caminho do conhecimento e da sabedoria.

Em nossa época, a acirrada competição no mercado mundial tem impelido as empresas a procurarem novos recursos, instrumentos e métodos para sobreviver com sucesso, e ainda crescer e expandir seus negócios.

Essa grande preocupação com o nível produtivo, a competição, a qualidade e o lucro tem gerado inúmeras formas e fórmulas de modernização no funcionamento da empresa. Os nomes dessas tecnologias têm forte apelo mercadológico, e passam a constituir símbolos de status que distinguem empresas inovadoras de empresas tradicionais: Planejamento Estratégico, Reengenharia, *Benchmarking*, Qualidade Total, Gerência Participativa, *Empowerment*, Equipes/Sinergia, Gestão do Conhecimento.

Dentre variadas promessas de sucesso, o conceito de *empowerment* tem sido preconizado como estratégico na cultura organizacional do modelo de gestão da nova empresa do século XXI.

Não obstante sua conceituação ser ainda obscura, a idéia de *empowerment* tem sido amplamente divulgada e aceita, no sentido de que as pessoas precisam ser potencializadas, descobrir seu poder pessoal e aprender a usá-lo e expandi-lo de forma construtiva.

A empresa potencializada funciona melhor, produz resultados superiores, impõe-se no mercado, firma um conceito de qualidade e excelência. Vários autores consideram o *empowerment* um processo de mudanças na reestruturação das empresas, minimizando a hierarquia e a distância entre os departamentos, e atribuindo mais responsabilidade e poder a todos que interagem com os clientes. A valorização das lideranças e a inversão da pirâmide organizacional caracterizam este processo de mudança. Seus aspectos mais significativos envolvem: a ênfase no ser humano, a canalização da energia de todos, o mérito da interação entre as pessoas e a liderança participativa.

A tecnologia geralmente utilizada para implantar *empo-*

werment nas empresas revela forte inclinação para os valores materiais. Mais poder, responsabilidade e energia relacionados a parâmetros externos de produtividade e lucro mostram que o *locus* de domínio é externo e, por isso mesmo, sujeito a variações conjunturais fora do controle do indivíduo potencializado.

Vale notar que esses aspectos são, em geral, atribuídos formalmente pela empresa: responsabilidade, posição de poder hierárquico e/ou decisório, participação efetiva; por isso mesmo, podem ser retirados a qualquer momento sob circunstâncias diversas.

Quando o *locus* de controle é externo, o poder conquistado, seja econômico, político ou social, corre o risco de ser perdido, retirado ou furtado. Ações criminosas, atos políticos, manobras interpessoais e corporativas podem usurpar bens materiais e/ou status, posições profissionais e sociais em qualquer sociedade, a qualquer tempo.

Não há certeza de que essa forma de *empowerment*, tal como está sendo hoje praticada nas empresas, concorra para a energização, a potencialização genuína que se reflete na autoestima, na motivação, na produtividade e na qualidade de vida das pessoas.

A potencialização decorrente de êxito em objetivos ligados somente a valores materiais sugere uma espécie de pseudo-*empowerment*, apesar dos discursos grandiosos e projetos custosos.

Muito se tem enfatizado o valor dos grupos "autogerenciáveis" na empresa, como exemplificação de *empowerment*. Esses grupos permitem liberar a energia, a motivação e a criatividade de seus membros. Como conseqüência, haverá mais produtividade (e lucros), mais satisfação do cliente e do empregado.

Todavia, a liberação de energia, motivação e criatividade não é tão simples como parece, não acontece espontaneamente nem por influência exclusiva de recursos ou instrumentos tecnológicos. Colocar pessoas competentes juntas para trabalhar e ordenar "Motivem-se!", "Liberem suas energias!",

"Liberem sua criatividade!" lembra aquela crença ou fantasia a respeito do poder mágico das palavras, ainda presente em nosso mundo de tecnologia de ponta, como nos contos de fadas, lendas e mitos. Aliás, muitos dirigentes parecem recorrer mesmo ao pensamento mágico (*wishful thinking*) quando imaginam e acreditam que o simples impacto de seus discursos faça as coisas acontecerem.

O grupo organizacional denominado equipe "autogerenciável" não produzirá os resultados desejados e esperados, mesmo com todo o apoio tecnológico necessário. Isto simplesmente porque o grupo é formado por pessoas, e não por máquinas. E pessoas têm sentimentos e emoções, além de inteligência, capacitação profissional, conhecimentos, experiência. E, por isso mesmo, surgirão inevitavelmente simpatias, afetos, ciúmes, inveja, hostilidades, ressentimentos, conflitos. Esses componentes emocionais irão influenciar a própria maneira de trabalhar junto e os resultados desse trabalho.

Para que a equipe autogerenciável funcione como tal, torna-se imperioso desenvolver nas pessoas que a compõem as habilidades de processos interpessoais inerentes ao trabalho conjunto — comunicação, relacionamento, liderança emergente situacional, participação efetiva — sem o que motivação e criatividade não têm espaço para emergir.

Os procedimentos técnicos, recursos e instrumentos usualmente empregados nos programas de *empowerment* nas empresas são muito úteis, mas insuficientes para resultados mais profundos. Mudanças rápidas podem até acontecer sob pressão conjuntural, mas tendem a declinar, também com rapidez, se não houver respaldo interior de crenças, atitudes e valores das pessoas envolvidas no processo.

Valores não materiais

Os valores do SER, tais como amor, harmonia, plenitude, sentido da vida e transcendência, constituem valores espirituais absolutamente necessários ao desenvolvimento integral do ser humano em sua essência.

A evolução da pessoa passa por uma seqüência de crises, é um processo de crescimento interior em que a luta entre opostos acaba alcançando a harmonia, o equilíbrio.

O indivíduo é uma parte da natureza e, ao mesmo tempo, a contém — de acordo com a concepção holística do cosmo, que abrange as propriedades misteriosas do TODO e das PARTES. Assim sendo, o homem reproduz dentro de si as forças da natureza em luta, a alternância de ciclos temporais, o ritmo da transição — esperançosamente harmônica — quando os valores do SER estão presentes e atuantes.

Revela o *Talmud*, o milenar livro de sabedoria judaica:

> "Quem é forte?
> — Aquele que conquista a si mesmo."

Quando se medita sobre esta afirmação, descobre-se uma nova dimensão de *empowerment*: seu significado extraordinário baseado no *locus* interno de domínio.

Potencialização é harmonia — é conquista interior.

O resgate da essência humana significa *empowerment*. Ao tornar-se humana, a pessoa se torna poderosa. E assim alcança a verdadeira liberdade, a primeira e essencial liberdade.

Se a liderança empresarial compreende o alcance desta concepção, reconhece e acolhe os valores do SER como parte integrante e fundamental na cultura e na estratégia da organização, a tecnologia de implementação do *empowerment* passa a centrar-se em educação, em desenvolvimento de pessoas.

O autoconhecimento, a conscientização do potencial humano e as habilidades interpessoais e de equipe transformam-se em prioridades estratégicas na filosofia de gestão.

Afirma ainda o *Talmud* que cada pessoa possui um tesouro escondido, que precisa ser descoberto.

Cada pessoa tem valor pelo que é e pelo que pode vir a ser. Este tesouro oculto é o talento pessoal que valoriza cada um de nós de forma peculiar e específica. Na concepção talmúdica, ninguém deixa de ter valor, não há superiores nem inferiores, todos os seres humanos se valorizam em suas diferenças individuais e em seu processo de humanização.

Talento é poder. Todos nós somos dotados de poder — intrínseco, não revelado, secreto, esperando ação transformadora.

Outras culturas antigas, além da ocidental, também têm explicitado a mesma crença sobre o poder interior do homem, como no texto transcrito a seguir.

> "Uma velha lenda hindu conta que houve um tempo em que todos os homens eram deuses. Mas eles abusaram de sua divindade de tal forma que Brahma, o mestre dos deuses, decidiu tirar-lhes o poder divino e escondê-lo num lugar onde lhes seria impossível recuperá-lo. O grande problema foi então encontrar um esconderijo.
>
> Quando os deuses menores foram convocados a reunir-se em um conselho para resolver esse problema, eles propuseram:
>
> — Enterremos a divindade do homem na terra.
>
> Mas Brahma respondeu:
>
> — Não, isto não é suficiente, porque o homem cavará e a encontrará.
>
> Então os deuses replicaram:
>
> — Neste caso, lancemos a divindade no mais profundo dos oceanos.
>
> Mas Brahma respondeu novamente:
>
> — Não, porque mais cedo ou mais tarde, o homem explorará as profundezas de todos os oceanos, e é certo que um dia ele a encontrará e a trará à superfície.
>
> Então os deuses menores concluíram:
>
> — Nós não sabemos realmente onde a esconder, porque parece não existir sobre a terra, ou dentro do mar, lugar algum que o homem não possa atingir um dia.
>
> Então Brahma disse:
>
> — Eis o que nós faremos com a divindade do homem: nós a esconderemos no mais profundo dele mesmo, porque esse é o único lugar onde ele não pensará jamais em procurar.
>
> Depois dessa época, concluiu a lenda, o homem fez a volta à terra, ele a explorou, cavou e mergulhou, à procura de alguma coisa que se encontra nele mesmo."

Na empresa, o gerente/líder tem esta missão indelegável: descobrir o tesouro oculto de cada empregado, o talento individual, a potencialidade real, sem se deixar iludir com as habilidades presentes e o desempenho superior como se fossem os limites fixos da realização de cada um. Estimular e apoiar o desenvolvimento do empregado como pessoa humana — e isso inclui sua espiritualidade — são igualmente parte do papel do gerente/líder.

Se este enfoque humanista prevalecer, o investimento prioritário será necessariamente em educação, em desenvolvimento para *empowerment* orientado por valores do SER.

Tal processo abrange quatro pontos principais a serem trabalhados, como segue:

Autoconhecimento

A maioria de nós ainda não descobriu plenamente seus talentos.

Contentamo-nos, em geral, com os limites conhecidos que nos permitem muitas realizações sem questionar se eles podem ser superados ou se novos horizontes podem ser atingidos.

O primeiro passo consiste em Desenvolvimento Interpessoal — para autoconhecimento, descoberta do potencial de cada um, aquisição de habilidades interpessoais/emocionais de comunicação, participação em equipe e liderança.

O processo de autoconhecimento precisa aprofundar-se no desenvolvimento interpessoal dentro e fora da organização.

Autoconhecimento exige a colaboração do outro, não se reduz somente à introspecção. É um processo participativo, uma relação de ajuda. Uma das grandes dificuldades da relação entre líder e liderados, gerente e subordinados, consiste na construção da relação genuína de ajuda, e não de dependência (ou de dominação) como sói acontecer.

Ajudar o outro a se descobrir pressupõe motivação autêntica e ética, afeto e confiança, sem cobranças, ameaças, promessas. É uma das habilidades fundamentais no relacionamento interpessoal sadio.

Não adianta muito outorgar poder "de fora" para a pessoa, ela precisa sentir-se internamente poderosa e gostar de si mesma para poder aceitá-lo e utilizá-lo de maneira adequada. Se assim não for, poderá usar o poder de forma exagerada (tirânica) ou dele abdicar (omissão). Auto-imagem, autoconceito e auto-estima não são atributos estáticos, resultam da experiência interpessoal e modificam-se de forma interdependente. À medida que progride no autoconhecimento, a pessoa vai abrindo caminho para descobrir seu verdadeiro potencial e as possibilidades de desenvolvê-lo.

Conscientização

Na empresa humanista, a pessoa aprende continuamente, expande e aperfeiçoa seus conhecimentos e amplia seu horizonte. Passa a conhecer cada vez mais, sobre si mesma e sobre os outros, sobre as coisas, o trabalho, o mundo e a vida.

As escolhas e decisões tornam-se mais fundamentadas. Assim, passa a tomar partido diante dos acontecimentos e a participar com lucidez.

A pessoa torna-se mais assertiva, e transmite firmeza ao reconhecer suas opiniões, preconceitos, seus verdadeiros valores, e ao assumir suas convicções.

E passa a atribuir-se responsabilidade total e indelegável por seus atos.

Relacionamento

No infindável processo de interação com os outros, a pessoa vai descobrindo e consolidando sua afetividade. Começa a ter ligações mais próximas com algumas pessoas, e a lidar melhor com sentimentos agradáveis ou desagradáveis em relação aos outros.

A modalidade específica do relacionamento interpessoal pode facilitar ou dificultar a comunicação, o trabalho conjunto, a convivência. As incompatibilidades entre as pessoas existem de fato e constituem sérios entraves no funcionamento dos grupos humanos.

O relacionamento afetuoso possui valor terapêutico em si, pois mantém e restabelece o equilíbrio e o bem-estar, a autoconfiança, reforça a auto-estima. Especialistas advertem sobre o perigo potencial do isolamento, sobre as conseqüências físicas,

psíquicas e sociais do afastamento ou exclusão do convívio com os outros.

Na família e no trabalho a qualidade dos relacionamentos contribui para caracterizar a motivação, a comunicação, a participação nas tarefas, os resultados e a satisfação pessoal, ao longo de um contínuo positivo-negativo.

O apoio emocional é de inegável valia em nossa vida. Saber que se tem amigos, que se pode contar com eles em quaisquer circunstâncias, sentir-se querido, reconhecido tal como se é, sem precisar fazer esforços especiais para agradar, traz sentimentos positivos de bem-estar, de segurança interior, de confiança na própria capacidade de enfrentar situações difíceis e adversas, e de dar o melhor de si.

Os relacionamentos na empresa formam as redes informais que convivem com e influenciam a estrutura formal, determinando resultados favoráveis ou desfavoráveis para os objetivos organizacionais. A rede informal mostra-se bastante útil na prática, quando ocorrem problemas imprevistos e emergências que exigem ações imediatas e que a estrutura formal muitas vezes não consegue atender. São os amigos no trabalho que são procurados e que conseguem "quebrar o galho" de forma rápida e efetiva, resolvendo a situação independentemente dos procedimentos formais prescritos. Se estes fossem seguidos, a solução provavelmente seria bem mais demorada, talvez tardia, e por isso inoperante, e com custos maiores. Em termos concretos e psicossociais poderíamos indagar: Quanto vale a rede de relacionamentos interpessoais para a empresa? E para os participantes da atividade solidária? E o que isso tem a ver com *empowerment*?

Estilo de vida

Desenvolver valores e atitudes éticas de responsabilidade na participação em grupo, de colaboração com os outros, de forma franca e afetuosa, constitui um desafio permanente.

Procurar alcançar harmonia consigo mesmo e com o próximo, seguindo a máxima "Sê fiel a ti mesmo", pode criar um estilo de vida de qualidade, norteada por valores espirituais.

Quando a pessoa vive uma realidade fragmentada no lar e no trabalho, não se pode pensar em

qualidade de vida. Esta supõe harmonização das várias esferas que compõem a existência. Valores, atitudes e atos precisam ser congruentes em todos os contextos para expressar e realizar uma filosofia de vida consistente.

O desenvolvimento de um estilo de vida que signifique *empowerment* sugere a busca holística de plenitude e transcendência pessoal, interpessoal e transpessoal. Essa procura pode significar o *locus* interno simbólico da Terra Prometida.

O anseio de paz, harmonia, saciedade e doçura em sua própria pessoa passa a valer mais que a posse de qualquer território externo profissional/social. O processo de desenvolvimento emocional/interpessoal mais abrangente e aprofundado pode propiciar, além da competência, uma ponte para o espiritual.

As conquistas materiais são importantes, desejáveis e prazerosas; podem ser vistas alegoricamente como vitórias sobre desafios, obstáculos e perigos na longa e difícil travessia do deserto rumo à Terra Prometida. Mas não constituem o fim último, são passos intermediários para chegar ao ideal. Quem se contenta com as conquistas materiais fica no caminho, não alcança seu tesouro potencial, sua espiritualidade, sua condição humana, sua Terra Prometida.

Cabe lembrar, uma vez mais, que não há fórmula mágica para efetuar mudanças verdadeiras e expressivas na cultura organizacional, e conseqüentemente no funcionamento da empresa, sem atingir o íntimo das pessoas.

O processo de *empowerment*, portanto, vai muito além dos planos, regras e procedimentos técnicos superficiais, fragmentados e restritos a valores materiais, tendo em vista o controle das situações externas.

Empowerment autêntico, por conseguinte, é um processo de conquista, energização e harmonia interna do SER HUMANO, norteado por valores espirituais de profundo significado para a pessoa.

SER ou NÃO SER

Decisões, decisões, sempre decisões...

As dúvidas sobre isto ou aquilo, sim ou não, constituem variáveis inerentes ao processo decisório. Escolher é difícil e penoso, ganha-se, mas também inevitavelmente se perde algo. A ansiedade cresce de acordo com a importância do problema e com o tempo de indecisão. Decidir com a cabeça ou com o coração, eis o constante dilema.

Como são tocantes e inspiradoras as palavras do grande líder sul-africano Nelson Mandela, incansável batalhador dos direitos humanos no século XX:

"Nosso medo mais profundo não é de sermos inadequados.
Nosso medo mais profundo é de sermos poderosos
além da medida.
É a nossa Luz, não nossa Escuridão, que mais nos assusta.
Nós nos perguntamos:
— Quem sou Eu para ser brilhante, atraente, talentoso, fabuloso?
Na verdade, quem é você para não ser?
Você é uma criança do Espírito.
Você, pretendendo ser pequeno, não serve ao mundo.
Não tem nada de iluminado no ato de se encolher
Para que os outros não se sintam inseguros ao seu redor.
Nascemos para manifestar a glória do Espírito
que está dentro de nós.
Não está só em alguns de nós; está em Todos Nós.
E, à medida que deixamos nossa Luz brilhar,
Damos permissão para outros fazerem o mesmo.
À medida que liberamos nosso medo,
nossa presença libera outros."

Diante de todas essas idéias, emerge uma indagação inquietante que se transforma em imenso desafio:

"*Como transformar recursos humanos (peças de produção) em seres humanos plenos*"?

Da capo

E então: Quanto valem as pessoas — agora e no futuro?

Eu, os outros e o mundo

TODOS OS SERES VIVOS interagem com o ambiente. Pessoas interagem com o ambiente físico e social. Esta interação tem conseqüências para ambas as partes, que se modificam por influência recíproca. As modificações situam-se ao longo de um contínuo multidimensional: intensidade, tempo/ritmo, abrangência, significado, valor. Estabelecem-se relações entre os seres e seu *habitat* e entre os próprios seres.

Costuma-se proclamar a relação EU-OUTRO como sendo a principal relação psicossocial entre o indivíduo e seus semelhantes. De fato, esta relação é fundamental na interação de pessoas. Os processos interpessoais de comunicação, decisão, liderança, cooperação, afetividade acontecem neste eixo central. Esta relação tem sido a mais estudada e enfatizada para a compreensão dos fenômenos interpessoais das atividades em grupo em diversos contextos.

Conquanto importante, não é a única. As relações EU-EU e EU-COSMO constituem configurações dinâmicas que regem a qualidade da interação humana no cotidiano e o posicionamento existencial da pessoa.

A relação EU-EU

A relação consigo mesmo desenvolve-se juntamente com as relações interpessoais. Forma-se um padrão dinâmico que tende a caracterizar a personalidade de cada um. A relação mãe-filho, sobretudo nos primeiros anos de vida, oferece uma base abrangente para a criança elaborar seus pontos de referência concernentes aos outros e a si mesma.

Se a criança recebe sinais de que o mundo é bom, confiável, seguro, agradável, suas primeiras impressões sobre o mundo e os outros guiam-se por esta linha perceptiva. E à medida que se desenvolve fisiologicamente, vai amadurecendo essas impressões sincréticas e voltando-se para si a fim de poder explorar e descobrir seu *eu* como algo distinto das outras coisas do ambiente.

A autoconsciência incipiente revela-se na linguagem infantil ainda na terceira pessoa quando a criança diz, por exemplo: "Neném quer ____." Depois usará seu próprio nome e, finalmente, o pronome *eu*, que marca a separação de seu corpo e mente dos outros seres e objetos.

Sua identidade vai-se construindo aos poucos, através das experiências interpessoais. A sensação de equilíbrio e bem-estar de seu interior é apreendida como possibilidade real de caracterizar sua pessoa. O processo de propriocepção fornecerá os dados para esta sensação genérica. A depender dessas percepções, formará uma auto-imagem mais positiva ou menos positiva. Sentimentos diversos poderão aflorar com mais freqüência, influenciando a auto-estima, o autoconceito, a autoconfiança e, conseqüentemente, como o indivíduo vai-se olhar, cuidar, valorizar, gostar.

Como cada um convive consigo mesmo? Esta convivência costuma ser agradável ou tensa? A pessoa fica bem a sós, ou evita este encontro com seu próprio eu?

Há pessoas que não conseguem suportar atividades solitárias. Sentem muito a falta da companhia dos outros. Todos nós sentimos esta falta, mas a intensidade da carência pode indicar a diferença entre um quadro normal e um quadro de tendência neurótica.

Uma coisa é não gostar de ficar só e preferir estar com os outros. Outra coisa é evitar ficar só a qualquer custo, e buscar freneticamente a companhia dos outros.

Pode-se ficar só por circunstâncias ou por escolha, durante pouco ou longo tempo. Em qualquer caso não é um desastre; pode significar um desafio, uma oportunidade de conhecer melhor o seu eu, de se descobrir, de experimentar

suas possibilidades, e de aprender. Há atividades solitárias que podem trazer muito prazer: ler, escrever, ouvir/executar música, trabalhos manuais, jardinagem, pesquisa científica, trabalhos domésticos, meditação, etc.

A realidade EU-OUTRO

A relação EU-OUTRO tem sido considerada crucial na formação da personalidade de cada um. Desde a mais tenra infância, a influência dos vários OUTROS na aquisição de atributos pessoais é bem conhecida. Quanto mais jovem o indivíduo, maior a influência dos outros na sua personalidade.

A modalidade da relação mãe-filho na infância, especialmente no primeiro ano de vida, imprime o quadro inicial de referência perceptivo-emocional na criança. Esta irá desenvolver seu mapa cognitivo-emocional com base nessas impressões, vagas e difusas a princípio, depois mais nítidas e definidas, até estruturar sua própria relação com o mundo e as pessoas. Tal relação serve de modelo condicionador das suas atitudes positivas e comportamentos sadios de confiança básica e aceitação dos outros e do mundo; ou de desconfiança generalizada, conducente a defesas preventivas de retraimento ou agressividade imotivada. Os membros da família reforçam certas atitudes e padrões de conduta; amigos, professores, colegas de escola e de trabalho, chefes e patrões também contribuem para reforçar e modificar alguns aspectos desse modelo.

Para o adulto a relação interpessoal EU-OUTRO é tida como central na vida, tanto no âmbito familiar quanto no trabalho, ou até na atuação social/comunitária.

Há pessoas que se dão bem com as outras, que gostam de estar com os outros de forma natural e espontânea. São pessoas cuja companhia é apreciada, desejada e procurada. Sua capacidade de estabelecer relacionamentos e mantê-los concorre para viabilizar a convivência, facilitar a comunicação e a cooperação e distribuir alegria nas atividades conjuntas.

E quem não tem "jeito" para lidar com os outros? Estará fadado a permanecer à margem, isolado ou rejeitado, sofren-

do toda sorte de reveses emocionais, embora fisicamente junto aos outros? Será este "jeito" um atributo hereditário ou adquirido?

A facilidade de relacionamento é um dom inato, uma arte ou uma habilidade técnica que pode ser aprendida? Um pouco de cada, sem dúvida! E, por isso mesmo, todos nós podemos ter esperanças de desenvolver relacionamentos positivos!

A predisposição para o relacionamento humano existe em todos, pois o homem é um animal gregário, que vive em grupos, procurando a companhia de seus semelhantes. Isto não quer dizer, entretanto, que o relacionamento seja sempre positivo.

Viver em grupo não significa viver bem com os outros. Pode-se viver um relacionamento conturbado e conflituoso a maior parte do tempo. Se a relação eu-outro não é trabalhada, a tendência do menor esforço faz com que os impulsos pessoais sejam seguidos sem controle, resultando em desentendimentos, frustrações, queixas e justificativas inverídicas para explicar, aceitar e manter o *status quo* da relação insatisfatória. A predisposição positiva precisa ser desenvolvida, é necessário aprender a conviver harmoniosamente. O modelo oferecido pela família nem sempre contribui para este propósito. Por vezes, até mostra as dificuldades de estabelecer um relacionamento estável, afetuoso e equilibrado. De qualquer maneira, a família fornece padrões iniciais de relacionamento que poderão ser consolidados ou contrariados mais tarde na escola, no ambiente de trabalho, na sociedade em geral.

Pode-se aprender a conviver construtivamente, havendo motivação e orientação adequadas.

Passada a infância e a adolescência, se pouco foi feito nesse sentido, se cada um passou a lidar com os outros de forma rudimentar e rotineira, utilizando modalidades estereotipadas de intercâmbio intelectual e emocional, ainda assim há possibilidades de mudanças para melhor. Organizações de vários tipos tendem hoje a incluir programas educacionais para desenvolver profissionalmente seus membros. Os programas mais atualizados de treinamento e desenvolvimento evo-

luem para uma abordagem humanista abrangente, incluindo tanto aspectos cognitivos/técnicos quanto comportamentais.

O desenvolvimento de habilidades interpessoais requer metodologia própria especializada. A tecnologia denominada *Educação de Laboratório** propicia este tipo de desenvolvimento cujo objetivo básico é a competência interpessoal. Esta é essencial no relacionamento humano, nos processos de comunicação e liderança, no trabalho em equipe, seja como membro ou líder de grupo.

As transformações aceleradas na estrutura da família, do trabalho e da sociedade sugerem que na era presente, em transição para o futuro imediato, as competências mais valorizadas passam a ser aquelas concernentes ao relacionamento interpessoal, às habilidades interpessoais de comunicação, liderança e relacionamento humano. A competência emocional/interpessoal é absolutamente prioritária para bem conviver e trabalhar produtivamente com os outros.

A relação Eu-Outro figura, por conseguinte, entre as variáveis de maior peso na Qualidade de Vida de cada pessoa.

A relação Eu-Outro tem sido apreciada e repetida em prosa e verso; faz parte de obras de arte, literatura de ficção e não ficção desde a Antiguidade até os nossos dias, sob ângulos diversos; revela sua problemática, ainda atual, nas narrativas bíblicas sobre o relacionamento humano a partir da criação do mundo. Além de tema freqüente em músicas de diversos gêneros, em danças e nas artes plásticas, no cinema e na televisão, tem sido objeto de pesquisas científicas no campo das ciências sociais, e ainda foco de reflexão por parte de filósofos, religiosos e místicos.

Diante de sua importância magna na vida de todos, seria plausível supor que haveria tantas dificuldades nesta relação? Ou os problemas atuais seriam um desvirtuamento decorrente do processo histórico da civilização?

Lembremo-nos, no entanto, que os conflitos da relação

---

* Consultar a obra *Desenvolvimento interpessoal*, para uma visão geral do assunto.

diádica já apareciam nos episódios primitivos de Caim e Abel, de Esaú e Jacó, mostrando ser inerentes à interação humana de qualquer época.

A relação idealizada

A relação diádica admite também o enfoque místico-existencial proposto por Martin Buber, já bastante conhecido dos profissionais das áreas humanas: a dicotomia da orientação EU-ISTO e EU-TU.

Quando refletimos, corajosa e honestamente, sobre nossos relacionamentos com os outros, quantas vezes constatamos, desapontados e pesarosos, que funcionamos muito mais na relação Eu-Isto do que na relação Eu-Tu, apesar dos nossos próprios discursos idealísticos e de nossas boas intenções em busca de uma verdadeira relação humana pessoa a pessoa.

O paradoxo desta incongruência é real. Persegue e aflige as pessoas que dele se conscientizam, notadamente quando fazem parte das chamadas profissões de ajuda, entre as quais médicos, professores, psicólogos, religiosos, assistentes sociais.

A relação Eu-Tu pode ser interpretada como uma aspiração superior de longo prazo, um ideal, um projeto de vida, nem sempre atingível no cotidiano. Serve de bússola, de orientação para valores espirituais a serem prioritariamente seguidos e reforçados. Mantém a fé no acerto de escolher o caminho para o diálogo com as outras pessoas como via de acesso ao espiritual.

Na vida diária, a relação mais comum recai na orientação Eu-Isto, normal e aceitável nas demandas materiais do mundo. Todavia, o homem que vive somente nesta modalidade de relação está perdendo parte preciosa de sua potencialidade, restringindo-se ao nível de uma interação utilitária com os outros, carente de conteúdo espiritual. Pode até viver muito bem no plano material, considerar-se feliz e realizado com seus sucessos e posses, e nem sequer tomar consciência de que existe outra dimensão na sua existência. Muitos assim vivem sem descobrir a plenitude de sua condição de ser humano.

Entretanto, todo homem poderá um dia defrontar-se com as crises da meia-idade e questionar o rumo que deu à sua vida. E não encontrar respostas cabalmente satisfatórias. Sentirá, então, que algo está faltando e que este algo está além dos valores materiais e da reificação dos outros e de si mesmo.

A relação Eu-Tu pode acontecer, por vezes, de modo espontâneo, sugerindo que cada um de nós tem a potencialidade para conseguir um verdadeiro Encontro de pessoa a pessoa. São aqueles momentos especiais em que duas pessoas compartilham um diálogo natural, autêntico, com empatia e prazer, em sintonia emocional. São momentos mágicos e atemporais.

Seria possível transpor essa forma de relação para o mundo dos negócios, as empresas, a comunidade em geral? Ou seria apenas uma fantasia, uma ilusão mágica, pensar em mudança tão profunda de paradigma?

A história da humanidade consigna que as mudanças mais extraordinárias foram feitas pelo próprio homem aqui na terra.

Por que não acreditar, então, que o homem tem possibilidades de transformar sua maneira de viver e conviver com os outros e tornar melhor o mundo em que vive?

A educação desempenha o papel principal na formação, transmissão e manutenção ou modificação de valores da sociedade. Quando culturas diferentes são comparadas, pode-se constatar a enorme influência do processo educacional nos estilos de vida, trabalho, lazer e relacionamento.

As organizações sociais, que funcionam também como agentes educadores, poderiam assumir maior parcela de responsabilidade na mudança de valores e atitudes dos cidadãos.

Uma vez que as organizações de aprendizagem estão se tornando o modelo para as demais, seria o caso de torná-las líderes também na passagem do modelo racional-mecanicista para o modelo humanista.

Uma filosofia empresarial genuinamente orientada para reconhecer, respeitar e promover o desenvolvimento das pessoas como pessoas não precisaria abrir mão dos interesses

materiais de lucro e posição superior no mercado. O grande desafio consistiria em compatibilizar tecnologias de produção, serviços, marketing e vendas com valorização autêntica das pessoas e incorporação de novos valores à cultura organizacional. Os valores espirituais que poderiam ser cultivados nas empresas abririam um espaço acolhedor para caminhar em direção ao ideal do Encontro Eu-Tu.

Ceticismo e pieguice à parte, tentemos ser realistas e moderados. Grandes mudanças foram realizadas pelos homens, a partir de sonhos e desejos, de ideais utópicos, com motivação elevada, fé, competência, esforço e perseverança. A humanidade tem progredido graças a devaneios e desejos de sonhadores criativos, filósofos, poetas, líderes visionários, cientistas inventores, que acreditaram que é possível concretizá-los.

Então por que não crer e tentar, de algum modo, a realização do sonho de transformar a comum, rotineira e arraigada relação humana *Eu-Isto* num Encontro *Eu-Tu* com mais freqüência?

A relação Eu-Cosmo

"Tudo está em cada coisa e cada coisa está em tudo", dizem os místicos de todos os tempos. E hoje dizem o mesmo também os físicos quânticos.

Século após século, as coisas parecem mudar completamente e, no entanto, permanecem as mesmas. Aparência e essência continuam desafiando nossa mente — como discernir qual é qual em determinada situação, contexto-tempo?

O céu, os astros, as montanhas, o mar, os rios, os bosques, as flores, os pássaros e outros animais, os elementos da natureza — aparentemente distintos uns dos outros e de mim (pessoa) — podem relacionar-se entre si e comigo? Quando e como encontramos a natureza e entramos em contato com o universo em sua imponência e grandiosidade?

Olhar o céu e as estrelas, o mar, as montanhas, apreciar paisagens bucólicas, árvores e flores, tudo isto pode produzir

sensações e experiências de profundo deslumbramento diante da grandiosa dimensão não humana e ante a fulgurante beleza sem artifícios.

Quem nunca se emocionou ao ver um pôr-de-sol, uma lua cheia, o cintilar das estrelas, as ondulações do mar e dos rios, o farfalhar das folhas ao vento? Presenciar a beleza assustadora de uma tempestade (quando se está abrigado, é claro), com nuvens escuras, raios e trovões, chuva torrencial — pode provocar uma sensação de encontro com o sobrenatural.

Como nos sentimos pequenos diante da grandeza do universo! E, no entanto, podemos sentir paridade, ao mesmo tempo — eu sou parte do cosmo e este é parte de mim. Cada um de nós é também um universo imenso e ainda desconhecido em grande parte. O senso do mistério do Cosmo nos invade. O senso do mistério do próprio Eu e do Outro, e da nossa relação, o grande mistério da vida humana persiste e nos assombra.

O macro e o micro estão interligados: o Indivíduo e o Cosmo. As relações ocultas entre o Todo e as Partes estão longe de ser totalmente elucidadas. A filosofia oriental preconiza qua a parte está no todo, e o todo está em cada parte.

Estímulos do mundo físico — calor, frio, chuva, sol, luminosidade, ruídos — afetam nosso comportamento para melhor ou para pior. Parece haver sintonia entre o tempo físico e os estados de humor, uma influência que se torna clara ao descrevermos as condições subjetivas através de linguagem metafórica

A civilização tende a nos afastar de uma relação mais próxima com a natureza, nosso *habitat* inicial, em troca de vantagens materiais e suposta qualidade de vida.

No entanto, a vida civilizada, principalmente nas grandes cidades, acaba produzindo efeitos nocivos colaterais, em especial o estresse. Recomenda-se então o reencontro com a natureza: ir para o campo, relaxar, adotar um estilo de vida mais simples, natural, ao ar livre, andar a pé, descalço, mexer na terra. Ou seja, sair do mundo artificial criado pelo homem, um mundo de cimento, aço, vidro — casas fechadas, muros,

fronteiras, horário de relógio *versus* biorritmo, dependência da tecnologia na vida diária.

A procura da natureza e a volta ao simples podem acontecer dentro de nós — através de meditação, música, poesia, relaxamento, tempo para ficarmos a sós, "ouvir" nosso interior.

O reequilíbrio emocional baseia-se no resgate do ritmo cósmico, na alternância harmônica dos movimentos cíclicos, no correr tranqüilo das águas do rio, nos sons da natureza, a lua, as marés, o vento e a chuva.

A relação Eu-Cosmo existe, em estado latente, na vida individual. Quando o indivíduo professa alguma religião esta relação é mobilizada/ativada.

A religião não é, entretanto, a única via. Uma atitude ingênua, aberta, receptiva, facilita a experiência desta relação. O senso de mistério, o medo de descobrir o segredo da vida e do universo estão na base da trilha que conduz ao encontro do profundo, do imenso, do infinito.

Quão diferente do cenário exato e preciso da ciência — conhecimentos comprovados, perguntas e respostas seguras, arrumadas, organizadas, sem temor, sustos, surpresas ou emoções. E, no entanto, a própria ciência produz a teoria quântica, com muitas surpresas e emoções, tendo o princípio da incerteza como seu pilar fundamental.

O advento da ciência moderna não só marcou a separação entre corpo e mente, como também entre verdade/razão e misticismo/crença: ciência e tecnologia de um lado, intuição e fé do outro.

É possível abrir espaço para o espiritual dentro das empresas? É possível despertar e cultivar o espiritual no ambiente de trabalho?

Nosso condicionamento cultural no Ocidente industrializado divide a vida em segmentos distintos e mutuamente excludentes. Na empresa o trabalhador deve atuar de forma técnica e com motivação para cumprir suas metas. Razão e emoção em equilíbrio ajudam a produzir com qualidade. O espiritual deve ficar fora, restrito aos ambientes de culto religioso. É algo muito pessoal, de foro íntimo, não pode nem

deve ser misturado com as atividades de trabalho. Esta visão fragmentada da dinâmica organizacional concorre para a desumanização progressiva do trabalhador, para sua alienação, mantendo-o voltado preponderantemente para as demandas e tarefas externas.

Enquanto perdurar esta visão, há pouca esperança de transformação holística da realidade individual e coletiva, dentro e fora da empresa. É preciso realizar uma profunda obra de (re)educação de adultos e crianças, a ser encetada na família, na escola, na organização, na sociedade em geral.

O mundo ocidental contemporâneo está carente de espiritualidade. A orientação predominante continua sendo para a racionalidade, base de descobertas e conhecimentos científicos, fundamento da pesquisa e da tecnologia, de atividades técnicas "produtivas". A inteligência emocional começa a ser reconhecida e lentamente trabalhada além de simples nomenclatura. O racional e o emocional se complementam para dotar o homem de possibilidades mais amplas de desempenho tanto profissional quanto social.

Contudo, a condição humana, no seu âmago, ainda anseia por harmonia interior mais profunda, além da razão e da emoção.

A intuição abre caminho para se apreenderem mistérios da vida humana, do espaço terrestre e sideral. A fé preenche o vazio do significado existencial. A crença nos valores humanistas, na missão da pessoa, redime o ser humano.

Sem dúvida a religião é uma grande fonte de energia espiritual, cultivada por todos os povos em todas as épocas. Religião e filosofia são inerentes à vida humana, e suprem necessidades espirituais, emocionais e intelectuais relacionadas ao ciclo vital de cada ser e ao universo, aplacando a sede de saber, de mais conhecimentos, de maior compreensão de seu próprio desígnio no contexto maior.

A busca de significado tem sido uma constante desde a Antiguidade. Os livros sagrados das diferentes culturas orientais e ocidentais expressam interpretações significativas dos fenômenos da natureza e do homem.

Em tempos bem recentes, no século XX, os depoimentos de sobreviventes dos campos de concentração nazistas reafirmam a procura do sentido da vida como crença salvadora para a continuidade física e, principalmente, psicológica. São comoventes os escritos de Viktor Frankl e Elie Wiesel, entre outros tantos, que apontam a perquirição do significado existencial como um recurso poderoso para resistir ao aniquilamento psicológico, à alienação, à extinção como pessoa humana.

Em situações extremas, as indagações e respostas existenciais transcendem o conhecido trajeto cognitivo, tocam a dimensão espiritual, tendo a fé como principal apoio.

Inteligência espiritual

O conceito de Inteligência Espiritual, proposto por Dana Zohar (2000), sob o enfoque de inteligências múltiplas, é mais abrangente que a inteligência geral e a emocional. Seria a inteligência que permite lidar com problemas de significado e valor, a inteligência que possibilita colocar nossas ações e nossas vidas num contexto mais amplo, rico e significante, a inteligência que nos propicia avaliar se um curso de ação ou um caminho de vida é mais significativo que outro.

"A inteligência espiritual é o fundamento necessário para o efetivo funcionamento da inteligência geral e da inteligência emocional. É a nossa inteligência suprema."

Os seres humanos são essencialmente criaturas espirituais porque são impelidas pela necessidade de perseguir questões "fundamentais" ou "últimas": "Por que nasci? Qual o sentido da minha vida? O que faz tudo valer a pena?"

A cultura de nossa sociedade, tecnologicamente exuberante, carece muito de espiritualidade. Caracteriza-se por materialismo e imediatismo, falta de significado, manipulação egoísta de coisas, situações e pessoas. Por isso mesmo, a qualidade espiritual coletiva é baixa.

Tendemos a deformar nossos relacionamentos e nosso ambiente tal como deformamos nossos próprios significados

humanos mais profundos. Sofremos privação constante de significado e valor em tudo que experimentamos e fazemos, sob risco de vivenciar a sensação de "vazio existencial" como normal e inexorável.

A inteligência espiritual pode ser desenvolvida para facilitar o acesso ao âmago do nosso ser. Pode-se exercitar as capacidades de autoconsciência e de flexibilidade, de ver de forma holística as conexões existentes entre coisas, situações e pessoas. Enfrentar e saber usar o sofrimento, assim como transcender a dor, são capacidades a serem desenvolvidas interiormente. Assumir responsabilidade, ser honesto consigo mesmo, deixar-se inspirar por visões e valores, ter coragem e não causar dano desnecessário — são também atributos que reforçam a qualidade espiritual.

A figura do "líder servidor", responsável por oferecer visões e valores mais elevados e por inspirar os outros, representa a pessoa de alta inteligência espiritual. A facilidade para trabalhar de modo não convencional, que caracteriza o indivíduo denominado *field-independent* pelos psicólogos, juntamente com a capacidade de concentração psíquica e de meditação, podem levar o indivíduo a transcender a si mesmo.

Não se consegue chegar ao espiritual apenas através da via cognitiva. Esta dificuldade tem sido apontada nos relatos dos místicos, nos livros sagrados, nas filosofias e religiões tanto orientais quanto ocidentais.

A metáfora quântica*

Uma abordagem baseada na física quântica possibilita uma visão dinâmica holística do homem e do mundo, considerando os aspectos partícula e onda em todas as coisas.

A noção de identidade pessoal permanente, nos velhos termos cartesianos/newtonianos, passa a ser questionada e rejeitada. Um "eu" permanente é ilusório, não existe concre-

---

* Recomenda-se a (re)leitura de obras de Fritjof Capra e de Danah Zohar, indicadas na Bibliografia.

tamente. Os escritores de física quântica lembram a tendência niilista dos filósofos existenciais modernos, como Heidegger e Sartre, parecida com a visão budista da matéria, do ser e da vida.

O "ser quântico" é um ser mais fluido, que se modifica e evolui a cada instante, podendo separar-se em subseres (meus vários eus) e juntar-se num ser maior (meu eu global). Conquanto não seja possível separar o passado do presente, nem este do futuro, o ser mutante mantém-se ainda assim o mesmo em algum sentido misterioso.

Considerando que "tempo passado e tempo futuro estão ambos presentes no tempo agora", a idéia de tempo não linear admite hipóteses sobre o desenvolvimento da psique humana e da consciência individual. Os mitos relatam um tempo anterior, antes do início dos tempos históricos, em que todas as coisas são possíveis e tudo pode ser real e irreal, sem escolhas, opostos ou conflitos; um tempo em que "tudo que existe por si só é uma inteireza não dividida". Seria o tempo de sonho dos aborígines, o sentimento oceânico de Freud, o tempo de vida no útero materno, o *uroborus* de Jung. Este último elemento é simbolizado pela serpente que engole o próprio rabo, unidade e inteireza não dividida. Também aparece no versículo bíblico: "Eu sou o Alfa e o Ômega, o começo e o fim" (Apoc. 21.6).

Em todos os mitos cosmogônicos há um momento de nascimento, de divisão do todo. No Gênesis, a expressão "Deus separou a luz das trevas" denota um momento de colapso da função de onda quântica, na acepção da física moderna.

Os sistemas de partículas elementares constituem totalidades dentro de totalidades, como indivíduos dentro de indivíduos na pessoa humana. Esta pode ser, por vezes, mais fragmentada ou mais unificada, como um ser integrado que reúne os subseres de forma mais ou menos coesa. Os subseres da pessoa quântica fluem e se sobrepõem, a cada vez, configurando o sentido de "eu" num dado momento: mais criança ou adulto, mais convencional ou contestador, mais agitado/agressivo ou tranqüilo/conciliador.

O sentimento do "eu", como testemunha sempre presente nos diálogos entre os seus subseres, exprime uma unidade superior a todas as subunidades, a unidade mais abrangente de todas.

Este é o aspecto partícula da personalidade, o indivíduo que está em diálogo consigo mesmo. O conhecimento da relação entre os subseres, a relação íntima Eu-Eu, ajuda a compreender a personalidade individual enquanto partícula.

Igualmente importante é a compreensão dos relacionamentos entre as pessoas, o aspecto onda dos seres. Semelhante aos relacionamentos com os subseres do próprio ser, o relacionamento com os outros apaga a fronteira nítida entre o eu e o não-eu, pela sobreposição, maior ou menor, de suas funções de onda.

Justamente pela dualidade onda-partícula, cada pessoa contém as propriedades de ambas as modalidades. No seu aspecto partícula, é um ser diferenciado que pode ser descrito e definido, embora de forma transitória e pouco precisa. No seu aspecto onda, pode relacionar-se com outros seres. Ao sobrepor esta função, algumas de suas características podem fundir-se com as do outro ser, de tal maneira que passam a formar um novo todo, uma nova Gestalt.

Em termos quânticos, não há pessoas isoladas. Cada indivíduo tem identidade, significado e escopo, mas enquanto partícula é rápida manifestação de uma particularidade. Esta está em correlação não local com todas as outras particularidades e entrelaçada a elas em algum grau. O novo conceito de "holismo relacional" expressa uma totalidade criada por um relacionamento quântico e que é maior que a soma de suas partes.

Todos os sistemas quânticos do Cosmo, inclusive os seres humanos, estão interligados de alguma forma. Tal interdependência fundamental constitui o cerne da realidade quântica, e requer uma total transformação na nossa maneira de perceber, pensar e sentir, nos nossos relacionamentos, nas nossas acepções de tempo e de espaço.

Na visão quântica, tudo que cada um de nós faz afeta

todos os demais, cada um torna-se, assim, responsável pelo que acontece no mundo.

Vale destacar as palavras de Buber ao enfatizar a responsabilidade como provedora de significado e valor à existência:

> "Cada homem tem uma esfera infinita de responsabilidade, responsabilidade perante o infinito... Cada homem com todo o seu ser e fazer determina o destino do mundo numa medida desconhecida para ele e todos os outros; porque a causalidade que podemos perceber é deveras somente um minúsculo segmento da ação inconcebível, multiforme, invisível de todos em relação a todos. Assim, cada ação humana é um receptáculo de responsabilidade infinita."(Martin Buber, *Hasidism and modern man*, p. 67-68)

Nossa relação com pessoas e valores é uma relação de co-autoria sob a forma de "subjetividade partilhada", que fica em diálogo com o mundo e que através dele permite o aparecimento da objetividade.

Nós somos, portanto, nossos relacionamentos, e nosso mundo é aquilo que criamos juntos através de nossa essência humana.

Certas experiências grupais compartilhadas parecem mostrar uma espécie de contágio emocional, presente nas torcidas esportivas, nos comícios políticos, bem como na "mente grupal" quando o discurso de um dos membros pode expressar as idéias não verbalizadas dos demais membros do grupo (Bion, 1970).

Comunicação e relacionamento compõem uma gama variada que abrange o diálogo interno entre os subseres do próprio ser, a ligação íntima entre eu e você, e se estende até a ligação intragrupal que propicia a sensação do grupo ter a mesma "cabeça" ou o mesmo "coração".

Do ponto de vista quântico, é quase impossível não amar o meu próximo como a mim mesmo, posto que meu próximo sou eu mesmo, caso tenhamos alguma intimidade (sobreposição de funções de onda). Este relacionamento faz parte da

minha autodefinição, faz parte deste ser que eu amo, se existe amor por mim mesmo.

O masculino e o feminino podem ser também observados nos aspectos partícula e onda da psique. Os atributos masculinos representam o aspecto partícula da inteligência, ao separar as coisas como distintas, classificá-las, nomeá-las logicamente. O atributo feminino consiste mais em apreender as ligações entre as coisas, o ser como parte de um processo quântico, em sentir que eu e você nos sobrepomos, estamos interligados agora e no futuro, ou seja, o aspecto onda.

Todas as pessoas, tanto mulheres quanto homens, possuem um lado feminino, o aspecto onda, que se entrega mais do que prende em relação às coisas externas ao seu núcleo, que ultrapassa os limites em torno de si.

A cosmovisão

O ser quântico é um ser natural, livre e reativo. Seu mundo reflete o mundo da natureza.

A cosmovisão quântica transcende a dicotomia entre mente e corpo, entre indivíduo e relacionamento, enfatizando o contexto. Eu sou meus relacionamentos com os subseres internos do meu ser, meu passado e meu futuro, com os outros e com o mundo.

As relações EU-EU e EU-OUTRO expressam o relacionamento dinâmico como fundamento de tudo que existe. O diálogo criativo entre mente e corpo, interior e exterior, sujeito e objeto, entre o indivíduo e seu contexto pessoal e material, entre a cultura humana e a natureza constrói o nosso mundo tal como o percebemos.

A visão decorrente da relação EU-COSMO é a do homem como um ser livre que assume responsabilidade, que reage aos outros e ao ambiente, relacionado e comprometido, e naturalmente criativo.

Cultivar e desenvolver o aspecto onda, o lado feminino em todos nós, homens e mulheres, representa uma resposta

intuitiva aos problemas de isolamento e solidão que enfrentamos hoje no mundo.

Perceber e sentir as ligações, os entrelaçamentos entre as coisas e as pessoas, é uma inclinação profundamente feminina que ajuda a transcender o medo e o horror à morte, a unir-se de forma cabal aos processos de relacionamento da vida agora para alcançar um espaço na eternidade.

A crença implícita é a de que sobreviveremos somente na proporção em que tivermos vivido nossos relacionamentos.

O mistério de cada dia de vida

Ainda hoje, a Bíblia pode ser lida, estudada e interpretada de várias maneiras. Possui conteúdo histórico, científico, social, filosófico, religioso, místico, esotérico. Muitos conceitos são expressos por meio de metáforas e alegorias. O desvendamento desses conteúdos tem sido trabalho perseverante de dedicados exegetas ao longo dos séculos e tem gerado muitas obras literárias sobre temas bíblicos.

O relato da criação pode ser considerado uma espécie de mito, no sentido positivo de fortalecer a fé nas três grandes religiões monoteístas. A descrição bíblica não pretende oferecer uma explicação exata da origem física do mundo. Filosofia e religião usam linguagens diferentes para expressar conteúdos semelhantes; uma utiliza conceitos, a outra metáforas e símbolos.

Na interpretação de Martin Buber, o Velho Testamento revela que o mundo tem uma origem e uma finalidade. E que o homem ajusta sua vida dentro desta verdade, de modo que o "eu" possa encontrar sua própria origem na origem do mundo e sua própria finalidade na finalidade do mundo. A Bíblia judaica é a narração literal e, ao mesmo tempo, simbólica ou esotérica de um mundo oscilando entre criação e redenção. Criação é a origem, redenção o fim. E no curso de seu desdobramento acontece a revelação.

Na concepção religiosa monoteísta, o indivíduo deve alcançar um senso de sentido último para si, uma visão da sal-

vação. A revelação se situa como um ponto médio (*midpoint*). Contudo, não é um evento fixado entre a origem e o propósito final. É aquele momento mortal — e ao mesmo tempo imortal — que *eu* posso vivenciar se *eu estiver lá*. Para atingir a revelação, é preciso disponibilizar um estado mental e emocional aberto e receptivo, transcender a razão, manter-se em atitude de tranqüila espera, liberar a intuição.

A vida humana tem início, meio e fim. Este ciclo reproduz, simbolicamente, o mistério da criação do mundo.

Cada homem vive a sua existência desde a criação até a redenção. Estar e sentir-se vivo é uma experiência mística da criação. Ser criado é êxtase, alegria pura.

Cada ser humano é único. Suas capacidades intelectuais e emocionais podem facilitar-lhe a revelação — a profunda experiência intuitiva, *insight* de seu próprio eu e de sua missão indelegável para atingir a redenção. Redenção significa salvação de erros e pecados, libertação da ignorância e de preconceitos que travam a caminhada espiritual.

A revivescência desses momentos marca o ciclo da vida humana. Todos reconhecem a origem e o término das coisas em escala macro ou micro — do universo ao indivíduo. Tudo começa e acaba em algum tempo, menor ou maior, pelo menos na forma concreta conhecida. Expressões bíblicas como "final dos tempos", "últimos dias", "juízo final" insinuam um fim que não é sinônimo de extinção total. A profecia de um novo mundo de paz, amor e harmonia, de reconciliação dos inimigos ("o lobo e o cordeiro") não indica outro local — aqui mesmo, na própria Terra, podem ocorrer transformações para redimir a humanidade.

Todavia, a revelação faz-se absolutamente necessária à redenção.

A enunciação dos Dez Mandamentos exemplifica uma forma sobrenatural de revelação do divino ao humano, destinada a orientar a conduta individual e coletiva no caminho da redenção, especialmente no Ocidente, entre os povos que adotaram os fundamentos religiosos judaico-cristãos.

Poder-se-ia inferir que a revelação precisa de estímulo

inicial, de um guia/líder para que o processo interior pessoal seja mobilizado?

Os antigos líderes religiosos pregavam suas idéias redentoras, com emoção e fé, como se fossem sementes a serem cultivadas pelos conterrâneos. Se caíam em terreno fértil — pessoa receptiva e motivada — podiam propiciar descobertas e *insights* e encorajar o impulso para encetar a jornada espiritual.

Os grandes líderes espirituais como Moisés, Jesus Cristo, Maomé, Buda, induziram marcantes transformações na história da humanidade em termos de revelação e redenção.

O ciclo bíblico geralmente não é único, não acontece uma só vez na vida de cada pessoa. Durante a existência individual podem ocorrer vários ciclos de revelação, redenção e recomeço, todos orientados para a redenção final — a libertação, a paz consigo mesmo, a iluminação.

Também na vida grupal, desde as primitivas tribos e clãs até as sociedades contemporâneas, podem ser observados ciclos simbólicos — por vezes completos, por vezes incompletos — de criação, revelação e redenção. A liderança espiritual exercida por profetas e sacerdotes vem transmitindo visões e mensagens de revelações superiores para a redenção de cada indivíduo e do povo como um todo.

O tempo total de uma existência humana pode ser reproduzido simbolicamente em cada dia de vida, como se o trabalho divino fosse sempre renovado desde o início, antecipando também o fim. Criação e redenção são reais quando a revelação é uma experiência presente. A percepção da revelação é a base para discernir a criação e a redenção.

O despertar pode significar a criação de um novo espaço-tempo pessoal a ser preenchido até o final do dia. Durante as horas ocupadas por afazeres diversos pode ocorrer ou não a revelação, o *insight* cognitivo-emocional ou místico/espiritual que levará à redenção. Ao término do dia, a redenção será experimentada como equilíbrio interior para encerrar o ciclo e recomeçá-lo no dia seguinte. Bem diferente é a situação do indivíduo que não procura a revelação — a apreensão do mistério de sua vida diária, o aqui-e-agora que compõe seu dia —

que não descobre seu caminho pessoal, seu desígnio de harmonia interior consigo mesmo e com o exterior (Eu — Outro — Cosmo), suas carências e desejos e seus atos para satisfazê-los. As tensões emocionais, lembranças de equívocos, insucessos e insatisfações permanecerão durante o sono — mesmo se o indivíduo conseguir dormir.

Terminar o dia com problemas e preocupações pendentes que se acumulam não representa potencial de redenção. Ao contrário, pode significar tentativas frustradas e repetidas que provocam ansiedade e desgosto crescentes. Simbolicamente passa a representar um processo diário de negação, de fuga à redenção, à harmonia plena a que todos nós somos predestinados espiritualmente. Neste caso, o organismo sofre e paulatinamente desenvolve disfunções e doenças.

Não se chega à redenção todos os dias. Muitos dias, talvez a maioria deles, não completam o ciclo bíblico — passam apenas com a criação e terminam inacabados. E sempre recomeçam abertos, receptivos para o nosso arbítrio no uso do tempo.

Muitas vidas também não se completam em redenção, quando a vida é vivida como rotina, repetição de rituais diários, semanais, mensais, anuais. A revelação não é buscada nem realizada.

A qualidade de vida pode padecer de forma semelhante, se o indivíduo não busca nem se orienta para a redenção cotidiana, para cumprir sua missão singular de vida a cada dia.

Por vezes, o grande momento de lucidez vem à beira da morte.

A metáfora da redenção

A organização pode ser encarada alegoricamente como um povo que surgiu composto de várias tribos, as quais devem conviver e trabalhar em harmonia e somar esforços para seguir os caminhos da redenção — atingir a missão organizacional.

Neste início, estabelecem-se as regras básicas de funcionamento e conduta, que incluem o permitido e o proibido, as

recompensas e as punições. Cada novo empreendimento, projeto ou tarefa específica constitui etapa de criação para as pessoas envolvidas.

Alcançar os objetivos representa a redenção, a liberação para novos começos e desafios, o vislumbre de planos profissionais mais elevados. O cumprimento responsável e eficiente das incumbências geralmente traz relaxamento e satisfação, uma sensação de reequilíbrio e vitória. Estas sensações prenunciam o sentimento mais amplo de resgate da harmonia consigo mesmo e com a natureza, etapa suprema existencial.

A revelação precisa acontecer em alguma oportunidade entre os dois pólos. Pode ser um instante de *insight*, de clareza e conscientização do papel e da missão individual e grupal, do significado daquele trabalho.

O líder do grupo estimula a revelação por meio de suas visões, transmite entusiasmo e fé aos membros. Age como catalisador, facilitador da revelação, ao invés de simples enunciador de mensagens racionais/formais sobre a obrigação ou o destino de cada pessoa ou grupo.

Cabe notar que os atributos de "visionário e intuitivo", juntamente com a capacidade de empatia, são hoje competências cada vez mais valorizadas e procuradas no perfil do novo líder das empresas inovadoras, arrojadas, produtivas e bem-sucedidas no mercado competitivo globalizado.

Características de antigas figuras bíblicas são redescobertas e cultivadas como ícones dos novos tempos de avançada tecnologia. Especialistas de Recursos Humanos reconhecem e enfatizam que o trabalho não é algo desvinculado da pessoa do trabalhador, não é uma atividade mecânica. A pessoa, ao realizar qualquer tarefa, está envolvida por inteiro com seu corpo, sua mente, seu coração, ainda que a atividade seja física e rotineira.

Ou seja, no trabalho ou fora dele, a vida não se restringe ao contexto físico/motor e racional/técnico. O espaço emocional/intuitivo/espiritual coexiste e precisa ser ativado para facilitar a revelação no processo produtivo. E com isto alcançar a redenção, a finalidade dos esforços e da missão das pessoas na empresa.

É possível conciliar ciência e fé?

A Encíclica *Fides et Ratio,* de João Paulo II, difundida em 1998, aborda o profundo dilema referente à convivência entre Fé e Razão, que tanto preocupa as pessoas dedicadas à ciência e que possuem crenças religiosas.

Ao abordar o tema, o papa declara: "...assim faço para oferecer algumas reflexões sobre o caminho que leva à verdadeira sabedoria, de modo que os que amam a verdade possam seguir o caminho certo que leva a isto e assim encontrar repouso de seus trabalhos e alegria para seu espírito".* Discorre sobre o autoconhecimento, mostrando que quanto mais os seres humanos conhecem a realidade e o mundo, mais eles se conhecem em sua singularidade. Que as questões fundamentais são compartilhadas: Quem sou eu? De onde vim e para onde estou indo? Por que existe o mal? Que há depois desta vida?

A filosofia surge como uma das mais nobres tarefas humanas provendo *insights* na história do pensamento como, por exemplo, os princípios de não-contradição, finalidade e causalidade, bem como o conceito da pessoa como um ser livre e inteligente, com a capacidade de conhecer Deus, verdade e bondade.

A filosofia moderna abandonou a investigação do ser e concentrou-se no conhecimento humano. Ao invés de fazer uso da capacidade humana de conhecer a verdade, a filosofia moderna prefere acentuar os modos pelos quais esta capacidade é limitada e condicionada. Ignora a questão radical da verdade sobre a existência pessoal, sobre o ser e sobre Deus.

"Ao reafirmar a verdade da fé, podemos restaurar em nossos contemporâneos a confiança genuína em sua capacidade de conhecer e desafiar a filosofia a recobrar e desenvolver sua própria dignidade plena."** O tema da verdade em si e seu fundamento em relação à fé é abordado na inadequação

---

* João Paulo II, Carta Encíclica *Fides et Ratio*, p.12.

** Op. cit., p. 13.

da perspectiva em que o efêmero é considerado um valor enquanto esta possibilidade de descobrir o verdadeiro significado da vida é colocada em dúvida. Com este apelo para a busca da verdade, a filosofia tem a grande responsabilidade de formar pensamento e cultura; e agora deve esforçar-se para recuperar sua vocação original.

A crítica racionalista da atualidade ataca a fé e nega a possibilidade de qualquer conhecimento que não seja resultante das capacidades naturais da razão.

O Concílio do Vaticano I afirmara que as verdades alcançadas pela filosofia e pela revelação não são idênticas nem mutuamente excludentes: "Existem duas ordens de conhecimento, diversas apenas pelo seu princípio; mas também pelo objeto. Pelo seu princípio, porque, se num conhecemos pela razão natural, no outro o fazemos por meio da fé divina; pelo objeto, porque, além das verdades que a razão natural pode compreender nos é proposto ver os mistérios escondidos em Deus, que só podem ser conhecidos se nos forem revelados do Alto."*

A Igreja permanece profundamente convencida de que fé e razão "apóiam-se mutuamente"; cada uma influencia a outra, cada uma oferece à outra uma crítica purificadora e um estímulo para prosseguir na busca de compreensão mais profunda.

A história do pensamento, principalmente no Ocidente, mostra que o encontro entre filosofia e teologia e o intercâmbio de seus *insights* têm contribuído muito para o progresso da humanidade. Tal espaço para compreensão e diálogo é absolutamente vital hoje em dia.

Ao final, o papa faz um apelo aos cientistas, cujas pesquisas oferecem maiores conhecimentos sobre o universo como um todo e sobre o inacreditável conjunto organizado de suas partes componentes, animadas e inanimadas, com suas complexas estruturas moleculares e atômicas: que continuem seus esforços sem jamais abandonar o horizonte sapiente no qual

* Op. cit., p. 16.

as realizações científicas e tecnológicas estão conjugadas com os valores filosóficos e éticos, marca distintiva e indelével da pessoa humana.

E que os cientistas estejam bem conscientes de que "a procura da verdade, mesmo quando se trata de uma realidade finita do mundo ou do homem, é incessante mas sempre aponta além, para algo superior que o objeto imediato de estudo, a questões que dão acesso ao Mistério".*

Albert Einstein esclarece a posição do cientista que mantém sua fé em Deus quando declara que o misticismo é o "semeador de toda verdadeira arte e ciência":

> "...a mais profunda emoção que podemos experimentar é inspirada pelo senso do mistério. Essa é a emoção fundamental que inspira a verdadeira arte e a verdadeira ciência. Quem despreza esse fato e não é mais capaz de se questionar ou de se maravilhar, está mais morto do que vivo, sua visão comprometida... Foi o senso do mistério — mesmo se misturado com o medo — que gerou a religião.... A existência de algo que nós não podemos penetrar, a percepção da mais profunda razão e da beleza mais radiante no mundo à nossa volta, que apenas em suas formas mais primitivas são acessíveis às nossas mentes — é esse conhecimento e emoção que constituem a verdadeira religiosidade; nesse sentido, e nesse sentido apenas, eu sou um homem profundamente religioso." In *Ideas and Opinions*. Carl Seelig (ed.), Nova York, Crown, 1982.

A ilusória dicotomia

Especulando sobre essas idéias, ousemos levantar algumas ilações pertinentes: Parece estranho pensar em espiritualidade na empresa atual? Parece insólita a mistura tecnologia-intuição-espiritualidade?

---

* João Paulo II, Discurso na Universidade de Cracóvia, por ocasião dos 600 anos da *Alma Mater Jaghelonica* (8/6/1997), apud. op. cit., p. 139.

Pode-se começar questionando, então, por que insistimos em preservar e reforçar a dicotomia cartesiana. Por que separar cientistas/tecnólogos/racionalistas e poetas/sonhadores/intuitivos em categorias mutuamente excludentes?

Se a ciência atual tende a aproximar-se do misticismo filosófico-religioso ao admitir a dualidade onda-partícula da realidade, físicos quânticos e místicos passam a compartilhar uma visão holística semelhante do mundo.

Nas palavras de Capra (in *O Tao da Física*, p. 108-109), "...A figura de uma teia cósmica interligada que emerge da moderna física atômica tem sido utilizada de forma extensiva no Oriente para expressar a experiência mística da natureza" e "A teoria quântica revela assim um estado de interconexão essencial do universo".

Ao comparar afirmações de físicos quânticos e místicos orientais, cita dois exemplos:

> "As coisas recebem seu ser e sua natureza por dependência mútua e, em si mesmas, elas nada são." (Nagarjuna)
>
> "O mundo afigura-se assim como um complicado tecido de eventos, no qual conexões de diferentes tipos se alternam ou se sobrepõem, ou se combinam, determinando, assim, a textura do todo." (W. Heisenberg)

O enfoque quântico-relativista insinua uma nova visão concernente à sobrevivência individual após a morte. Na dimensão subatômica de partículas elementares não existe morte na acepção de extinção definitiva. O vácuo quântico, a realidade subjacente, seria o "poço do ser" de existência eterna onde todas as propriedades são mantidas: massa/energia, carga, *spin*, etc. Nada se perde jamais. A imortalidade quântica pode ser apreendida no processo permanente da vida cósmica da qual somos parte.

Os relacionamentos permitem a sobrevivência além da vida corpórea. Uma vez que eu sou eu, como conjunto da ligação de meus subseres, sou igualmente eu-e-você, a ligação com você. Quando eu morrer, na nomenclatura da física

quântica, não terei mais o aspecto partícula. Contudo, meu aspecto onda, partes do meu eu trazidas para o relacionamento com você, continuará em seu diálogo interior e relacionamento com os outros.

> "...meu corpo é feito de átomos que já foram poeira de estrelas e que algum dia reencontrarão seu lar em alguma galáxia distante. Sou feita do material de que é feito o Universo e o Universo será feito de mim." (D. Zohar [1996], p.183-184)

Entre a luz e a sombra

DESDE QUE O HOMEM se proclamou "animal racional", distinto dos outros animais, e superior a eles, acredita-se piamente em sua hegemonia.

Na verdade, os outros animais também são dotados de razão/inteligência e conseguem raciocinar e resolver problemas de seu *habitat* ou ambiente próximo. E muitas vezes as soluções são bastante criativas, mostrando que o homem não é o único ser inteligente e criativo sobre a face do planeta.

Por outro lado, a crença de que somos racionais não significa que sejamos apenas e somente racionais. A emoção está presente o tempo todo em nosso psiquismo e afeta o raciocínio, conforme sua intensidade em cada ocasião. Ora somos mais racionais, ora somos mais emocionais — porém humanos sempre.

Contudo, parece que as organizações de trabalho ignoram esta realidade e continuam a planejar e implementar suas atividades produtivas como se estas se efetuassem somente no plano racional/técnico. E assim a vida organizacional prossegue, transitando entre as duas dimensões, entre o racional e o emocional.

A metáfora de *Luz e Sombra** facilita a compreensão da coexistência desses espaços na complexa realidade da empresa. Sugere um mundo ainda pouco conhecido e explorado pelos membros da organização. O espaço da Luz é objeto de muito estudo e desenvolve-se, em função do rápido progresso da

---

* Consultar a obra *Renascença organizacional*.

tecnologia. As inovações são acolhidas em termos de técnicas, equipamentos, processos, sistemas de gestão, informática, capacitação, etc. Nesta dimensão, o núcleo de Pesquisa e Desenvolvimento tem sido de considerável importância para *benchmarking*, processos competitivos, qualidade e produtividade nas empresas.

O mesmo não acontece com o espaço da Sombra. Não obstante a ampliação dos conhecimentos a respeito, lidar com os elementos da sombra continua difícil e ameaçador.

A energia existente na sombra não tem sido ainda devidamente utilizada para benefício das pessoas e do trabalho. Como está ligada a emoções e sentimentos, as pessoas supõem que seja desfavorável à atividade produtiva, vista como um componente da luz e, portanto, a ser realizada de forma técnica, isenta da influência perturbadora das emoções.

"Sejamos objetivos, deixemos as emoções de lado" é uma advertência freqüente para preservar a racionalidade e evitar os efeitos negativos e imprevisíveis dos sentimentos pessoais no trabalho produtivo. Até que ponto funciona de fato?

Um olhar mais isento pode acompanhar a trajetória intermitente e reversível entre a Luz e a Sombra em muitos aspectos da vida organizacional. Vale a pena apreciar o que se passa em relação a diferenças individuais, resistência à mudança, relações interpessoais consultor-cliente, e até fenômenos misteriosos e mágicos no ambiente de trabalho.

AH, SE TODOS NO MUNDO FOSSEM IGUAIS A MIM...

Desde a Antiguidade, as características que diferenciam os homens entre si têm sido notadas e estudadas.

A partir do texto bíblico (Gênesis, 1:26), algumas referências obscuras a diferenças individuais foram interpretadas pelos estudiosos da Cabala como relacionadas ao mistério da

revelação do Divino sob a forma de Adam Kadmon (o "Homem Primordial"), cujas diversas partes corporais teriam originado diferentes atributos humanos.

Entre os gregos, a doutrina dos quatro elementos vitais de Pitágoras (terra, ar, fogo e água) apontava quatro qualidades (seco, frio, quente e úmido) que caracterizariam os quatro humores (secreções fisiológicas) do corpo: o sangue — quente e úmido; a bile amarela — quente e seca; o fleuma — frio e úmido; e a bile negra — fria e seca. Estes humores eram responsáveis pelos temperamentos humanos: sangüíneo, bilioso/colérico, fleumático e melancólico. Os trabalhos de Galeno e Hipócrates desenvolveram a teoria que prevaleceu durante longo tempo na medicina, mostrando que a proporção relativa dos humores determina a saúde, as características mentais, os tipos de personalidade e as doenças humanas.

Hoje surgem hipóteses e descobertas de pesquisas sobre a relação entre secreções internas, morfologia corporal, temperamento e personalidade. O tipo fleumático dos gregos seria o tipo frio, racional/lógico atual? O tipo sangüíneo seria o apaixonado, emotivo/emocional de hoje?

Descartes aprofundou a distinção entre cognição e matéria, dividindo o ser humano em intelecto e corpo, divisão esta que perdura até os nossos dias.

A ciência moderna reconhece as diferenças individuais como componentes reais do comportamento humano. Se esta é a realidade, como pensar em desempenhos uniformes no trabalho dentro da empresa?

Conquanto os conhecimentos científicos atuais sejam abundantes e conclusivos sobre a relação entre as diferenças individuais e o comportamento humano, ainda persiste uma certa crença de possível desempenho uniforme na empresa. Se a tecnologia for correta e adequadamente aplicada, o desempenho em vista será obtido por todos os indivíduos capacitados. Homens ou máquinas em funcionamento? O mais curioso é que esta quimera coexiste com a lógica no mesmo espaço psicossocial...

Quando se observa o processo de desenvolvimento de

recursos humanos nas organizações, constata-se que existem componentes lógico-científicos e componentes emocionais no planejamento e na execução do mesmo. Os mentores/gestores do processo provavelmente confiam nos aspectos técnicos bem-cuidados para alcançar os objetivos propostos. Os aspectos emocionais e as diferenças individuais são considerados secundários na prática, embora bem conhecidos em teoria. Ou seja, o foco dos esforços concentra-se na luz, no visível, no tangível. O planejamento é feito de forma abrangente, genérica, como se todas as pessoas fossem iguais, repetindo o modelo escolar/acadêmico do currículo único com poucas opções personalizadas.

Se as atividades de desenvolvimento forem bem planejadas e conduzidas por profissionais competentes, espera-se que as aprendizagens sejam aquelas definidas nos objetivos gerais e específicos da programação, e que os resultados comportamentais dos participantes sejam bastante semelhantes. Até que ponto os gestores de desenvolvimento de RH e os gestores da cúpula da organização se conscientizam desta incongruência entre conhecimento/discurso e práxis/ação?

O discurso de RH geralmente contém conhecimentos científicos corretos e valores humanistas ("respeito ao ser humano"). A práxis, porém, muitas vezes revela o modelo mecanicista subjacente e predominante de produção: as pessoas são "matéria-prima" (insumo) que pode ser transformada pelos procedimentos tecnológicos de treinamento e desenvolvimento ("processo") e resultar em "produto" (*output*) estandardizado consoante os objetivos corporativos. Isto é, as características desejadas do "produto" devem ser impressas em cada exemplar/unidade/pessoa — para que sejam reconhecidas pela "marca" da empresa.

O problema está bem presente nas fusões/incorporações, compra e venda de empresas, controle acionário, privatizações. A cultura organizacional da empresa controladora tende a predominar, forçando os membros da outra empresa a mudarem, adaptando-se àquela. Isto entretanto nem sempre ocorre. Por vezes, a cultura organizacional da empresa subor-

dinada resiste e mantém-se atuante, podendo até sobrepujar, por vezes, a da empresa majoritária. Exemplos desta inversão, aparentemente inexplicável, têm sido notados em muitos casos de privatização de empresas estatais brasileiras. A mentalidade burocrática estatal tem se mostrado por vezes altamente resistente à mudança a ponto de impedir resultados eficientes (?). Comentários desfavoráveis são expressos com freqüência: "Nem parece que foi privatizada...", "Os serviços continuam ruins, até pioraram, o que é incrível..."

QUANDO A MALVADA SE TORNA BENFAZEJA

Todo dirigente que deseja efetuar melhorias no funcionamento e nos resultados da organização idealiza algumas alterações nos procedimentos presentes. Mesmo quando não seja absolutamente necessário, algo diferente deve ser anunciado e executado para marcar sua passagem por aquela função. Todos querem imprimir sua marca pessoal, seu estilo próprio, tornar sua gestão inconfundível e inesquecível. Simples vaidade? Ou motivação genuína para gerência/liderança inovadora? Afinal fala-se tanto em criatividade, originalidade, visão na gerência, por que então continuar apenas aperfeiçoando o atual e não mudar, ainda que no fundo sejam somente os rótulos?

Quando se decide um projeto sério de mudança organizacional, vários fatores precisam ser considerados. O maior obstáculo a enfrentar consiste na resistência à mudança, elemento inevitável e inseparável da mudança, como se fossem "irmãos siameses".

A resistência à mudança costuma ser estigmatizada como o pior inimigo dos propósitos, planos e esforços de mudança psicossocial. Faz-se tudo para enfrentá-la, diminuí-la, neutralizá-la, extingui-la, se possível. Inventam-se procedimentos,

técnicas, truques para combatê-la como se fosse uma praga daninha que precisasse ser totalmente extirpada.

Todavia, uma questão primordial emerge: Toda proposta de mudança deve ser aceita?

Nem sempre a mudança é necessária, desejável ou oportuna.

Quando uma proposta de mudança é apresentada na empresa, as primeiras reações em geral são de cunho emocional, expressando surpresa, esquivança e questionamento. A principal questão é: "Como esta mudança vai me afetar?" A pessoa pensa logo em sua posição, vantagens e desvantagens. E tende a preservar o equilíbrio biopsicossocial, a homeostasia, para manter seu bem-estar interno. Quando as condições externas mudam ou anunciam mudanças, as condições internas também mudam para contrabalançar o desequilíbrio daí decorrente. Há uma série de reações fisiológicas automáticas de defesa do organismo para enfrentar estados de tensão crescentes, tais como aumento de secreções internas, de adrenalina na corrente sangüínea, por exemplo.

Idéias novas, diferentes ou estranhas tendem a provocar desequilíbrio, tensão e geram confusão e insegurança. O princípio homeostático também funciona no nível psicológico para manter a segurança cognitivo-emocional.

Sabe-se que certas formas de mudança certamente provocarão resistência. Pode-se afirmar que qualquer mudança decidida e imposta "por ordem superior", sem preparação nem explicações, está fadada a gerar algum tipo de resistência, seja ela manifesta/ativa ou dissimulada/passiva.

As reações de resistência são bem conhecidas nas empresas. O combate, porém, é feito sobre os sintomas aparentes, e não sobre as causas, o que não resolve o problema. É o mesmo que ficar ingerindo apenas antipirético para baixar a febre, e não tratar da infecção causadora. Assim são certas técnicas utilizadas em projetos de mudança organizacional que ainda recorrem ao velho artifício da manipulação das emoções, usando e abusando da confiança, credibilidade, receptividade e boa-fé das pessoas.

As campanhas de divulgação de informações podem ajudar, mas muitas vezes perdem-se em detalhes ou formas artísticas que distraem e se desviam do conteúdo principal. Campanhas são interrompidas justamente por incorrerem nesse equívoco, de valorizar mais a forma que o conteúdo. Isto acontece muito na empresa. Um *slogan* bonito e de efeito, juntamente com um símbolo visual, por si só não logram produzir mudanças nas pessoas e na organização.

O fenômeno da dissonância cognitiva, estudado por Leon Festinger (1975), mostra os componentes conflitivos ambivalentes da tensão, do estresse, relacionados a idéias, conhecimentos, valores, crenças e fé quando a polaridade certo/errado ou positivo/negativo não é de fácil resolução.

As defesas contra a dissonância cognitiva são constantemente ativadas, passando a funcionar quase como reflexos condicionados. A expressão popular "Não sei, não quero saber e tenho raiva de quem sabe" revela uma destas modalidades de defesa — a negação da realidade, o não-desejo ou medo de conhecer outras verdades ou ângulos diferentes da situação.

Mesmo o adulto inteligente e culto evita igualmente expor-se a estímulos contraditórios, que ameacem sua bem fundamentada e arrumada configuração cognitivo-emocional. Por isso, jornais, revistas, livros, programas de rádio e televisão, filmes, peças de teatro, conferências e cursos são cuidadosamente selecionados para contribuir/reforçar suas próprias idéias, opiniões, conhecimentos, valores e crenças. Pensamentos diferentes podem ser perigosos e nocivos, portanto devem ser evitados e combatidos de antemão.

O julgamento apriorístico, evidentemente negativo e de menosprezo, pode caracterizar uma personalidade rígida, que funciona de forma simplista nos extremos da oposição, sem admitir toda uma gama de percepções e interpretações intermediárias e a conseqüente flexibilidade no processo decisório. Um exemplo nítido é a afirmação muitas vezes proferida por chefes de qualquer nível: "Quem não está comigo, está contra mim."

Lógica pura ou sofisma manipulatório?

Se cada um de nós não resistisse aos apelos da mídia para troca incessante de produtos e serviços, como seria nossa vida? Como escapar do caos, da paralisia decisória, como não sucumbir à "indigestão perceptiva" forçada do dia-a-dia? Como discernir o que é melhor, o que vale ser mudado e o que deve ser conservado como está?

O que nos salva desse contínuo bombardeio publicitário é a nossa capacidade de resistir à mudança, em sua modalidade sadia.

O excesso de estímulos (em geral sedutores) pode produzir uma espécie de reação de defesa que invalida seu efeito. A pessoa fica como que anestesiada, desligada, sem perceber mais as mensagens. A repetição constante de estímulos também os acaba anulando. Música de fundo, ruídos ambientais, imagens e mensagens não são mais ouvidos ou vistos após algum tempo. Não é de estranhar, portanto, que censuras, admoestações, advertências, determinações freqüentemente repisadas por pais, mestres, chefes/dirigentes não sejam mais ouvidas nem acatadas pelos supostos receptores.

Na empresa, as comunicações escritas e/ou orais podem funcionar como estímulos repetitivos anestesiantes. As pessoas não lêem mais os avisos, as circulares, as CIs, não ouvem atentamente o que é dito nas reuniões, pois "não adianta, é perda de tempo prestar atenção a tanta novidade..", " toda hora vem outro comunicado", "daqui a pouco muda tudo outra vez". E o problema de comunicação efetiva na empresa continua resistindo aos esforços bem-intencionados e tecnologicamente corretos de especialistas, consultores e dirigentes.

A preservação de nossa integridade psicológica, de nossos valores mais elevados, depende de nossa capacidade de resistência à mudança!

A resistência à mudança, em muitas circunstâncias, propicia o fortalecimento do ego, assegura a consistência interna, permite a assertividade pessoal no grupo.

A interpretação da conduta individual precisa levar em conta as premissas ou pontos de referência que dirigem a per-

cepção. Qual a diferença entre convicção e obstinação, entre tenacidade e radicalização, entre perseverança e teimosia?

Se o outro age de acordo com as minhas idéias e premissas, o julgamento de sua conduta é positivo. Se diverge do meu ponto de vista, sua conduta é negativa. A obstinação, a radicalização estão sempre no outro, jamais na minha pessoa... Quando eu me dedico a uma causa e luto por ela, estou sendo autêntico, convicto, determinado, perseverante. Se o outro faz o mesmo (por outra causa, evidentemente), ele é considerado resistente, teimoso, obstinado, reacionário.

Então, alguém deveria abrir mão de suas convicções para tornar-se mais flexível? Quem?

Não se trata de fazer concessões simplesmente, e sim de maior entendimento dos fenômenos envolvidos nas situações interativas humanas; trata-se da compreensão da incessante trama racional-emocional.

Assim como ocorre com o indivíduo, o grupo humano também tende a manter seu equilíbrio homeostático. Desenvolver relações interpessoais harmoniosas entre seus membros constitui um grande desafio. Concordâncias e discordâncias são normais e inevitáveis. Quando uma decisão é tomada, o próprio processo decisório e o estilo de liderança são fundamentais para a implementação da mesma e para o relacionamento e o clima intragrupal. A oposição de um membro durante o processo decisório funciona como um sinal de alerta contra a unanimidade comodista. A não-aceitação do que foi decidido pode ser sadia e benéfica, e abrir um espaço de desenvolvimento interpessoal e grupal. Conquanto a concordância seja muito agradável, a não-concordância pode revelar-se positiva e de maior impacto nos resultados.

O papel da liderança é crítico durante o processo decisório. Certo estilo de liderança pode adotar um ritmo mais rápido, estrutura mais rígida e controle maior sobre as atividades, induzindo decisões apressadas sem a devida exploração de percepções e sentimentos individuais. Isto pode significar uma forma de imposição sutil ou manipulação velada do líder, jogando com as forças grupais para provocar pressão do grupo

sobre os membros. A aceitação rápida (sob pressão) pode levar a um pseudo-acordo denominado "acordo mórbido".

A história conhecida como *O paradoxo de Abilene* é um exemplo desta modalidade de acordo apressado, em que as pessoas envolvidas não desejavam fazer o que fizeram, mas assim agiram pensando em agradar aos outros e não "ser do contra" na decisão grupal. Este tipo de decisão coletiva, e o comportamento correlato, tem sido freqüentemente observado nas organizações, quando as pessoas agem em contradição com o que realmente querem, e assim anulam seus próprios esforços para alcançar seus verdadeiros propósitos. Funciona como uma auto-armadilha mórbida contra o sucesso do trabalho em grupo.

Um corolário deste paradoxo consiste na inabilidade de gerenciar acordos, fonte importante de disfunção organizacional.

A dualidade mudança-resistência pode trazer desequilíbrio interno e implicações diversas. Há constante interdependência e influência recíproca entre pessoas e grupo, em termos de aceitação verdadeira, submissão aparente (ou forçada) e insatisfação quanto às decisões.

A inabilidade de gerenciar acordos interpessoais é fonte de disfunções grupais e organizacionais. Atualmente, o papel do líder de grupo inclui a capacidade de gerenciar acordos de forma sadia, e não manipulatória, o que exige completa reformulação dos conceitos de mudança e resistência à mudança e suas manifestações comportamentais.

No plano social mais amplo, observam-se diferenciações culturais que dividem os países em desenvolvidos, subdesenvolvidos e em desenvolvimento. O chamado Primeiro Mundo (desenvolvido) exerce dominação tecnológica e cultural sobre o Terceiro Mundo, impondo suas normas, costumes, nomenclatura, língua e até valores, o que redunda numa espécie de colonização forçada não territorial nem bélica.

A resistência a essas mudanças pode ser considerada válida?

Organizam-se grupos de pressão, mobiliza-se a opinião pública, forma-se massa crítica contra a imposição de mudan-

O PARADOXO DE ABILENE

Numa tarde muito quente de verão, no Texas, a família encalorada e entediada passava o tempo junto ao ventilador, tomando limonada gelada e jogando dominó. De repente, meu sogro falou com entusiasmo: "Vamos pegar o carro e ir até Abilene, e jantar lá na cafeteria?" A proposta pegou-me de surpresa, pensei de imediato: "Ir até Abilene? Viajar 53 milhas nessa nuvem de poeira, neste calor, sem ar-condicionado no carro, e a cafeteria nem é lá essas coisas?"

Antes que pudesse organizar melhor meus pensamentos para uma resposta adequada, minha mulher falou: "Parece uma boa idéia. Eu gostaria de ir. Que é que você acha, Jerry?" Respondi: "Parece bom para mim. Espero que sua mãe queira ir." "É claro que eu quero ir, não vou a Abilene há um tempão. Por que você pensa que eu não iria querer ir?", respondeu minha sogra.

E assim fomos. Minhas piores previsões se confirmaram.

Cerca de quatro horas e 106 milhas depois, quando voltamos, mais ainda encalorados e cansados, ficamos sentados em silêncio diante do ventilador. Então, querendo quebrar o incômodo silêncio e tentar ser sociável, falei: "Foi um bom passeio, não foi?" Ninguém respondeu.

Finalmente minha sogra disse: "Para falar a verdade, eu não gostei nada e preferia ter ficado aqui. Eu só fui porque vocês três estavam tão entusiasmados... Eu não teria ido se vocês não me tivessem pressionado."

Eu não podia acreditar no que estava ouvindo! Retruquei: "Não me ponha no grupo dos *vocês*. Eu estava bem como estava, eu não queria ir. Só fui para satisfazer vocês. Vocês são os culpados!"

Minha mulher parecia chocada. "Não me chame de culpada. Você, papai e mamãe é que queriam ir. Eu só fui para ser sociável e agradar vocês. Eu seria uma louca se quisesse sair num calor desses. Você não acha que eu sou louca, não é? " Antes que eu pudesse reagir, meu sogro exclamou uma palavra profana e esclareceu: "Eu nunca quis ir a Abilene, eu só queria animar um pouco a conversa. Pensei que vocês estariam entediados e senti que deveria dizer ou fazer alguma coisa. Não queria que você e Jerry tivessem uma estada monótona, queria que aproveitassem bem a visita que é rara. Mamãe ficaria aborrecida se vocês não se divertissem. Pessoalmente, eu teria preferido jogar outra partida de dominó e comer algumas sobras da geladeira."

Após a rodada inicial de recriminações, ficamos sentados em silêncio. Estávamos ali, quatro pessoas razoavelmente sensíveis que, de nossa livre e espontânea vontade, acabavam de empreeender uma viagem de 106 milhas por um deserto com temperaturas infernais, através de uma espécie de tempestade de poeira, para comer uma comida intragável numa cafeteria vulgar em Abilene, Texas, quando nenhum de nós queria ir!

Tínhamos feito justamente o oposto do que queríamos fazer! A situação toda parecia paradoxal. Simplesmente não fazia sentido. Pelo menos naquele momento.

(Relato de Jerry Harvey, no artigo "Managing agreement in organizations: the Abilene paradox", condensado por W. G. Dyer, op. cit., cap. 9.)

ça de valores, na família, na escola, na empresa, na sociedade. Os movimentos de resistência a mudanças impostas por regimes políticos totalitários, que tomaram o poder formal através de golpes de Estado, são elogiáveis.

A resistência organizada pode assumir forma ativa ou passiva. No primeiro caso, pode consistir em luta armada ou guerrilha; no outro, a luta sem violência, a resistência passiva, a sabotagem. Como foram admiráveis as ações da Resistência Francesa e de outros países durante a Segunda Guerra Mundial contra as forças nazi-fascistas! Poderia este tipo de resistência ser considerado indesejável, negativo ou indevido? Pelos governos e tropas invasoras/dominadoras, certamente!

Como já conhecido, porém, trata-se de mais um simples (ou complexo?) problema de percepção, condicionada por premissas e valores ético-morais que constituem a base do discernimento.

Na atualidade, por exemplo, como são vistos os movimentos dos ecologistas contra as mudanças ambientais danosas à natureza? Esta resistência pode ser julgada malsã?

Em todas as perseguições a povos conquistados, a grupos minoritários étnicos ou religiosos, a resistência a mudanças impostas pelo conquistador/dominador é válida do ponto de vista ético. Na preservação de crenças e valores, as pessoas motivadas pela fé resistiram às mudanças e asseguraram a sobrevivência das religiões, mesmo à custa de sacrifícios pessoais, torturas e até a morte. Até hoje acontecem lutas tribais e religiosas, em que as minorias resistem à opressão da maioria dominadora. Será este tipo de resistência à mudança passível de execração?

Como avaliar a influência psicossocial de grandes líderes dos direitos humanos no século XX — M. Gandhi, Martin Luther King, Nelson Mandela? Qual o critério?

Seja no nível micro, individual e grupal, seja no nível macro, social, a resistência à mudança necessita ser mais bem compreendida e receber conotação mais abrangente. Não pode continuar sendo definida de forma simplista, como

totalmente negativa, sempre malfazeja. Há circunstâncias em que ela é bem-vinda, meritória, reequilibradora e salvadora de indivíduos, grupos e sociedades.

AS RELAÇÕES DELICADAS

Se as coisas funcionassem como se deseja e planeja, seria fácil viver, trabalhar e conviver.

As máquinas até que se comportam razoavelmente conforme o esperado — mas as pessoas... por que não se sujeitam a regras, não seguem o que é prescrito?

Por mais que saibamos que pessoas não são máquinas, ainda assim esperamos que o comportamento humano seja previsível, controlável, programável. Se existe lógica, racionalidade nas decisões e diretivas, por que o comportamento humano não acontece como deveria? Se as orientações de trabalho são bem transmitidas e compreendidas, por que o desempenho muitas vezes se desvia do modelo proposto?

A questão do relacionamento humano na empresa apresenta aspectos intrigantes e ainda pouco esclarecidos ou estudados. As relações formais nem sempre se desenrolam como deveriam. Embora aparentemente simples, as relações entre superiores e subordinados, e entre colegas da mesma equipe de trabalho não obedecem ao modo normativo adotado e desejado. Colaboração, respeito mútuo, disciplina, obediência, parceria nem sempre acontecem conforme idealizado e explicitado.

Um superior muito autoritário pode provocar reações diversas em seu grupo de subordinados. Alguns responderão favoravelmente, sentindo-se seguros com a autoridade inquestionável e obedecerão por condicionamento cultural inconsciente à figura paterna. Sentirão a força emanada do superior, e usufruirão uma parcela deste poder de seu superior/pai "forte", decidido, dominador. Outros reagirão negativamente, rebelando-se contra a prepotência do superior de

forma ostensiva ou dissimulada, conforme as circunstâncias, pois o velho ditado "Manda quem pode, obedece quem tem juízo" ainda continua válido...

As diferenças individuais de personalidade determinarão preferências e maior rendimento sob diferentes tipos de gerência/liderança. A relação diádica harmoniosa superior-subordinado pressupõe complementaridade: dominador-submisso, protetor-indefeso, planejador-executante, etc.

A relação consultor-cliente

Como pessoas trabalhando juntas num projeto comum, uma relação entre as partes — consultor e cliente — é definida formalmente no contrato de prestação de serviços. O contrato formal pode estabelecer as condições normativas no início, mas não antevê nem abrange todos os aspectos possíveis da relação de trabalho.

O relacionamento vai ser desenhado pela interação entre cliente e consultor externo, criando a realidade psicológica cognitivo/emocional.

Em geral, dois tipos de relação podem ser desenvolvidos: superior-inferior e parceria.

A relação de parceria genuína é rara. Existe mais no discurso e nas intenções do que na prática. A cooperação entre parceiros pressupõe nível adequado de competência interpessoal e ética no trabalho conjunto. A distribuição equitativa do poder não é fácil. Exige motivação, conscientização, maturidade, desenvolvimento emocional/interpessoal, empatia, valores morais.

A relação superior-inferior é a mais freqüente.

Há uma tendência em nossa cultura a considerar como superior o profissional liberal detentor de muitos títulos acadêmicos, especialmente se forem do exterior. Aliando sua experiência e renome, o consultor externo chega à empresa envolvido numa aura de superioridade e prestígio, evocando uma imagem de excelência, acima de qualquer possibilidade de falha eventual. Cria-se assim uma relação de poder em que

o consultor é a figura grandiosa, admirada e venerada pelo(s) cliente(s). Esta relação contém elementos simbólicos inconscientes do Grande Pai — onisciente e onipotente — que ajuda o(s) filho(s) a enfrentar(em) e superar(em) as dificuldades e alcançar(em) o sucesso. Contém ainda elementos mágicos atribuídos ao consultor, que tudo conseguirá com seus inúmeros meios secretos.

Às vezes esta relação pode ser invertida, quando o con sultor é interno ou quando o cliente dispõe de certos recursos e habilidades para mudar a situação. O cliente fica em plano superior e passa a pressionar o consultor por meio de exigências descabidas e/ou ameaças veladas sobre a ruptura do contrato. Configura-se, então, a situação formal "patrão-empregado" (superior-inferior) que termina muitas vezes em separação/dispensa, de modo detestável em gradação diversa.

O consultor tende a agir no sentido de manter e reforçar a relação superior-inferior que lhe é favorável. Não obstante ter menor poder formal como empregado temporário pago pelo cliente, possui maior poder conceitual tecnológico e de imagem profissional e social. O cliente, por sua vez, tende a inverter a situação a seu favor, para ficar em posição mais vantajosa no topo, deixando o consultor inferiorizado. Esta é uma disputa oculta, um sutil jogo de poder que se desenrola furtivamente quando o contrato é mais demorado. Ambos têm armas poderosas e sabem usá-las à perfeição.

O consultor interno sofre mais. Desde o início, fica na posição inferior porquanto é um empregado relativamente estável e inteiramente subordinado às normas da empresa. Não tem autonomia de ação nem a aura/imagem/status de poder, interage com os seus próprios colegas e submete-se aos superiores hierárquicos. Como é bastante conhecido de todos e conhece os outros e os acontecimentos, não tem a necessária isenção para abordar e tratar da problemática de situações das quais é parte inerente.

Duração do relacionamento

O fator tempo é a variável crítica nas relações entre as pessoas em qualquer contexto, pois altera as condições estabelecidas de início para a situação.

Quando o cronograma não é cumprido por razões variadas, as explicações prendem-se mais a fatores técnicos, concretos, que não são, contudo, inteiramente responsáveis pelos percalços; os fatores subjetivos são negligenciados, como se não tivessem qualquer influência. Sabe-se bem que as coisas no curto prazo são diferentes das coisas no médio ou longo prazos.

Nossa experiência cotidiana confirma que o relacionamento interpessoal sofre a ação indelével do tempo, modificando-se imperceptivelmente para melhor ou pior.

Os sentimentos se alteram, acompanhados por pensamentos e comportamentos correlatos. No começo pode haver muita afeição entre as pessoas. Com o passar do tempo, o afeto pode transformar-se em desagrado e rejeição. A percepção muda e as idéias sobre o(s) outro(s) tornam-se mais críticas, severas e negativas. E o comportamento fica diferente daquele do início da relação. Fica também diferente quando os sentimentos negativos dão lugar a descobertas positivas, que transformam o contato formal e distante em relação mais próxima e afetuosa.

Tanto as relações profissionais quanto as pessoais passam por etapas de evolução não inteiramente previsíveis. Um relacionamento afetuoso forte pode tornar-se fraco e vice-versa, ou até transformar-se em seu contrário. Os extremos, os pólos emocionais afetivos, se alternam ou se tocam. O amor pode transmutar-se em ódio, a admiração em menosprezo, o respeito em desconsideração. Isto acontece no casamento, na família, no trabalho, na escola, nos grupos formais e informais, comunitários, religiosos, político-partidários, sempre onde houver pessoas interagindo durante algum tempo.

Da lua-de-mel ao divórcio

Considerando que qualquer relação interpessoal não é estática, e que sua dinâmica apresenta fases diferenciadas, podemos visualizar o desdobramento da relação consultor-cliente através de quatro metáforas: a "lua-de-mel"; o "despertar do sonho"; a "lua-de-fel"; e o "divórcio".

A "lua-de-mel"

A relação entre consultor e cliente é afetuosa, de harmonia. A motivação elevada de ambas as partes permite que se aceitem mutuamente e cooperem; o clima é de admiração, respeito, reverência. O consultor é visto como uma figura mítica, possuidor de carisma profissional e pessoal. As pessoas vivem um sonho de relacionamento ideal, prazeroso e eterno.

O "despertar do sonho"

À medida que o tempo passa e o trabalho prossegue, começam a emergir, de forma esparsa, pequenas dúvidas sobre a atividade do consultor; alguns questionamentos leves também aparecem, e podem ocasionar desapontamentos e desencontros. O tênue véu da fantasia dos poderes sobre-humanos do consultor começa a romper-se. O quadro agora é outro. Sentimentos de ciúme e até de inveja surgem de comparações entre o desempenho do consultor e o de outros consultores anteriores ou de certos membros da empresa. Opiniões desfavoráveis podem ser verbalizadas, cada vez mais abertamente: "Por que ele é merecedor de tantas honras e regalias?... O que ele faz nós também sabemos/podemos fazer... Ele ganha muito mais para não fazer nada de tão extraordinário..."

A percepção se altera, as qualidades antes reconhecidas esmaecem, e os defeitos sobressaem com nitidez na nova realidade.

E isto acontece também com o consultor, que passa a ter outra percepção e opinião do(s) cliente(s).

A lua-de-mel acabou.

A "lua-de-fel"

Os sentimentos negativos crescentes geram hostilidade velada contra o consultor. É comum acontecerem desencontros fortuitos e conflitos encobertos. A situação/relação consultor-cliente pode virar uma arena de luta, de competição por posição/poder, em que as partes "medem forças", lançando mão de recursos obscuros.

Em geral, os clientes recorrem a formas ardilosas de sabotagem do trabalho do consultor no intuito de derrotá-lo sem precisar defrontá-lo nem agredi-lo abertamente. Se ocorre uma falha ou um problema, o consultor naturalmente será colocado no papel de "bode expiatório" por tudo aquilo que não deu certo. Pequenas vinganças deste tipo aumentam a hostilidade, o desagrado, a discórdia, o mal-estar com a situação forçada de trabalho conjunto imposta pela empresa. É a escalada de comportamentos agressivos indiretos e diretos não pode mais ser contida, como num casamento infeliz em que os cônjuges se agridem constantemente, mas permanecem juntos por circunstâncias variadas. O clima é "azedo", de tensão permanente, incompreensão, insatisfação, ira, dissabor e conflitos.

O consultor igualmente pode adotar formas alternativas de contraposição à conduta do cliente, julgando seus atos com parcialidade, o que contribui para aprofundar e alargar o fosso de sentimentos negativos.

Apesar de nossa experiência, ainda ficamos perplexos ao constatar como a convivência prolongada pode gerar o oposto da lua-de-mel tão esplendorosa e promissora no início!

O "divórcio"

Diante da situação insustentável, a alternativa lógica é a rejeição, o afastamento do ente perturbador, do corpo estranho que provocou tudo isto. O consultor precisa ser dispensado. O desligamento pode ser amigável, quando as coisas não atingiram o ponto de não-retorno, ou pode ser litigioso, quando a carga de queixas, acusações e prejuízos alegados é muito grande.

No primeiro caso, a separação é feita de comum acordo, negociada, vantajosa para ambas as partes. O consultor sai de forma honrosa, com louvores e agradecimentos formais pela colaboração prestada, embora tenha sofrido desgaste psicológico na

relação. No segundo caso, a dispensa fica caracterizada como unilateral, e causa danos ao conceito profissional do consultor, além de perdas financeiras.

A vingança final — o triunfo do cliente — é clara nestas circunstâncias.

MISTÉRIO E MAGIA NA EMPRESA

As ciências esotéricas estão em alta. E com elas, bruxos, gnomos, fetiches, astrólogos, orixás, místicos e assemelhados voltam à moda com força total.

O mistério e a magia sempre fizeram parte da nossa vida.

Desde a remota Antiguidade, a busca de explicações dos fenômenos da natureza, bem como a previsão e manejo desses fenômenos têm sido atividades constantes nos diversos povos. A habilidade maior de alguns homens nessa área tornou-os detentores de conhecimentos esotéricos, ocupando posições privilegiadas dentro da comunidade. Os sacerdotes tornaramse os primeiros intermediários entre os deuses e o povo, para invocação das forças da natureza e obtenção de resultados favoráveis, bem como proteção contra malefícios. Os rituais religiosos, liderados pelos sacerdotes, continham elementos de mistério e magia, com forte apelo emocional individual e coletivo.

E na empresa, o que está acontecendo?

Pratica-se estritamente a consagrada Teoria Administrativa? Acredita-se em algo além da pura ciência da Administração?

A empresa científica é um mito. A onipotência da tecnologia, enganosa.

Reluta-se em admitir que a racionalidade não ocupa todo o espaço da organização; que existam idéias e práticas não racionais, mistérios e fenômenos de natureza não científica atuantes na dinâmica organizacional e não explicáveis racionalmente.

A empresa atual ainda contém mistérios e fenômenos não lógicos. A ciência não consegue explicar nem prever tudo que acontece no dia-a-dia do trabalho. Quem nunca se sur-

preendeu com aquelas ocorrências "indevidas" e inesperadas na implementação de um projeto muito bem fundamentado e tecnicamente planejado? Ou seja, por que as coisas nem sempre dão certo, mesmo com todo o rigor técnico-científico no planejamento, na seleção de executores qualificados, na provisão adequada de recursos, na implementação cuidadosa?

Independente da idade cronológica e do grande desenvolvimento do raciocínio lógico e dos conhecimentos científicos, o pensamento mágico permanece ativo no adulto.

A proliferação de "modelos" infalíveis, que prometem resultados extraordinários, sugere a ingenuidade e a credulidade do profissional competente que sucumbe aos apelos emocionais revestidos de nomenclatura tecno-esotérica.

Quando observamos a busca incessante de fórmulas de melhoria, de qualidade e excelência organizacional, podemos inferir alguns aspectos encobertos e surpreendentes. A forma — compulsiva e insaciável — de procura por novidades e técnicas "de ponta" sugere a crença no sobrenatural e na magia coexistindo com o contexto tecnológico da empresa. Será esta a razão pela qual os "modismos" na ciência administrativa vencem o bom senso e a análise crítica? Ou apenas porque as novidades fascinam e seduzem sem resistência, principalmente quando chegam do exterior, com nomenclatura imponente, em língua estrangeira?

Em casa ou no trabalho, procedimentos variados e o porte de certos objetos estão ligados a superstições e rituais no propósito de assegurar boa sorte e êxito, ou de proteger contra malefícios e azar.

A lista de comportamentos supersticiosos do homem moderno é longa e surpreendente diante do imenso progresso tecnológico. Como entender esta dualidade no profissional sofisticado do nosso tempo?

A magia de palavras e números

Palavras, letras, siglas, senhas, apelidos, abreviações, *slogans*, invocações, discursos fazem parte da comunicação diá-

ria. Que valor atribuímos a estes elementos da linguagem além da sua mensagem explícita?

Os pesquisadores traçam raízes bem remotas para mistérios e crenças que extrapolam o significado dos vocábulos. A própria Bíblia é considerada pelos estudiosos cabalistas como a revelação do Verbo Divino. Suas palavras e letras encerram segredos e poderes a serem desvendados pelos sábios e iniciados.

As letras são os instrumentos com os quais Deus cria o universo. As vinte e duas letras do alfabeto hebraico, em suas inúmeras combinações, contêm o significado do mundo, do homem, de Deus.

Os números são letras em hebraico, que veiculam a palavra utilizada por Deus para criar o mundo. Na estrutura profunda do texto bíblico, alguns números adquirem maior importância por sua utilização encantatória. Números privilegiados, como o 7 e o 10, encerram possíveis propriedades mágicas. No Gênesis, por exemplo, o primeiro versículo conta sete palavras em hebraico; o segundo 7 x 2 = 14. O texto da criação perfaz 7 x 8 = 56 versículos. "No Princípio é verdadeiramente um texto sinfônico... construído, do início ao fim, sobre o ritmo de 7... Os 7 dias da criação constituem um quiasmo que se articula a partir da criação dos astros em 2 grupos de 3 dias que desembocam, no 7º dia, no repouso de Elohims [sic]." (A. Chouraqui, op. cit., p. 19)

Palavras e números transcendem sua aparência visível/manifesta. Os mistérios das palavras das orações e o misticismo dos números há muito despertaram a atenção de exegetas e místicos na interpretação esotérica da Sagrada Escritura. Os estudiosos da Cabala desenvolveram alguns métodos para a interpretação dos signos encontrados no *Talmud*, ligada a uma combinação por vezes artificial, por vezes mística: *guematria* (valor numérico), *notaricon* (acróstico) e *temura* (permuta).

A guematria é uma das regras hermenêuticas mais estudadas e utilizadas. Cada palavra (ou grupo de palavras) pode ser explicada de acordo com o valor numérico de suas letras componentes, ou pode ser substituída por outras letras do alfabeto conforme um sistema estabelecido. Uma vez que

cada letra hebraica pode ser representada por um número, a soma das letras traduz o número da palavra e revela um novo significado. Por exemplo: a palavra *sod* (segredo) tem valor numérico igual ao da palavra vinho. A interpretação mais comum diz: o vinho desvenda segredos, quem se embriaga com vinho acaba contando seus segredos...

Outro exemplo de procedimento similar, do gnóstico Marcos, refere-se à afirmação de Jesus de que ele é Alfa e Ômega, sob aspecto de pomba que representa o Espírito Santo. As letras que compõem a palavra grega *pomba* somam 801; por outro lado, $\alpha = 1$ e $\omega = 800$, cuja soma perfaz 801, o que confirma a declaração e a identificação de Jesus com o próprio Espírito, surgido sob forma de pomba no seu batismo (H. Sérouya, op. cit.)

Quando se reúnem letras iniciais ou finais de várias palavras para com elas formar nova palavra, o processo é chamado *notaricon*. O acróstico assim formado serve de recurso mnemônico e tem sido largamente usado. Já a *temura* consiste na transposição do sentido quando duas palavras se compõem das mesmas letras, mesmo se forem opostas no significado.

A crença antiga de que as combinações de letras possuem propriedades mágicas persiste até hoje. Os diferentes cultos religiosos reforçam o valor das palavras em preces e cânticos, como vias de acesso aos deuses para pedidos, promessas, apoio, louvores, agradecimentos.

Palavras são usadas para abençoar e para amaldiçoar; para invocar, transformar e afastar entidades sobrenaturais. Lendas, mitos e histórias enfatizam o poder das palavras para modificar situações, vencer obstáculos e usufruir regalias e poderes extraordinários. Contudo, as palavras mágicas não servem para todas as situações. É preciso conhecer a fórmula certa para que o encantamento funcione.

Elaboram-se e modificam-se títulos, nomes e logotipos para obter tudo aquilo que se deseja através de energias não convencionais. Estas energias são mobilizadas pelo poder sobrenatural de palavras e números.

As palavras mágicas desencadeiam forças misteriosas para

atrair a sorte ou para proteger e evitar malefícios. Podem ser pronunciadas em invocações ou representadas em objetos simbólicos.

No mundo cristão, quem duvida do poder da cruz contra as forças das trevas e do mal? E da medalha do santo de devoção? É armadura invisível e invencível contra quaisquer riscos e inimigos.

É interessante notar como muitos adultos de alto nível cultural, que dizem não acreditar em maldições ("pragas rogadas"), exibem, entretanto, certos atos nitidamente supersticiosos... Costumam dizer muitas vezes: "Não vale a pena atrair os maus espíritos...", "não custa prevenir e ajudar o 'anjo da guarda'". E recorrem a rituais exorcizantes para assegurar sua defesa contra o mal, para afastar as forças malignas.

O nome da pessoa torna-se a sua representação. Se for conhecido por um inimigo, este poderá causar-lhe danos variados e até a morte, como no culto vodu, por exemplo, sem precisar de partículas do seu corpo ou de sua imagem material, foto ou boneco substituto. Em algumas culturas africanas, o nome da pessoa não é revelado publicamente para evitar sortilégios malignos.

E assim o uso de amuletos, medalhas, figas, rezas, "simpatias" e palavras mágicas continua imbatível. Comportamentos supersticiosos constituem um capítulo à parte no cenário tecnológico avançado de nossa época.

Sorte ou azar?

Quando nos deparamos com certos acontecimentos aparentemente esquisitos e coincidências suspeitas, as explicações lógicas não satisfazem. Inclinamo-nos a ir além da razão e da ciência.

Pode-se falar em sorte ou azar dentro da organização?

Que significa ter sorte ou dar sorte no trabalho? O que identifica uma pessoa, objeto ou ato que traz sorte, favorecendo as atividades, os resultados e o próprio ambiente profissional?

Ou, ao contrário, o que atrai azar para a situação?

Costuma-se chamar de "pé-frio" uma pessoa que supostamente traz azar. Tendo seu nome associado a alguma eventual experiência malograda, esta pessoa fica marcada para o resto da vida; não recebe mais convites para participar de novos eventos, é afastada de projetos importantes ou interessantes, e acaba na periferia do grupo.

Até que ponto esta exclusão de pessoas, com base em percepções negativas de um só episódio, pode ser chamada racional?

É o velho problema da primeira impressão que permanece como verdade definitiva sem qualquer revisão posterior. Se errar é humano, por que perpetuar essa impressão, um julgamento fundado numa única amostra de comportamento?

E quanto a empresa perde por não aproveitar a capacidade de membros que foram estigmatizados como "azarentos", sem que lhes seja dada sequer uma outra oportunidade de contribuir positivamente para o trabalho e com isso reverter a situação? Seria possível contabilizar esse prejuízo de subutilização de pessoas capazes, porém desviadas de desafios, oportunidades e responsabilidades por motivos não racionais?

E isto acontece nas empresas mesmo quando o discurso oficial afirma e enfatiza o respeito pelos seres humanos, a utilização plena do potencial de cada colaborador, etc., etc., etc...

Quando acontecem certos fatos que culminam em malogro individual ou grupal, haverá uma explicação objetiva ou trata-se simplesmente de "azar", da convergência de coincidências negativas?

Imaginemos uma situação de um grupo de trabalho que está passando por fase adversa. Vários membros do grupo estão vivendo momentos difíceis. Um sofreu um acidente e ficou incapacitado temporariamente; outro submeteu-se a uma cirurgia arriscada; outra funcionária separou-se do marido e está traumatizada; outra ainda sofreu a perda de um ente querido. Os demais não conseguem trabalhar como antes, na expectativa de quem será o próximo a receber um golpe...

Instala-se um clima pessimista e fatalista. Pensamentos racionais são entremeados por fantasias catastróficas misturadas com sentimentos de culpa, individuais e coletivos. A interpretação dos acontecimentos foge do factual, coincidências simples são afastadas, procura-se algo mais profundo tipo crime e castigo, pecado e expiação, sentimentos de culpa: alguém "pecou" e com isso provocou a ira dos deuses e a eclosão de energias negativas. A situação é percebida emocionalmente como castigo, pois o infortúnio não aparece por acaso, é uma conseqüência de condutas condenáveis. Ainda que somente um membro tenha praticado algo indevido, mesmo fora do contexto de trabalho ou involuntariamente, a punição recai sobre o grupo todo ("os inocentes pagam pelos pecadores").

Quando a explanação se refere a "azar", o indivíduo não se insurge contra a situação difusa, pois não há como lutar contra, a não ser recorrendo a instrumentos misteriosos e mágicos que possam anular ou superar seus efeitos.

O processo evolui para a busca de soluções não-ortodoxas. Aparecem sugestões como: "Precisamos benzer/exorcizar nosso grupo/departamento, assim não dá para vencer esta onda de azar!" Da sugestão à ação é um passo. Submete-se o ambiente físico a mudanças para reverter as energias negativas, usam-se fluidos (considerados) mágicos para purificar o local; cada membro atualiza seu repertório pessoal de defesa contra malefícios; reativam-se preces e invocações, redescobrem-se e utilizam-se amuletos individuais e coletivos.

Ficção total ou conjuntura verossímil? Qualquer semelhança com fatos e pessoas reais é mera coincidência...

Mesmo quando os comentários são em tom de brincadeira, paira certa pitada de verdade. A insinuação é séria: existe algo que escapa ao nosso controle racional, algo além do visível, além da objetividade da relação lógico-causal, adentrando a fronteira do sobrenatural. Ou seja, pessoas inteligentes, profissionais capacitados acreditam em algo misterioso, imprevisível e incontrolável que pode acontecer no ambiente sofisticado de trabalho — acreditam no "azar"!

O segredo

Por que certos projetos, procedimentos e decisões são mantidos, muitas vezes, em segredo? "Para 'não dar azar'", dizem os envolvidos na situação. Será esta explicação decorrente de pensamento lógico ou de pensamento mágico?

Sabe-se que o mistério constitui fonte de motivação, desperta interesse maior. A novidade, a surpresa provoca maior impacto emocional. O lançamento de um novo modelo, por exemplo, é cercado de recomendações e precauções de confidencialidade. Rituais são elaborados e seguidos durante todo o processo e culminam no evento da apresentação pública, exposição, desfile, cerimônia. O projeto é técnico, a atmosfera é mágica.

O segredo tem sido cultivado como forma de manipulação do poder tanto na vida profissional quanto na vida pessoal. A sonegação de informações diminui o poder dos receptores, aumenta o dos emissores (ou não-emissores?). A revelação parcimoniosa da verdade dificulta conhecer o todo do problema ou situação. O exemplo das informações privilegiadas é bem conhecido em suas implicações nas vantagens competitivas de pessoas e grupos.

O conhecimento esotérico confere poder e habilidade ao lidar com letras, palavras e números. Saber a senha abre o cofre das informações, o tesouro virtual cuja utilização habilidosa conduz ao sucesso. Assim como o cofre material contém riqueza, o acervo de informações enriquece igualmente quem a ele tem acesso.

Quantas vezes, na vida organizacional, o processo de escolha de pessoas para promoção, transferência ou dispensa passa por episódios curiosos de comunicação informal, um jogo sutil entre o oculto e o revelado. Emoções são ativadas desde os primeiros indícios da ocorrência do processo. Comentários e fofocas começam a circular de forma espontânea ou deliberada, a partir de algum vazamento acidental ou planejado de informação. A manipulação de informações

acontece dos dois lados, tendo em vista certos efeitos. O chamado "balão de ensaio" serve para testar reações a respeito de determinada decisão ainda não formalizada.

O culto da palavra

A crença generalizada no poder mágico das palavras é inegável em nossa sociedade. *Slogans*, campanhás, logotipos, ícones e discursos veiculados pela mídia trazem em si muito mais do que o conteúdo manifesto da mensagem pública. Os componentes emocionais subjacentes podem reforçar a mensagem, provocar simpatia, adesão e comprometimento. Ou podem gerar sentimentos e comportamentos contrários ao teor principal da comunicação.

A indústria da publicidade conhece bem o assunto e trabalha tecnicamente para promover a aceitação emocional de produtos e serviços por parte dos consumidores. Os políticos também sabem — e temem — os efeitos imprevistos de seus pronunciamentos, por vezes totalmente opostos aos seus intuitos...

O culto do discurso é largamente difundido na sociedade, na empresa, na escola, no lar. Entidades governamentais, não governamentais e religiosas valorizam o discurso como a mola propulsora de mudanças sociais. A Unesco, por exemplo, costuma designar cada ano como dedicado a um propósito especial: Ano Internacional da Mulher, do Idoso, do Voluntário, etc. A Confederação Nacional dos Bispos do Brasil também nomeia as campanhas anuais da *Fraternidade*, orientadas para temas sociais relevantes. Campanhas políticas e promessas sucedem-se em períodos eleitorais e durante a vigência do governo eleito. Campanhas publicitárias são continuamente divulgadas. Pais e professores advertem, exortam, elogiam e punem através de palavras. A análise transacional enfatiza o papel da palavra/mensagem dos mandatos na formação do *script* pessoal, determinante do desempenho futuro.

Os discursos de fato são importantes e necessários para sensibilizar e conscientizar as pessoas em determinados aspectos. Constituem o primeiro passo para se obter as mudanças

desejadas. O que é questionável é a suposição de que o discurso, por si só, possa efetuar as mudanças propaladas. Isto é crença arraigada no poder mágico da palavra.

O culto ao discurso, constante nas organizações, traduz o pensamento mágico de que *dizer* faz *acontecer*, basta falar com fé e convicção que as coisas acontecem. Muitos empresários e dirigentes acreditam que apenas o belo e imponente discurso de intenções, uma vez pronunciado, tenha o poder de redirecionar a motivação e o desempenho dos membros da empresa. E assim muitos projetos de mudança organizacional não se concretizam, pois contam somente com o insumo do discurso inaugural.

As siglas, tão ao gosto dos planejadores, técnicos e dirigentes, cumprem mais de uma função. Facilitam a identificação instantânea de órgãos, prédios, projetos e programas, cargos e funções, verbas, salários, documentos sigilosos. Do ponto de vista formal, são úteis para a nomenclatura abreviada e rápida. O conhecimento maior das siglas diferencia os membros mais antigos dos novatos no processo de integração à empresa.

Por outro lado, as siglas podem sofrer um processo de interpretação informal em que as letras são iniciais de outras palavras relacionadas a brincadeiras, jogos, sonhos, fantasias, protestos, e que passam a constituir uma linguagem secreta entre pessoas e grupos.

E ainda títulos, nomes, siglas, logotipos e outros referenciais são astuciosamente elaborados para atrair energias positivas favoráveis e proteger de vicissitudes. As siglas de impacto são formuladas de acordo com desejos e experiências anteriores, com número específico de letras, valores numéricos encantados capazes de evocar forças sobrenaturais positivas.

Se no campo tecnológico há especialistas para tudo, o mesmo acontece no campo esotérico. Nós, inocentes praticantes de atividades convencionais, com todo nosso conhecimento técnico e experiência, ainda cometemos, imprudentemente, erros grosseiros cujas conseqüências nos atingem em cheio. Há que reconhecer que precisamos do auxílio de outros especialistas para encontrar as palavras especiais e os números certos que

assegurem êxito em nossas atividades. Cresce o número de profissionais especializados em numerologia, que orientam a escolha de nomes, siglas, números e datas para obtenção dos melhores resultados pessoais e profissionais.

Por exemplo: você sabe, leitor, qual o seu número da sorte? E o nome que lhe propiciará destino venturoso? E o dia da semana mais benéfico ou a cor mais favorável? Ou você nunca pensou nessas coisas e acha que não vale a pena preocupar-se com insignificâncias, coincidências, fatos sem explicação? Cuidado, leitor, ainda é tempo de ampliar e aperfeiçoar percepção, discernimento e concepção do mundo!

Afinal, se a tecnologia não resolve mesmo todos os nossos problemas pessoais, profissionais e organizacionais, por que não recorrer a outros poderes?

Invoquemos, então, os deuses — ou os orixás de nossa predileção — que nos ajudem a saber lidar e conviver com o inexplicável, o imponderável, o incontrolável, o misterioso, o mágico, o místico em nossa vida, dentro e fora do trabalho. Amém!

Contos bíblicos: uma visão corporativa

Fábio Steinberg

OS DOIS BETOS

AMBOS TINHAM EM COMUM a idade e o fato de trabalharem na subsidiária da multinacional Triangle Inc., especializada em componentes para a indústria automotiva. Além disso, os dois eram conhecidos pelo mesmo apelido de Beto, embora originados de nomes diferentes: Alberto e Roberto.

As semelhanças terminavam por aí. Enquanto o moreno magro e alto Alberto era engenheiro, o louro gordo e baixo Roberto formara-se em administração. Suas histórias profissionais nada tinham em comum, exceto o exercício de cargos equivalentes naquela empresa.

Racional e cartesiano, Alberto se especializou em processos de produção. Vibrava com mecanismos, tempos e movimentos. Não se interessava pelas pessoas, mas pela capacidade operativa que poderiam render. Rígido, conservador e formal, gostava de seguir horários. Respeitava cegamente a hierarquia. Era maníaco por limpeza e qualidade. Fanático pelo senso de compromisso, abria mão, se necessário, do seu tempo pessoal para atender às metas estabelecidas — e que em geral ele próprio se auto-impunha. Levado a sério ao extremo por colegas e pelo mercado em geral, fizera toda a carreira na mesma empresa. Ali, fora sistematicamente promovido, sempre por mérito e competência.

A sua marca registrada era entregar o que prometia, custasse o custasse. Por isso, era um sujeito previsível e chato, mas

muito confiável. Representava um gigantesco sossego administrativo para as chefias. É que não produzia riscos, já que o fator surpresa não estava incluído em seu comportamento. Graças a esta atitude, que caía como uma luva para o desempenho de seu papel na organização, ganhou após quinze anos de extrema dedicação a cobiçada função de vice-presidente de operações da Triangle Inc.

Já Roberto tornara-se administrador quase que por acaso. Por uns tempos, chegara até a trabalhar e inclusive cursar publicidade. Não sabia muito bem o que queria da vida profissional. Gostava de ser levado pelas circunstâncias, pois acreditava na capacidade de o destino traçar para ele o melhor caminho para o futuro. Movido por uma única paixão — os automóveis —, foi por isto mesmo trabalhar na indústria automotiva. Mas seu envolvimento emocional pelos carros nada tinha a ver com o lado mecânico de motores, pneus e equipamentos. Pelo contrário: sua relação era quase de fetiche, pois se sentia atraído por sentimentos inexplicáveis materializados em automóveis. Ironicamente, o seu desconhecimento (e até desinteresse) pelos aspectos tecnológicos deulhe uma rara capacidade, incomum aos demais colegas da indústria. Ele conseguia gerenciar o negócio automotivo sob o ângulo do *glamour* que o produto exercia sobre o consumidor final. Em outras palavras, a sincronização de suas próprias emoções com as do comprador médio permitiam a ele uma diferenciada vantagem competitiva.

Com estes requisitos, Roberto fez uma carreira meteórica e nervosa na área de marketing de carros. Rapidamente ganhou reputação, passando a ser disputado por todos os segmentos da indústria automobilística, de montadoras a autopeças. Por isso, trocou de postos e de empresas muito rápido e em curto espaço de tempo. Ganhou assim uma visão diversificada do negócio, ampliada por uma rica experiência profissional e uma coleção de iniciativas pessoais bem-sucedidas. Até que, diante de uma oferta irrecusável da Triangle Inc., foi convidado a assumir o cargo de vice-presidente de marketing.

Com a chegada de Roberto à organização, criou-se, num

primeiro momento, um certo impasse de apelidos. Ambos, Alberto e Roberto, eram conhecidos no mercado e na vida pessoal como Beto. A solução salomônica veio através do vice-presidente de RH — que por sinal se chamava Salomão. Por que, disse ele, não respeitar o tempo de cada um na empresa? Assim, Alberto, sendo o mais antigo, tinha o direito natural de ser conhecido como Beto 1. E Roberto, na condição de recém-admitido, seria o Beto 2. Desta forma, o problema formalmente sanado, Salomão mais uma vez provou que sua sabedoria corporativa justificava os ganhos e a posição hierárquica.

Mal sabia o VP de RH que, involuntariamente, provocava naquele instante uma antipatia instantânea entre os dois Betos. Afinal, pensava o primeiro, com que direito um forasteiro se apoderava de um apelido consagrado, que ele havia conquistado com muito suor e relacionamentos levados a efeito a cada dia seu naquela empresa? Por outro lado, o Beto 2 sentia-se lesado em seus direitos de apelido. Afinal, que culpa tinha de encontrar um outro sujeito também conhecido por Beto e que por conta de um direito questionável de chegar antes dele àquele emprego teria tal ascendência? (E que talvez, ao invés de indicar mérito, fosse um processo de acomodação...) Quem era o Beto 1 para se apoderar de um ativo seu, mais que marca ou referência no mercado, um bem emocional sem preço, ao qual se acostumara a vida toda? Como iria explicar aos demais — colegas, amigos, familiares — por que ele era o Beto 2, e não o Beto 1?

O tempo e excesso de trabalho se encarregaram de colocar a disputa de apelidos entre os dois homens em segundo plano. Fato consumado na luz, aceso no escuro, este fato jamais seria esquecido, como se provou mais tarde...

O CEO da Triangle, Adrian, fora trazido ao país pela corporação com uma missão específica. Precisava transformar em três anos a então modesta representação comercial da empresa numa vigorosa base regional do negócio. Ele tinha que dar cara e reputação global à subsidiária, garantindo a sua completa integração ao modelo global desenvolvido pela corporação. Passado o prazo estipulado, Adrian sentia-se plenamente recompensado pelo esforço. Fizeram muito mais que apenas

cumprir a meta. Agora, havia ali uma administração ágil, tocada pelos melhores profissionais do mercado, com produtos vencedores e líderes. Por isso, além de receber os elogios da matriz, foi promovido e ganhou novos desafios em outras regiões distantes. Mas para que pudesse assumir sua nova vida corporativa, precisava gerenciar a transição de sua saída a contento, garantindo à Triangle local um sucessor à altura.

Adrian tinha uma certeza: a opção do novo CEO passava pelos dois Betos. Mas aí morava o problema. Dependendo do ângulo com que examinava a questão, a escolha ideal pendia ora para um lado, ora para o outro. O que fazer? Alberto era um tecnocrata perfeito, leal e profundo conhecedor da empresa e seus dogmas, obstinado pela perfeição. Era respeitado pelo profissionalismo e admirado pela capacidade de realização, dentro e fora da organização... Enquanto isto, Roberto era um genial sonhador, cheio de boas idéias, sintonizado com o consumidor e com o mercado e suas tendências, num setor em contínua mudança. Tinha ampla visão e comprovada experiência e sabia gerar resultados e se adaptar às novas exigências. Se pudesse, Adrian fundiria os dois em um, criando um só sujeito, transferindo para este novo ser as vantagens de cada um dos Betos...

Mas isto não era possível. Na falta de uma definição clara, o CEO resolveu dar tempo ao tempo. Contava ainda com alguns meses para tomar esta difícil decisão. Talvez, quem sabe, a observação direta e a própria dinâmica da organização e de situações futuras se encarregassem de fornecer a ele a melhor resposta.

Quem conhece as empresas sabe que elas são, por definição, organismos vivos. Seus habitantes, quanto mais próximos do alto da hierarquia, mais parecem buscar a sobrevivência nas alturas. Inebriados, profissionais e executivos vivem com toda a intensidade o poder. De tanto sentir o seu cheiro, acabam viciados nele. A notícia de que o CEO buscava um sucessor, e ingenuamente transmitida por ele próprio aos vice-presidentes em reunião sigilosa, se espalhou como fogo em palha por todos os níveis da organização. É que Adrian tinha a visão romântica de

que era preciso dar transparência total às suas ações para estimular o livre fluxo de informações entre os executivos. Pensava ele que dados vitais, que diziam respeito ao futuro dos empregados, ficariam restritos aos ouvidos da direção da empresa. Ledo engano. Por conta desta postura aberta do CEO, o mundo nunca mais foi o mesmo na vida corporativa dos vice-presidentes da Triangle. Principalmente a dos dois Betos.

Se antes não se podia falar em camaradagem entre eles, tampouco cabia o termo inimizade. Havia, sim, uma cordialidade contida, um código não escrito de respeito mútuo. Cada um cuidava de seu mundo, com absoluto domínio de seu território de influência. O que era da produção não pertencia a marketing, e vice-versa. Mas o lançamento das candidaturas de ambos a CEO da subsidiária da Triangle, quisesse ou não, estava oficialmente lançada.

Assim, cada decisão, gesto ou comentário de um deles era imediatamente interpretado pelo grupo que os cercava como iniciativas forjadas para realçar qualidades ou esconder defeitos. Nesta visão política e nem um pouco funcional, nada mais parecia acontecer por acaso na vida de ambos. Cada palavra ou atitude de um dos Betos era vista pelo lado antagônico como conseqüência de uma estratégia voltada para a sua escolha como futuro CEO.

O campo tornava-se particularmente minado sempre que um dos dois fazia qualquer tipo de contato com Adrian. Agora, de ambos os lados, cada movimento era vigiado, as frases analisadas e as ações interpretadas. A desconfiança se estabelecera no ambiente. O clima era pesado, o trabalho afetado por um processo sistemático de escrutínio; a companhia paralisada e em suspense, aguardava o desfecho da luta pelo poder. Os demais executivos e profissionais qualificados buscavam se alinhar com um dos Betos, preparando-se para o duelo que certamente viria...

Um dia, Roberto levou uma idéia sua ao CEO. Era simples, mas engenhosa. Ele propôs um programa de *design* que tornasse peças e componentes da empresa menos funcionais e mais charmosos, do ponto de vista do consumidor. Era quase

como introduzir o conceito de grife, fazendo com que até a embalagem tivesse um peso tão importante quanto o conteúdo. E mais: que tal identificar com cores diferentes os sistemas e módulos de um carro? Desta maneira, por exemplo, todas os itens verdes estariam associados ao módulo de direção, os vermelhos aos de refrigeração, amarelo para os de iluminação, e assim por diante. As vantagens, dizia ele, seriam inúmeras: aproximar, através da fácil visualização, o usuário final da mecânica do veículo; criar fidelidade ao permitir uma visão de conjunto com a mesma cor a cada módulo; dar um caráter *premium* aos produtos da Triangle, entre outros benefícios.

Adrian ficou fascinado com o projeto. Aquilo sim era uma visão nova, audaciosa, original e descomprometida. Independente da sua aplicabilidade, já que a idéia precisava ser mais bem estudada pelos especialistas, parabenizou Beto 2 pela inovação.

Beto I, quando soube, teve um ataque de fúria. Onde já se vira uma baboseira daquelas, sem qualquer critério técnico, ser admirada pelo CEO como um grande feito? E os custos de pintar componentes, de modificar embalagens — ninguém pensara nisto?

Apoiado nos seus conhecimentos de produção, ele conseguiu identificar inúmeras falhas. A seguir, preparou um longo dossiê. Nele, destruía, ponto a ponto, o projeto do VP de Marketing. Tendo ou não razão, o fato é que Adrian recebeu o documento com frieza. A seguir, o colocou de lado, sem dar qualquer importância aos argumentos do VP de Produção. O único comentário do chefão, que acabou por mortificar o autor do documento destruidor, foi de que o espírito de inovação de Beto 2, mesmo que sua idéia se mostrasse inviável, é que deveria ser levado em conta. Por isto, a iniciativa de questionar modelos consagrados era extremamente elogiável e bem-vinda.

Daquele dia em diante, o VP de Produção começou a se perceber acuado, desprestigiado, relegado. Na realidade, nada disso estava acontecendo, já que Adrian não oferecera qualquer indício de que já escolhera o sucessor. Mas Beto 1 estava

decidido a reagir, fazendo da vida de seu rival na empresa um inferno.

E conseguiu, através de pequenas, mas contínuas, sabotagens. O seu rival deixou de ser chamado para reuniões estratégicas, ficando sempre a reboque das decisões, nunca as liderando. Informações vitais sobre a produção passaram a ser boicotadas ao vice-presidente de marketing. Perdeu importantes contatos funcionais, quando se tratava de alguém da rede de amigos e profissionais sob a zona de influência de Beto 1. Mas tudo isto ocorria de forma muito sutil. Por isso, não havia como provar qualquer ação de sabotagem. Mas a conseqüência é que os planos sob responsabilidade de Beto 2 começaram a ficar cada vez mais defasados em relação aos programas de produção. Pouco a pouco, a organização perdeu a confiança nele e começou a taxar Beto 2 de inconseqüente.

Como uma bola de neve crescente, a reversão de expectativas em relação ao futuro de Beto 2 foi tomando vulto. Claro que para isto contribuiu a rede de intrigas habilmente desenvolvida por Beto 1, que conseguiu transformar cada ato positivo, iniciativa criativa, ou idéia inovadora do seu inimigo em derrota ou demonstração de incompetência. Não se sabe exatamente quando, mas houve um momento em que o nome de Beto 2 se transformou em sinônimo de leviandade e irresponsabilidade. Bastava ele dar uma contribuição ao negócio que imediatamente surgia o bordão "lá vem mais uma besteira do Beto 2..." — sempre acompanhado de risos e expressões de escárnio.

Nas organizações, mais que a realidade, impera a percepção da realidade. Beto 2 chegou a tal ponto de descrédito que deixou de ser consultado até para questões relativas ao seu próprio departamento. Mesmo os seus funcionários tomavam iniciativas sem falar com o chefe. Ridicularizado ao extremo, perdeu a confiança em si próprio. Sem entusiasmo, parou de brilhar nas reuniões da diretoria. Começou a chegar mais tarde e sair mais cedo. Sem a desenvoltura de antes, não conseguia mais se articular com naturalidade. Enfim, cometeu o pior dos crimes corporativos: mostrou-se dispensável.

Vivia deprimido, ausente, pensativo, vagando sozinho pelos corredores da Triangle. Tal como uma vítima ferida fatalmente, seu comportamento tornou-se presa fácil dos antagonistas sangüinários. Enquanto isto, sem concorrência, o prestígio de Beto 1 florescia a cada dia. Seu lema, de que é preferível ser funcional do que criativo, tornou-se um dogma. Para que arriscar numa indústria tão previsível como aquela, dizia ele, aonde a tecnologia já chegara ao ponto máximo de maturação? Por que reinventar o que já fora inventado dezenas de anos atrás?

Enquanto isto, desmotivado e desestruturado, há algum tempo Beto 2 já vinha misturando compromissos e agendas. O golpe de misericórdia foi dado pelo próprio presidente, no dia em que o vice-presidente de marketing se esqueceu de comparecer a uma reunião importantíssima. Diante de fato tão grave, mesmo constrangido, Adrian demitiu o subordinado na frente de todos os subordinados. Como uma morte simbólica, a dispensa vergonhosa e em público acabou de destruir Beto 2. Dele nunca mais se ouviu falar, dentro ou fora da empresa.

Por uns tempos, Adrian lamentou o fato. Afinal, como um sujeito tão criativo e brilhante como Beto 2 deixara sua carreira promissora escorrer pelos dedos daquela maneira irresponsável? Por outro lado, o presidente se sentiu aliviado. Livrara-se finalmente da incômoda situação de escolher o seu substituto entre dois candidatos. Meses depois, de forma natural e sem sobressaltos ou dilemas, transferiu o comando da empresa para Beto 1.

O novo CEO, agora o único Beto da organização, se não foi brilhante em sua trajetória, tampouco decepcionou. Tornou-se, por assim dizer, um dirigente correto. Tudo isto para orgulho de Adrian, que gostava de comentar, lá da matriz, como seu trabalho na subsidiária fora bem-feito. Depois de sua gestão, dizia, qualquer subordinado poderia ocupar a sua vaga... Afinal, concluía o ex-CEO, deixara como legado uma estrutura administrativa que caminhava sozinha, pelas próprias pernas...

A (CON)FUSÃO

ERA UMA VEZ dois tradicionais laboratórios farmacêuticos que operavam globalmente. Um deles, de origem inglesa, se chamava Beta-Zing. Tornara-se conhecido internacionalmente pelas suas imensas contribuições ao progresso da ciência. Tinha um valioso histórico de descobertas e um portfólio de medicamentos voltados para as chamadas "causas sociais" da humanidade, como combate às doenças tropicais e complementos alimentares próprios para as camadas de população mais carentes.

O seu fundador e presidente, Sir Wellington Beta-Zing, sempre fora respeitado pela comunidade científica e considerado uma lenda viva em seu país. Festejado pela imprensa e admirado pelos formadores de opinião, ele se tornara conhecido como um exemplo de desprendimento material e preocupação contínua com as causas humanitárias. As principais organizações não governamentais usavam como modelo a Beta-Zing para demonstrar a possibilidade de grandes laboratórios compatibilizarem as prioridades de saúde da humanidade com os objetivos de negócios.

Mas a realidade do mercado foi mais fria e cruel que o idealismo de Sir Wellington Beta-Zing. Apesar dos nobres ideais ao enfatizar as "patologias da miséria", a falta de recursos e de lucratividade levou a Beta-Zing à beira da falência. A empresa, principalmente nos últimos anos, passou a enfrentar graves dificuldades financeiras. Não havia na empresa um portfólio de medicamentos lucrativos e voltados para as "doenças dos ricos", e que desse base de sustentação para garantir à Beta-Zing margens mínimas de lucratividade.

Em crise grave, a sobrevivência tornou-se questão de honra para a direção e corpo de funcionários da Beta-Zing. Todos passaram a resistir estoicamente às dificuldades opera-

cionais, parecendo redobrar forças a cada situação enfrentada de limitação de recursos. Trabalhando no limite de cada um, quase que em regime de economia de guerra, todos davam de si o máximo e exigiam da empresa o mínimo. Tornou-se rotina fazer sacrifícios de ordem pessoal — como utilizar os seus próprios carros, não cobrar transportes ou alimentação a serviço da empresa, trabalhar sábados, domingos e feriados de graça, evitar dispêndios de qualquer natureza, ou mesmo estender a vida útil de equipamentos saturados até a exaustão. Cada membro da empresa aprendeu a se comportar como dono, zelando pelo patrimônio e o futuro, em um comportamento que beirava a idolatria pela causa da Beta-Zing.

Apesar de todos os esforços, os acionistas, cada vez mais impacientes com os péssimos resultados financeiros, começaram a abandonar o barco. Ampliava-se, assim, diariamente, a incerteza sobre o futuro da empresa inglesa. Analistas de mercado demandavam que a Beta-Zing incluísse com urgência produtos para combater a obesidade, a ansiedade, o estresse, a queda de cabelos ou a impotência. Especialistas urgiam a adoção de *best sellers* medicinais para garantir a entrada de capitais para pesquisas farmacêuticas e a recuperação financeira da empresa. Mas o idealismo do fundador, interpretado como teimosia pelo mercado, levou a situação da Beta-Zing ao extremo. Chegou-se a um perigoso impasse.

Foi quando a empresa francesa Bonair decidiu incorporar a Beta-Zing.

Ao contrário da empresa inglesa, a francesa Bonair sempre fora vista como um “laboratório dos abastados”. Seus críticos mais ácidos a acusavam de colocar formidáveis recursos humanos e tecnológicos a serviço exclusivamente do supérfluo. E a rigor estavam certos. Uma análise dos produtos — todos altamente eficazes, mas também caríssimos — demonstrava a inclusão de estimulantes sexuais para a terceira idade, medicamentos para emagrecer em prazos recordes, e o carro-chefe, um produto que ao mesmo tempo eliminava calvície e coloria os novos cabelos ao gosto do consumidor.

O presidente da Bonair, Jean-Pierre Balmain, era um

aristocrata que vivia sendo fotografado nas revistas da moda, ao lado de mulheres e carros vistosos. Sempre fora considerado internacionalmente um *bon vivant*, protótipo da arrogância e esnobismo. A sua imagem pública era a antítese do que se poderia esperar de um CEO de laboratório farmacêutico — em geral constituído por senhores sisudos e muito formais, em seus invariáveis ternos escuros e gravatas discretas. Balmain, ao contrário, mostrava-se invariavelmente trajado em roupas casuais. Sorridente e descontraído, ele parecia dizer ao mundo que o seu trabalho era muito mais *hobby* do que atividade profissional.

Brilhante negociante e líder carismático, Jean-Pierre era adorado e copiado em seu comportamento pelos membros de sua equipe. Costumava-se falar num "jeito Bonair de ser" — que seria a forma ideal de gozar a vida e trabalhar ao mesmo tempo. A empresa, por orientação do seu mandatário, era liberal ao extremo. Não existiam chefias formais. Praticamente não se exercia controle sobre os gastos dos empregados. A burocracia era levada a um mínimo e todos se tratavam como se fossem donos de um próspero negócio. As convenções de vendas eram verdadeiros *happenings*, em que não se poupavam recursos. Ao contrário. Nestes encontros nababescos, artistas famosos se apresentavam em paradisíacos *resorts* alugados em qualquer ponto do planeta, com direito a acompanhante, em alto estilo, com todas as mordomias que o dinheiro corporativo pudesse comprar.

Pelos produtos oferecidos e a figura do presidente, a Bonair sempre fora desprezada pelo meio científico, malvista pelos formadores de opinião e abertamente hostilizada pelas ONGs. (Balmain começou a se cercar de seguranças ostensivos depois que um grupo irado de manifestantes atirou-lhe ovos podres à porta de um cassino em Montecarlo.) Nenhum cientista de prestígio aceitava trabalhar para a Bonair, pois ter o nome associado ao da empresa era sinônimo de vender a alma ao diabo.

Mas, apesar dos percalços de imagem pública, o mercado financeiro era unânime em reconhecer a genialidade de

Balmain, refletida no absoluto sucesso comercial da Bonair. O fato é que a organização não parou de crescer à base de dois dígitos por ano desde a sua fundação. Sempre contou com o entusiasmo e a generosidade de capitais que se fizessem voluntários para novos investimentos.

Por trás da união das duas empresas, estava mais um golpe de gênio de Balmain. Sob o prisma estratégico, a Beta-Zing e a Bonair precisavam uma da outra. A sobrevivência da Bonair, num mercado em que a imagem corporativa é essencial, dependia dela não ser percebida como um laboratório voltado para supérfluos. Precisava ser reconhecido também por sua responsabilidade social, o que não faltava na Beta-Zing. A empresa inglesa, por sua vez, ansiava por reforços urgentes de capital para manter-se viva. De nada adiantavam os nobres objetivos do fundador se ela não conseguisse viabilizar-se economicamente. E o mercado estava convencido de que não era através da administração de Sir Wellington que isto iria ocorrer.

Assim, realizou-se um verdadeiro casamento corporativo de conveniências. Nele, a Bonair claramente salvou a Beta-Zing da falência em troca do reconhecimento público e prestígio científico da empresa inglesa. Mas, para efeitos de comunicação, visando a otimizar estes objetivos, decidiu-se dar uma saída honrosa para a Beta-Zing. Assim, a incorporação de uma pela outra foi apresentada ao público simplesmente como uma fusão. Esta estratégia permitiu, além de tudo, projetar a magnanimidade da Beta-Zing e uma imagem de generosidade de Jean-Pierre Balmain. Ficou resolvido que Sir Wellington seria afastado dos afazeres corporativos, passando a cuidar apenas do relacionamento da nova organização com a comunidade científica e acadêmica. Enquanto isto, Balmain assumia a direção, ficando encarregado dos negócios em si.

Ao somar forças, a Beta-Zing e a Bonair se tornaram uma única corporação denominada BB-Zing — que já nasceu como uma das maiores do mercado internacional. O anúncio pegou a todos de surpresa. E não era para menos. Faltava qualquer identidade entre as duas, que traziam culturas organizacionais e visões de negócio completamente diferentes!

Nas aparências, a fusão foi um completo sucesso. Durante o processo de comunicação global, representantes da imprensa dos países onde as empresas tinham presença foram convidados a participar de uma coletiva com a presença das duas personalidades, garantindo assim ampla cobertura jornalística. Em clima de celebração, a comunicação foi complementada por cartas ufanistas aos clientes, funcionários e demais públicos de interesse. Não faltou uma milionária campanha de publicidade, com o novo logo e o nome da empresa, apresentando o fato como a melhor notícia que os consumidores mundiais poderiam receber naquele momento.

Mas nem o mais sofisticado programa de comunicação seria capaz de solucionar os impasses que este encontro de mundos incompatíveis provocara. Já nos primeiros dias, ficou claro que, tal qual água e azeite, as duas empresas jamais se misturariam. O público interno da BB-Zing — agora formado pelos quadros funcionais das duas ex-empresas — mostrava-se irredutível na comunhão de interesses. Cada um, ainda vestindo a camisa do passado, se imbuía de preservar os valores e ideais da empresa a que pertencia antes, agindo como se ainda existissem duas organizações independentes. Mais que a falta de diálogo, os dois grupos pareciam viver e vibrar por mundos diferentes. Reagindo à nova ordem, eles demonstraram sistematicamente e com vigor a rejeição total à nova situação, indicando sem ambigüidades que aquela união estava fadada ao fracasso.

Assim, por exemplo, os funcionários oriundos da Bonair, além de tentar impor o francês como o idioma oficial da empresa, comportavam-se como conquistadores do território. Ao invés de se abrirem ao diálogo com os novos pares, adotavam uma postura arrogante e de superioridade em relação aos empregados da Beta-Zing.

Formou-se uma estrutura de castas informal na BB-Zing — uns se comportavam como parte de um grupo superior (Bonair) e outros se ressentiam como integrantes de um time inferior (Beta-Zing). Esta atitude nasceu da própria hierarquia da Bonair, que desde o início fez questão de dar as cartas e

menosprezar o grupo dirigente proveniente da Beta-Zing. Os franceses receberam os novos colegas de comando com preconceito e desprezo. Em um efeito cascata, como acontece nas organizações, eles fizeram o processo se repetir ao longo da corporação, criando um clima pesado e desmotivador para todos os que vieram da Beta-Zing.

Na área de vendas, a situação se mostrou ainda mais crítica. A Bonair sempre recrutara os seus representantes comerciais, pelo próprio perfil dos produtos, junto às elites, quase sempre pessoas pertencentes a classes sociais mais ricas e com maior status. O objetivo era garantir acesso mais fácil ao público-alvo, formado por consumidores abastados. Já a equipe de vendas da Beta-Zing era bem menos sofisticada, geralmente de origem mais técnica, em que o principal pré-requisito era a capacidade profissional e o enfoque nos negócios. Afinal, eles vendiam medicamentos que contavam com a aura de prestígio clínico, sem qualquer exigência de sofisticação interpessoal para serem comercializados. Como resultado, os dois grupos passaram a viver às turras, os da antiga Bonair esnobando os da ex-Beta-Zing. As vendas da nova empresa se ressentiram violentamente, pois o clima belicoso impedia esforços integrados e voltados para os interesses dos negócios.

Já no setor farmacêutico, ocorreu o contrário do observado em vendas. Neste caso, o pessoal da Beta-Zing gozava enorme status junto às comunidades científicas e acadêmicas, o mesmo não acontecendo com os associados à Bonair. Convites para participar em seminários, congressos e palestras de prestígio eram invariavelmente enviados ao corpo médico-científico da ex-Beta-Zing. Quanto ao corpo técnico do grupo ex-Bonair, restavam as oportunidades para se apresentar em clubes, *spas* ou clínicas estéticas.

Para complicar o quadro, os empregados receberam muito pouca informação sobre o futuro da BB-Zing ou sobre o papel de complementação das atividades ou de integração dos dois grupos. Surgiram rumores, cada vez mais insistentes, de uma iminente reestruturação. Falava-se na demissão de pelo menos um terço dos empregados. Cada grupo antagônico dizia

que os escolhidos viriam do outro lado. E mais: especulava-se que pelo menos duas em cada três fábricas seriam certamente fechadas. Quais delas, as da Beta-Zing ou as da Bonair?

A imprensa especializada, através de um vazamento de informação, rapidamente registrou que as coisas não andavam bem na nova organização. Notas irônicas e reticentes denunciavam o desastre da nova arquitetura... A gota d'água foi uma reportagem de capa numa revista com cobertura internacional que trazia a manchete "Por que certas fusões e aquisições não dão certo". Usando o caso da BB-Zing como base, a matéria demonstrava as dificuldades reais de um processo cheio de acidentes de percurso. E ilustrava o texto com ricas e saborosas informações de âmbito interno da BB-Zing — absolutamente destrutivas do ponto de vista de imagem pública.

A reportagem, como era de esperar, teve o impacto de uma bomba, fora e especialmente dentro da corporação. O moral interno dos funcionários, se já era ruim, piorou ainda mais. Como se fosse uma orquestração diabólica, logo a seguir, a concorrência passou a alimentar rumores no mercado de que a qualidade dos produtos da BB-Zing estava sendo seriamente afetada pela babel que se instalara na organização. Ninguém mais se entendia. As vendas de ambos os negócios entraram em declínio e os melhores profissionais trataram de debandar para ambientes mais seguros.

Apesar das inúmeras fórmulas para encontrar a saída para a crise, nada deu certo. É que por trás das intenções formais existia uma agenda oculta informal dos participantes de cada grupo. Nenhum deles queria que a fusão desse certo desde o início. Por isto não mediram esforços para evitar a conciliação de valores.

O problema é que tanto os representantes do grupo da Bonair quanto os da Beta-Zing passaram anos seguidos convivendo e sendo treinados para enaltecer valores e culturas organizacionais antagônicos. Por isto, tinham orgulho de seu passado e só conseguiam "vestir as velhas camisas". Por isto, cada grupo lutava, por vezes de maneira sutil, para que os valores de sua antiga companhia prevalecessem sobre os da outra.

O ambiente de indefinição e intranqüilidade que prevaleceu nos meses seguintes foi a pá de cal que acabou de enterrar o sonho. Uma auditoria de prestígio foi contratada no desespero para buscar uma solução para o impasse. Senhores sérios e circunspetos chegaram à conclusão de que os dois laboratórios eram incompatíveis entre si em todos os sentidos.

Assim foi que, numa marcha a ré organizacional, a Bonair virou Bonair e a Beta-Zing virou Beta-Zing. Mas os tempos haviam mudado. O mercado já não era mais o mesmo. Talvez porque os consumidores haviam se habituado a produtos concorrentes. Ou, quem sabe, porque não existiam mais investidores dispostos a apostar em novas aventuras destas empresas. O fato é que ambas não encontraram mais condições para atuar e, depois de algum esforço de sobrevivência, encerraram suas atividades.

Deste edifício que nunca chegou a ser construído, não sobrou sequer o esqueleto. Para quem viveu a situação, ficou a lembrança apenas do nome BB-Zing e a intenção de um projeto mirabolante. Mas mesmo estes símbolos, o tempo tratou de apagar.

A SAGA

TODOS O CHAMAVAM assim mesmo: Lima Filho. Era primogênito do fundador do Grupo Ralim, que por sua vez se auto-homenageara ao dar à empresa um nome que combinava as primeiras letras do nome e sobrenome, Raul Lima.

O menino crescera vendo o pequeno negócio caipira do pai prosperar, até transformar-se num colosso empresarial. De olho no futuro, Raul Lima mandara o filho cursar administração no exterior. O rapaz estava na metade do mestrado quando foi surpreendido pela morte do pai. Voltou às pressas e assumiu a direção da empresa, no meio de um clima de insegurança e instabilidade, criado pelo desaparecimento repentino do fundador. O velho Raul Lima, um gênio de negócios conhecido pelo seu estilo centralizador ao extremo, sempre cuidara da empresa de forma personalista e autoritária. Produzira, por assim dizer, um modelo escravagista. Nele, mandava quem podia e obedecia quem tinha juízo. Ninguém se revoltava contra o sistema arbitrário. Quem não gostasse, que procurasse outro lugar, numa cidade onde o Grupo Ralim predominava de forma esmagadora no mercado de trabalho. Assim, nunca houve espaço na organização para os empregados desenvolverem idéias próprias. O pensamento do Grupo Ralim se confundia com os de seu dono.

Em contraste, Lima Filho, agora um cosmopolita convicto, chegou cheio de propósitos liberais sobre como gerenciar o negócio. Posição de presidente assegurada por direito e fato, começou a carreira no Grupo Ralim batendo de frente com os processos industriais empíricos e obsoletos que encontrou. Rapidamente concluiu que a modernidade precisava chegar lá com urgência. Até porque sabia que a competição só por enquanto ainda ocorria no campo nacional. A globalização, como fora ensinado nos bancos universitários, se prenun-

ciava. A disputa internacional acabaria com o negócio herdado do pai. Era preciso extinguir logo a falta de visão e o pouco profissionalismo, dando lugar a técnicas avançadas de administração.

A primeira iniciativa de Lima Filho foi contratar uma consultoria para avaliar a condição real do Grupo Ralim. Apesar de custar os olhos da cara, sentiu enorme prazer em ver aquele pequeno exército de homens de ternos escuros caminhar taciturno pela organização, a seu soldo. Eles se comportavam mais ou menos de forma parecida, perambulando por todas as partes, fazendo perguntas, bisbilhotando, com jeito de espiões. Ora tomavam notas, ora entrevistavam pessoas, ora se reuniam entre eles mesmos até tarde da noite. Cercados de mistério, falavam baixinho, não se socializavam com ninguém, almoçavam e jantavam sanduíches e viviam a portas fechadas... Por isto, ninguém sabia exatamente o que estavam fazendo, nem mesmo Lima Filho. Até que, dois meses depois, chegou às suas mãos um impressionante relatório de mais de trezentas páginas, acompanhado de uma conta que o fez gaguejar por alguns minutos.

Recuperado do susto, Raul Lima leu o documento. Em essência, concluía o que o novo presidente já sabia. A firma fundada por Raul Lima estava em perigo de vida, pois sofria de dez problemas graves. Seriam verdadeiras "pragas corporativas" — como, numa tentativa de fazer graça, comentou um dos consultores contratados, durante uma reunião com a diretoria do Grupo Ralim. A expressão, que acabou sendo absorvida, pode ser creditada a uma tentativa infeliz de quebrar o gelo numa reunião entre consultores e consultados...

Para desespero dos produtores de tão extenso relatório, as dez pragas corporativas podiam ser sintetizadas em meia página. Em suma, os males apontados eram:

1) Pessoal desqualificado, desmotivado, sem treinamento e em excesso.
2) Despreparo da equipe gerencial.
3) Concorrência feroz em um mercado comoditizado.

4) Processos fabris inadequados.
5) Práticas administrativas obsoletas.
6) Inexistência de foco no mercado, com um excessivo portfólio de produtos.
7) Decisão centralizada, sem qualquer grau de autonomia gerencial.
8) Pouca inovação, motivação do pessoal e delegação de poderes.
9) Produtos com pouco interesse para o consumidor.
10) Assistência técnica e atendimento ao cliente sem qualidade.

Com estes dados na mão, Lima Filho resolveu colocar em prática a teoria que aprendera. Vivia a estranha sensação de "brincar de ser deus". Tinha em suas mãos a fascinante capacidade de determinar, daquele momento em diante, o destino de mais de três mil funcionários do Grupo Ralim. Eram pessoas como ele, mas que até então haviam entregado ao ex-controlador as suas vidas — e as de suas famílias, que deles dependiam — em troca da liberdade de pensamento. Para o novo dirigente, esta situação era inaceitável, pois inviabilizava o negócio.

Por isso, resolveu apostar numa mudança total. E, na visão de Lima Filho, este processo se dividia em duas partes. Começava por estimular um novo comportamento dos funcionários. Era preciso deixar para trás a apatia generalizada e a falta de envolvimento e de iniciativa, provocadas pelo autoritarismo e centralização do pai. Depois, queria mudar as condições físicas, responsáveis pelo clima de insatisfação observada em todo o Grupo Ralim. Novas instalações em outro estado, com algum tipo de incentivo fiscal, representariam um novo ambiente de trabalho, sem resquícios do passado, propício à produtividade e à realização profissional.

Definida a meta, o novo dirigente atacou o primeiro dos problemas apontados, e talvez o mais complexo: as pessoas. Não podia mais conviver com gente despreparada para a grande travessia que se propusera a liderar para os próximos anos.

As políticas de recursos humanos, umas inexistentes, outras inadequadas aos novos tempos, precisavam ser revistas. Contratou os mais sofisticados *headhunters* do mercado, em busca de competentes profissionais que pudessem auxiliá-lo nesta missão quase impossível. Finalmente, as ações começaram a tomar vulto. Nunca o Grupo Ralim, em sua existência, ouviu falar em tamanhos preparativos para a mudança, como os observados naqueles primeiros dias de nova governança.

Sem esperar os resultados de movimentos iniciais, Lima Filho resolveu enfrentar ao mesmo tempo os outros nove pontos indicados pelo relatório dos consultores. Assim, investiu maciçamente no desenvolvimento gerencial, patrocinando inclusive a participação de sua equipe em qualquer palestra de gurus administrativos que surgisse à frente.

Questionou o portfólio excessivo, descontinuando muitos itens de venda — apesar dos impressionantes *business cases* dos gerentes de marketing, que prometiam lucros incessantes em troca de sobrevida de produtos perdedores.

Mas fez muito mais: reviu processos fabris, terceirizou o que pôde, ampliou a rede de distribuidores, promoveu parcerias estratégicas, melhorou a assistência técnica, implantou um sofisticado centro de atendimento a consumidores, apostou em qualidade, reviu ou iniciou novos processos, reduziu custos, transferiu a operação e a fabricação para novas instalações, criou novos controles gerenciais, contratou os melhores especialistas do mercado. Enfim, fez tudo o que é ditado pelas mais avançadas cartilhas de reengenharia como o beabá para a plena saúde e bem-estar corporativo.

Passados vários anos, e apesar disto, os resultados da nova administração ainda eram pífios, quase inexistentes. Um verdadeiro paradoxo! Diante de tanto investimento e energia na mudança, nada parecia ter acontecido. Algo andava muito errado! O *feeling* de Lima Filho apontava que a primeira "praga corporativa" ainda persistia: o comportamento das pessoas permanecia o mesmo, resistente e resiliente.

Mesmo com todo o seu esforço, a cultura empresarial do Grupo Ralim, no fundo o principal legado do pai, ainda pre-

dominava. É que os empregados haviam desaprendido a pensar. Tinham se acomodado, aninhados na confortável posição de não precisar tomar decisões, mas executá-las sem questionamentos. Estavam acostumados a tratar normas anacrônicas como tabus intocáveis. Ou a incorporar em seus hábitos diários processos obsoletos, como se fossem perenes. Viviam a zona de conforto comum aos que temem cutucar águas paradas, com receio de despertar monstros adormecidos. Evitavam a qualquer custo desafiar modelos consagrados, para não correr o risco de enfrentar o desconhecido.

Era preciso fazer algo, e rápido, para dar sobrevida ao Grupo Ralim. Seria eliminar o problema através de demissões dos empregados mais resistentes a mudanças e investir em novas contratações? Não, pois resolveria o problema em parte. Mas o que aconteceria com a grande massa de funcionários leais, legitimamente interessados numa vida melhor, embora desaparelhados para fazer a transição por sua própria conta? Deviam ser mantidos na empresa, pois eles eram a própria razão do sucesso do passado.

Foi quando Lima Filho teve o grande estalo. Faltava na corporação uma missão clara, com credos, lemas, indicadores, princípios. Era isto: para substituir a velha posição, sem traumas ou intranqüilidades, ele precisava ao mesmo tempo construir outra. Concluiu que não existe ordem sem que se estabeleça uma nova ordem — verdade que se aplica tanto na sociedade quanto nas empresas.

Pensando em não entrar em conflito com a cultura existente e assegurar uma evolução natural, de forma consistente, ele escreveu dez mandamentos. Era o resumo dos principais pensamentos do fundador, seu pai, que deveria se transformar no dogma da empresa daquele dia em diante. Colocado em destaque em todos os quadros de aviso, comunicado continuamente a todos os funcionários, como uma bíblia, pouco a pouco este ideário passou a se confundir com a ação de cada um deles.

Não que houvesse neste trabalho algo extraordinário ou que representasse uma visão nova ou revisional da maneira de

fazer negócios ou de se comportar no Grupo Ralim. Ao contrário: era um conjunto de lugares-comuns, um conjunto de práticas comerciais e éticas aceitas universalmente, um verdadeiro exercício do óbvio, do razoável e do bom senso. Por isto mesmo, não feria nada ou ninguém. Foi assimilado, amado por todos, à prova de inimigos ou da ação do tempo.

Magicamente, os dez mandamentos se transformaram na ilha de segurança e tranqüilidade que todos buscavam no Grupo Ralim. Servia para orientar novos e velhos, sem discriminações. Eliminava ambigüidades, definia caminhos. Era um farol na escuridão, indicando perigos e mostrando a posição para os perdidos.

Com a nova diretriz estabelecida, a empresa entrou no seu curso correto e se tornou próspera e bem-sucedida. Motivados, os empregados logo aprenderam as regras do novo jogo. Com a missão cumprida, Lima Filho resolveu descansar. Literalmente. Transferiu a responsabilidade de operar o negócio para administradores profissionais. Foi viver as delícias de uma aposentadoria talvez precoce, mas que como herdeiro ele podia se dar ao luxo de estabelecer na hora que bem entendesse!

Antes de se desligar, no entanto, tomou uma última decisão. Mudou o nome da empresa, de Ralim para Malim. Substituiu o prefixo de seu pai, Raul, pelo seu, que era Manoel. (O Filho não fazia parte oficial de seu nome, era só um apelido.) Afinal, se a sua perpetuação física era impossível, que pelo menos ele ficasse ali para sempre, através da marca. O Grupo Malim se tornaria assim o símbolo de modelo empresarial e de *turnaround* bem-sucedido. Até porque Manoel Lima gostara demais da experiência de brincar de deus durante algum tempo...

EPÍLOGO

O tao das organizações

Ataliba Vianna Crespo

AS ORGANIZAÇÕES eram felizes e não sabiam.

Sob o embalo do cientificismo mecanicista, a organização era perfeita. Homens certos nos lugares certos obedeciam cegamente à hierarquia — ordem sagrada — mesmo quando isso lhes custava a saúde e a dignidade.

Havia "*uma única melhor maneira de fazer as coisas*". Empresários e gerentes experientes sabiam o que fazer. Como bons generais, estabeleciam as regras do jogo segundo os princípios estratégicos e táticos consagrados. Os generais adversários obedeciam às mesmas regras. As batalhas eram travadas entre cavalheiros no campo por eles escolhido. Concorrência predatória, nem pensar. A guerra verdadeira, propriamente dita, era uma delícia: só trazia bons negócios.

Sem opção, os clientes não incomodavam muito. Escolhiam sempre o carro preto e ficavam sempre satisfeitos. Ou, pelo menos, não reclamavam.

Os governos se limitavam a assistir ao espetáculo e beneficiar-se com os impostos. Se necessário, agiam com firmeza para afastar os baderneiros e perturbadores da ordem. A questão social era uma questão de polícia.

Navegando em águas tranqüilas, os empresários não viam muito por que mudar. O ritmo era de valsa, talvez de polca, mas as mudanças ocorriam na hora certa, na dosagem certa, de acordo com as conveniências dos empresários e, por conseqüência, das organizações e seus acionistas.

Duas guerras mundiais depois, mais uma queda imprevista do muro de Berlim, mais o fim precipitado da União Soviética etc., a situação é outra. A palavra chave é crise, o

sobrenome da crise pode ser escolhido à vontade: econômica, social, moral, política, religiosa etc. etc.

As organizações se vêem perdidas em um oceano de problemas. Estão entregues a uma competição inconseqüente, praguejadas por fusões, incorporações, falências e concordatas. São diretamente responsabilizadas pela poluição e pelo desemprego e, indiretamente, pela violência urbana e pela baixa qualidade de vida nos centros urbanos, entre outras mazelas.

Os governos, liberalismos à parte, colocam uma série de restrições e exigências. Os clientes se organizam em torno de seus direitos e querem ser tratados como reis. As associações de trabalhadores, ainda que hibernando, estão vivas e alerta.

Sobreviver, no mundo globalizado, significa ser diferente e melhor a cada momento. A mudança é imperativa, o ritmo acelerado e o controle escapa totalmente das mãos de empresários e gestores. Para sobreviver e navegar no mar revolto é necessário que a organização se torne inteligente, flexível, ágil e criativa. Como alcançar essa condição? Pela participação ampla, geral e irrestrita dos empregados. Das pessoas, aliás. Essa receita, apregoada há bastante tempo por teóricos e consultores, tornou-se agora inevitável e indispensável ao mesmo tempo que perigosa e ineficaz.

As organizações têm que se repensar, reinventar, reformular, reestruturar e, enfim, encontrar o próprio caminho com ou sem a ajuda de gurus e teóricos.

A questão é, pois, como encontrar o próprio caminho e manter-se na trilha certa.

As abordagens racionalistas, embora não totalmente exauridas, mostram-se impotentes diante da magnitude do problema. Têm, talvez, um vício de origem: negligenciam por completo os espaços não racionais. Não conseguem lidar de modo adequado com a complexidade, a variabilidade e a incerteza.

As iniciativas fundadas na filosofia dos Quanta (Omnes, 1999), na Teoria do Caos (Halle, 1977) e na visão holística que poderiam iluminar o lado sombra das organizações são ainda tímidas e insuficientes. Encontrar o caminho é uma

tarefa árdua a ser encarada com coragem e ousadia, buscando sem preconceitos a sabedoria acumulada em diferentes fontes do conhecimento e da experiência da humanidade.

O saber antigo

Uma primeira lição pode ser tirada, talvez, dos mananciais chineses. Já no século VI aC, Lao-Tsé, no monumental *Tao Te Ching*, propunha que a paz interior e exterior provinha de uma vida em harmonia com as leis da natureza e do universo. Não seria essa a receita básica para a boa qualidade de vida?

O Tao (Capra, 1995), na acepção chinesa, significa "caminho, destino". É a realidade baseada em dois princípios, o Yin e o Yang. O Yin, princípio feminino, é o responsável pela intuição, pela conservação, pela cooperação e pela síntese. O Yang, princípio masculino, é o responsável pela razão, pela agressividade, pela competição e pela análise. Os dois princípios convivem em alternância cíclica. Quando um deles atinge seu clímax, dá lugar ao outro. O desequilíbrio momentâneo representa uma crise que, por sua vez, gera um novo equilíbrio.

Várias lições podem ser extraídas dessa concepção do Tao. A crise que vivemos seria a conseqüência do clímax do Yang: a organização movida pelos valores masculinos, desumana, fundada no poder, fragmentada, vaidosa de sua personalidade, promotora da guerra. Percebe-se nitidamente o advento de uma nova era em que os valores femininos estão se afirmando. A organização se torna mais ética, mais solidária, mais holística, atenta às emoções, promotora da harmonia social. Sobrevirá o equilíbrio até que uma nova crise se estabeleça.

É curioso lembrar a coincidência dessas idéias com a análise que Larry Griner (1975) faz do processo de crescimento das organizações, onde se alteram períodos de evolução e revolução. Não é outra também a visão da dialética da realidade social na abordagem marxista.

As mudanças, por mais incômodas que sejam, são parte da vida. As organizações, no passado, talvez não tivessem se apercebido disso com clareza.

Grande número de gerentes e empresários cultivam fontes chinesas como inspiração para as "lutas" na selva dos negócios. Sun Tsu (1998) esteve e ainda está na moda. Desvendar o I-Ching pode ser mais útil que sintonizar o canal Bloomberg para solucionar alguns dos problemas maiores da empresa.

O simbolismo nas organizações

No embalo do avanço da antropologia das organizações, a mitologia grega tem sido convidada a prestar sua contribuição. Handy (1993), por exemplo, identificou quatro tipos de cultura organizacional protagonizados pelos deuses Zeus, Apolo, Palas Atena e Dioniso.

A cultura norteada por Zeus funda-se no poder e no carisma pessoal. Recompensas e punições determinam um ritmo rápido e decisões simples, ainda que de alto risco. Não seria esta a cultura apropriada para a globalização?

Se se toma Apolo como protótipo, a organização se baseia na lei e na ordem. Haja regimentos manuais, organogramas e relatórios. Viva a conformidade! É o ideal burocrático ainda predominando nas grandes corporações.

Sob a égide de Palas Atena, a organização vive preparada para a guerra, para a competição e a criatividade. Equipes, grupos de projeto e forças-tarefa, voltados para a solução de problemas e a busca de inovações constituem o panorama. O *esprit du corps* e a fidelidade são exigências fundamentais, ainda que em detrimento da hierarquia e da disciplina formal. As organizações de alta tecnologia parecem ajustar-se bem a esse figurino.

À primeira vista, as organizações dionisíacas não existiriam. É bom lembrar que o patrono é o deus do vinho e da farra, inimigo da lei e da ordem e, portanto, avesso às organizações. Olhando mais atentamente, identificamos, entretanto, vários núcleos bacantes nas melhores empresas. São constituídos por profissionais "liberais" — médicos, advogados, psicólogos e outros estranhos no ninho. Abrigados muitas vezes em órgãos de *Administração de Recursos Humanos*, detestam

essa denominação. Preferem "administração de talentos", "seres humanos", ou equivalente. Adoram subverter a ordem e promover seus esdrúxulos valores. Numa sociedade que precisa resolver problemas de estresse, desemprego e lazer, que dependerá cada vez mais de esforços individuais de trabalho e aprendizagem à distância, é melhor levar a sério as propostas dionisíacas. O pessoal de marketing que o diga.

Os deuses gregos, como os heróis das sagas bíblicas, são apenas metáforas para melhor entender e explicar as organizações.

Uma determinada organização será mais bem compreendida pela leitura das histórias e estórias, das pregações e advertências que circulam nas redes de comunicação cultural. Os agentes principais destas redes, sejam eles mentores, *coaches*, testemunhas, sacerdotes, curandeiros, espiões ou fofoqueiros, constituem-se em uma verdadeira "hierarquia oculta"(Deal e Kennedy, 1985). Difundindo valores e promovendo heróis — ideáis de boa conduta — direcionam, sutil e decisivamente as pessoas e os negócios.

De onde provém sua força, como fazem para influenciar? A resposta está no domínio que exercem sobre a dimensão simbólica da organização.

São os símbolos que aglutinam as pessoas em torno de idéias e ideais e viabilizam o esforço colaborativo. Transcendem aos objetos a que se referem e ganham vida própria como julgamentos definitivos do passado ou profecias indubitáveis quanto ao futuro.

Tomemos dois exemplos. Um erro lapidar foi cometido. Identifica-se o "culpado". De preferência, mostra-se-lhe o caminho da rua. Todos podem agora viver em paz. O demônio foi exorcizado, ninguém precisa se preocupar, nem fazer nada. Exemplo número 2: "planejamento estratégico". Por consenso (ou quase), alguns números foram projetados. Ninguém falou com o inimigo nem com a providência divina. Mas isso não importa — definimos nossa missão etc. e agora é só correr para o abraço. Não há falha possível.

Ao colocar rótulos como "culpado" ou "planejamento

estratégico", as organizações estão consciente ou inconscientemente praticando a mágica das palavras.

Palavras são símbolos que veiculam conteúdos culturais, valores, tradições, verdades consagradas e prescrições de conduta que integram o inconsciente coletivo.

As palavras informam, dão forma às idéias, pensamentos, sentimentos, emoções, intenções e ações. Promovem o entendimento. Comunicam. Tornam comum, COMO UM, os interlocutores através de um sentido compartilhado, de uma racionalidade que modela suas interações.

Gritos, modulações de voz, repetições de comandos, num discurso vibrante, motivam, emocionam e conduzem as pessoas a ações, muitas vezes irracionais. São palavras sem sentido de cujo efeito ninguém duvida.

Ao atribuir um termo a determinado fenômeno constitui-se um referencial para colecionar experiências e conhecimentos acerca deste fenômeno. Pelo estudo de etimologia podemos iniciar a aventura de recuperar a força, a energia das palavras, oculta nos sons que a compõem. Com o uso, as palavras adquirem novas interpretações e significações que agregam novos conhecimentos havidos pelas pessoas ao lidar com as situações envolvendo determinado nome. O estudo das palavras e sua evolução pode, portanto, constituir-se em fonte inexaurível de sabedoria e propiciar uma compreensão mais profunda das relações humanas.

Fundamental para compreender as organizações é desvendar o sentido de PODER e INFLUÊNCIA.

A noção de poder (do latim *potere*) vincula-se a outros termos como posse, potência, abrangendo os conceitos de força, energia, capacidade de ser, de causar, transformar e evoluir. Refere-se a pessoas que são dotadas, que têm habilidade para fazer, agir e influenciar. É possível que essas acepções tenham se combinado com termos de outras origens, como *putare* (pensar, colocar, dispor e, curiosamente, podar, conter).

A palavra "influência", muitas vezes usada com sinônimo de poder, teve sua origem mais próxima no latim medieval *influentia*, usada no jargão da astrologia para referir-se às

radiações (fluxos) astrais que afetavam os destinos ou as ações humanas. Evoluindo, o termo assumiu o sentido de qualquer ação ou processo de produzir efeitos nos outros, por meios sutis, intangíveis ou indiretos. "Generalizou-se para que tudo seja ascendência, prestígio, autoridade moral, científica, literária, política." (Silveira Bueno, 1968)

A noção de ascendência é encontrada em expressões correntes como: "estar por cima", "ocupa um posto elevado", "chegou ao máximo", "estar no topo, na cúpula", "galgou os escalões superiores da hierarquia", etc. "Superior" vem do latim e quer dizer "estar mais acima, mais além" e "hierarquia", de origem grega, significa mando sagrado. Na Roma antiga, *superi* designava os deuses, criadores da luz, iluminadores. Muitas vezes, nos referimos aos superiores como alguém "iluminado", que "nasceu virado para a lua", que foi "bafejado pela sorte" ou que tem dotes especiais, que tem carisma. Na teoria sociológica, Max Weber introduziu o termo "carisma", de tradição religiosa, significando "graça, dom espiritual", para se referir a características extraordinárias de personalidade que evocam respeito, adesão e obediência.

Por muito tempo, convivemos com a idéia de que algumas pessoas teriam dons ou dotes especiais. São pessoas "distintas", "eleitas". A eleição, processo de escolha, era atribuída à(s) divindade(s). O poder a elas conferido seria ilimitado e inquestionável e se propagaria hereditariamente. A tentativa de descobrir essas características ou marcas distintivas norteia, ainda hoje, as análises de inteligência, aptidões e outros atributos de personalidade. Avaliações, classificações e identificações de potencial, por sua vez, são formas acreditadas para selecionar, para escolher pessoas e destiná-las profissionalmente.

À eleição divina sucedeu a eleição pelos pares, pelos semelhantes. O eleito é apenas um "colega", a quem foi delegado, de acordo com a lei, um mandato. Mandato (etimologicamente, colocado nas mãos) ressoa em expressões como "isto está nas mãos de fulano", indicando que a ele compete agir, resolver, decidir. O mandatário, o comandante, conta com a confiança, com a garantia moral de seus pares, na medi-

da em que responde por seus atos em conformidade com as leis que o consagram.

Várias expressões assinalam a discriminação entre os "mais" e os "menos". Mais capaz, mais competente, mais autorizado e seus opostos. Curiosamente, se alguns termos como magistério, e magistrado, contêm a raiz *magis* — mais, maior — outros derivam de *minis*, que em Roma designava os servos, criados. Na evolução, por estarem ligados aos *magis*, ganhavam conotação de poder e prestígio, como o que desfrutam hoje os ad-minis-tradores e os minis-tros.

Superiores têm precedência (do latim *prae cedere*, ir adiante de), primado, primazia (do latim *primus*, o primeiro). Vários termos usuais de administração devotam essa acepção como presidente (do latim *prae*, antes, e *sidere*, sentar) e mesmo líder (do inglês *leader* que, em suas origens remotas, refere-se "àquele que causa a viagem", que mostra o caminho). Lembremo-nos também de príncipe (do latim *princeps*, o primeiro) que ressoa em palavras como "princípio" e "principal". Daí resulta a expectativa de que os superiores tenham iniciativa, sejam os iniciadores, os inovadores, os que são seguidos como protagonistas (do grego *protagonistes*, ator que faz o papel principal) ou imitados como protótipos (do grego *prototypos*, original).

Daí resulta, certamente, a expectativa de que os superiores tenham iniciativa, sejam os iniciadores, os empreendedores, os inovadores que devam ser seguidos como protagonistas, que fazem o papel principal e que devem ser imitados como protótipos, como originais. Palavras como "gestor", "gerente", "general", sublinham essa condição contendo a raiz *ge* também presente em palavras como gene, genitor, gestação, etc.

O sentido de originalidade está também marcado em vários termos como gestor, gerente (de *gerere*, fazer executar), cujo tema se remonta ao indo-europeu e que através do grego e do latim nos chegaram com o sentido de origem, princípio, criação, em palavras como gene, genitor, gestação e general.

Que efeito teria esse contexto semântico que notadamente distingue e discrimina as pessoas? Alguns estariam fada-

dos a perpetuarem-se em posições de poder e aos demais cumpriria submeterem-se perpetuamente. Não estaria aí fundada a crença no líder nato, determinante principal das funções de liderança?

Será que daí não resulta o fato de os superiores se sentirem imunes, sem obrigações, sem deveres, sem limitações, acima de tudo e de todos, tornando-se com freqüência autocratas? O reforço para tais posições advém das contrapartidas típicas do comportamento de subordinados: a reverência, (respeito, temor e deslumbramento) e a licença (permissão) para agirem como bem quiserem.

Entender e fazer-se entender por uma organização é uma arte e uma ciência que transcendem o domínio verbal. A cultura organizacional inclui vários mecanismos para expressar seus significados e valores. Algumas expressões simbólicas são óbvias: o tamanho, o local e a decoração de uma sala, por exemplo. Outras são bastante sutis e podem passar despercebidas por não iniciados na cultura ou observadores menos atentos: ser ou não convidado para uma reunião, tempo alocado para falar ou a duração dos aplausos podem indicar o status da pessoa ou, o que é mais importante, se ela está em ascensão ou queda.

Resultados são ou não alcançados, carreiras são construídas ou destruídas, muitas vezes sem outra explicação senão pela eficácia com que se situam no universo simbólico das organizações.

Discursos, trocas de nomes em um plano de cargos, mudanças de *layout* ou enfeites no ambiente de trabalho podem não afetar a realidade racional e objetiva mas podem mobilizar e catalisar energias latentes na subjetividade das pessoas e provocar, ainda que a longo prazo, a emergência de uma nova ordem. Ocupam espaços não racionais.

Qualidade de vida

No princípio, o homem vivia no paraíso. Ar puro, águas límpidas, muito verde, olor de flores, música do vento.

A natureza era pródiga e provia o alimento saudável e saboroso. Não havia doença, nem dor, medo ou cansaço. O homem trabalhava. À semelhança de um cientista de hoje: estudava animais e plantas, dava-lhes nomes. Observava os fenômenos naturais. Filosofava sobre o sol e a chuva, a origem dos rios, a distância das estrelas e os limites do universo.

Não havia esforço demasiado, repousava quando queria, comia e bebia quando tinha fome e sede. Sentia, entretanto, um vazio que não sabia explicar. Em seu auxílio veio o Criador. "Não é bom que o homem esteja só." E Deus criou a mulher. A vida do casal era de perfeita harmonia. Diferentes e complementares, colaboravam, trabalhavam juntos, com maior produtividade e qualidade.

O resto da história todos já conhecem. A desobediência, a consciência da nudez, a culpa. O suor do rosto para ganhar o pão. O parto doloroso. As brigas em família e a morte. A hostilidade do mundo fora do útero edênico.

A qualidade de vida e de trabalho não está mais garantida. Tudo tem que ser produzido, conservado e defendido: a casa, o alimento, o bem-estar, a segurança e o lazer. Para isso foram inventados o comércio, as polícias, os tribunais, os exércitos, os jogos e as festas comunitárias.

A população cresce. Novos horizontes são necessários. Educação e transporte. Saneamento. O consumo e o desperdício aumentam. É preciso produzir mais, trabalhar mais, com método auto-sustentável, sem poluição. Garantia para o consumidor. Aparecem as invenções, as inovações, cada vez mais rápido, mais certo, melhor. O estresse, o mal do fim do século, reina.

Qual será a saída? Haverá uma saída? Com certeza não será simples. Não será única. Não será fácil. Está lançado o desafio: como preservar, gerar e manter a qualidade de vida? "Navegar é preciso, viver não é preciso". Viver não é ciência, por isso "viver é perigoso". Uma utopia se faz necessária.

A qualidade de vida parte de uma cogitação cósmica, de uma consciência planetária. Estamos todos a bordo de uma mesma nave e somos todos responsáveis por seu destino.

A riqueza e o conforto devem ser compartilhados com igualdade. As guerras terão que ser superadas e a paz fundada na solidariedade e na aceitação das diferenças. Não pode haver hegemonia política, econômica ou cultural. Todos têm o direito a buscar seus caminhos e conciliá-los com os dos demais.

Descendo à Terra, aqui e agora, temos que considerar que a vida e o trabalho estão indissoluvelmente ligados. Não há qualidade possível de um em detrimento do outro. Alguns acenos interessantes têm surgido recentemente. A qualidade é definida pela satisfação do cliente (seja lá o que for isso), logo, todo trabalho tem que ter uma orientação, um direcionamento social. A satisfação, entretanto, deve ser ampla e permanente. Que dizer então do proverbial videocassete que não tem funções quando o cliente só precisa (e sabe operar) *play*, *rew* e *rec*, de preferência em português. E o computador que mal funciona (vale o duplo sentido) e já está obsoleto?

O direcionamento social da produção implica não só aquilo que é óbvio e tangível mas, talvez principalmente, a qualidade oculta. O produto deve ser seguro e resistente. Vira e mexe uma denúncia aparece: "veneno", "perigoso para crianças", "causador de acidentes", "frágil". É bom pensar também na satisfação das futuras gerações. O lixo de hoje pode ser o estorvo de amanhã.

Os prêmios de qualidade e as certificações internacionais têm assinalado, com precisão, que trabalho de qualidade só pode ser gerado por trabalhador qualificado. Educação. Educação permanente. Treinamento, treinamento e desenvolvimento. Esta é apenas parte da receita. Educação e saúde andam juntas, começam no berço. Aliás, antes do berço. Sem programas adequados de proteção à maternidade e cuidados com as crianças, sofremos sérias limitações de qualidade, invisíveis e insidiosas.

Programas de qualidade insistem em CONSCIENTIZAÇÃO e MOTIVAÇÃO. Qual seria a CONSCIENTIZAÇÃO que realmente aumenta a qualidade de vida? Não pode estar limitada ao trabalho em si. Não se reduz ao adestramento nem a um sofisticado *Kanban*, ao restrito âmbito de uma CIPA ou a

um CCQ. Deve estar ligada a uma orientação vocacional que mostre o sentido do trabalho, como fonte de realização e de expressão pessoal, incluída em um plano de vida. Deve criar um compromisso com uma conquista permanente e progressiva de interesse coletivo nacional e global. Vide a revolução japonesa da qualidade que acabou virando uma obsessão contagiosa.

Os recursos da mídia (patrocinadora da informática redentora) e dos veículos de comunicação organizacional são realmente úteis, mas é preciso mais. É preciso que no cotidiano as pessoas estejam cientes da importância de sua contribuição para o esforço produtivo da organização. Que saibam realmente o que delas é esperado e o que esperar dos demais. Devem ensejar uma co-responsabilidade pelo produto e pelas conseqüências atuais e futuras para o meio ambiente. É, a um só tempo, o instrumento e o resultado de uma mentalidade de equipe e solidariedade. Não pode estar, portanto, restrita aos mecanismos formais de organização. Deve estar fundada na participação espontânea, na ajuda recíproca que mantém a todos alerta e bem informados. Vale a ênfase: é uma questão de educação que se estende ao âmbito familiar, ao âmbito das entidades profissionais, das agremiações sociais, etc. Não é assim que ocorre nas bem-sucedidas escolas de samba?

Talvez o conceito mais difícil seja o da MOTIVAÇÃO. Não sabemos muito sobre isso. Será algo que vem de dentro? Uma força de vontade, um impulso interior? Pode ser induzida? Como? E a liberdade individual? Será que existe ou é ilusória? Será a motivação contagiosa? Diante de tantas questões as respostas são limitadas e provisórias.

Sejamos conservadores. Aliemos as recompensas intrínsecas e extrínsecas. O desejo (interno) e a boa proposta (externa). O diagnóstico das necessidades é imprescindível, já que satisfazê-las é indispensável. Haja 5S, já que todos carecemos de boas condições físicas, limpeza, ordem e segurança, mas haja também o cuidado de atender aos gostos, hábitos e preferências de cada um. Haja prêmios e destaques, mas que não sejam negligenciados a força positiva do amor, da aceitação de

diferenças, do tratamento humanizado, nem a força destrutiva da inveja, do ciúme e da humilhação.

Nenhum pacote de vantagens e benefícios é satisfatório ou definitivo. É preciso pesquisar, inovar e contar sempre com o trabalho dos líderes e dirigentes, atentos para complementar, suplementar e corrigir o sistema de incentivos, tornando mais justas e adequadas as recompensas. O requisito de "justiça", com freqüência, aparece nas reivindicações de trabalhadores e no resultado de pesquisas onde aparecem como prioritárias mesmo em relação ao salário e outros incentivos.

Que dizer da crescente tendência dos trabalhadores a tornarem-se empresários, autônomos e donos do próprio destino? A explicação não pode estar somente nas pressões econômicas ou na mudança do vínculo empregatício. E o aumento das organizações voluntárias de interesse social? O que as move? Por que ser tão bem-sucedidas em termos empresariais e produtivos? Não seriam manifestações de busca de melhor qualidade de vida e trabalho? Há nesses fenômenos um enorme espaço e alcance para indagação e pesquisa sobre a amplitude da motivação humana. Deve estar aí a inspiração para atender a algumas dimensões esquecidas da natureza humana de realização espiritual e destinação cósmica. Pode ser o início de uma reorientação ética capaz de livrar o trabalho da conotação de maldição e tortura.

O genoma dos grupos

Na tentativa de superar as limitações do modelo burocrático, várias maneiras de estruturar o esforço produtivo têm recorrido aos grupos e às equipes. Células, grupos de trabalho, estruturas matriciais, equipes de projetos são algumas das propostas, mais ou menos empiricamente determinadas, para obter agilidade, produtividade, qualidade e eficiência.

Aí é que mora o perigo! Os grupos são mesmo misteriosos, ilusivos, mutáveis e mutantes. Em linguagem poética poderíamos falar da "insustentável leveza" dos grupos. Para

adotar um paradigma mais racional, vamos nos referir ao genoma dos grupos.

De fato, os grupos parecem dotados de um código com todas as instruções necessárias para constituí-los e predispô-los a interagir com o ambiente. Embora estejamos longe de estabelecer o genoma dos grupos, podemos começar considerando a dupla hélice líder/participantes que constituiria o DNA dos grupos. Esses são os dois componentes que interagem essencialmente, portando a carga genética que determina a natureza e o funcionamento dos grupos.

O saber tradicional deu grande ênfase ao papel do líder na feição dos grupos. Razões não faltam. As imagens do Pai, do Chefe da Horda, do Grande Homem, do Herói e do Campeão são muito fortes e com facilidade servem de modelo para identificação e objeto de culto. Haja psicanálise para explicar esse fenômeno! Na armadilha caíram os historiadores, que até há bem pouco tempo analisavam os fatos em função de personagens destacados como se sozinhos tivessem inventado, produzido, lutado e vencido. O povo era apenas figuração.

Com o advento da dinâmica de grupos, fundada na ideologia democrática (Cartwright e Zander, 1960), vários mitos acerca do primado dos líderes foram sendo abalados e destruídos. A liderança não pode ser entendida exclusivamente como uma projeção do líder; envolve um conjunto de funções necessárias para a manutenção e a operação do grupo. Líderes não são pessoas especialmente dotadas e não se distinguem dos demais participantes do grupo em aptidões, habilidades ou traços de personalidade. Apenas ocupam posições no processo dos grupos que lhes facilitam influenciar ou parecer exercerem influência sobre os demais.

Examinemos alguns exemplos.

Todo grupo necessita de uma identidade, uma representação. Muitas vezes o líder (ou quem é reconhecido interna ou externamente como tal) exerce apenas essa função. A cultura da organização dirá qual o valor a ser considerado: posição hierárquica, titulação profissional ou alguma característica especial. Todos nós conhecemos líderes cujo único galardão é

ser genro do presidente (óbvio), general (ainda que de pijama), professor Ph.D. (em quê, não importa) ou ser o mais velho (ainda bem que não morreu). A característica do líder *vis-à-vis* à cultura da organização pode se tornar indispensável para o bom funcionamento do grupo. Se a pretensão do grupo não tiver a chancela hierárquica, numa cultura burocrática não tramitará. Se for apresentado por alguém prestigiado pela cultura familiar não será considerado e assim por diante.

Outras funções inerentes ao processo dos grupos terão o mesmo efeito da identidade na projeção da liderança. Quem ocupa um lugar privilegiado na cadeia de comunicação será o líder (ou será conhecido como tal). Quem promove a coesão e harmonia no relacionamento será o líder (ou parecerá sê-lo).

Muitas vezes o líder é tão-somente o coordenador do processo do grupo. Uma espécie de "Super Líder", que aciona e condiciona o exercício de determinada função por qualquer participante do grupo (Heller, 1987).

A dupla hélice é mais evidente quando examinamos algumas simbioses notórias: assessor/assessorado, executivo/secretária, onde a liderança se exerce em conjunto, sem que se possa dizer quem influencia quem ou quem tem mais influência. Um exemplo mais sutil é o poder exercido pelas eminências pardas ou pelas forças ocultas.

Entendendo a liderança como um conjunto de funções a serem desempenhadas potencialmente por todos os participantes do grupo, teremos acesso a alguns mistérios dos grupos. Por que os grupos se apresentam de modos tão diferentes? Por que "cada grupo é um grupo" ou, um pouco mais sofisticadamente, o que determina a sintalidade (personalidade) dos grupos?

Consideremos em primeiro lugar a composição do grupo. O que fez essas pessoas se juntarem? Foram voluntários? Foram convidados? Foram impostos? Quem os escolheu? Como foram escolhidos?

Há duas maneiras básicas de se formar um grupo. Uma supostamente objetiva, obedecendo a critérios racionais tais como formação e experiência profissional, conhecimentos e

habilidades. Outra implícita ou explicitamente subjetiva, feita através de relacionamentos pessoais ou ligações afetivas. Essa distinção não é muito nítida, pois freqüentemente as duas maneiras se combinam, como por exemplo em seleção através de entrevistas. O que importa é que decorrem do processo de composição várias conseqüências para a vida do grupo: grau de afinidade pessoal e profissional de seus membros, matrizes de relacionamento, compromissos e lealdades entre os componentes e com a organização e capacidade de contribuição para a vida do grupo.

É como se cada indivíduo portasse uma carga genética capaz de condicionar a formação e o desenvolvimento do grupo.

É notável a alteração dos comportamentos dos grupos conforme haja a presença ou ausência ainda que eventual de algum participante. Isso não é explicável apenas pela carga genética que ele traz consigo, nem pela dominância ou latência dos genes presentes no grupo. Cada membro ocupa uma posição marcada por expectativas compartilhadas quanto a qual deva ser sua contribuição para o grupo e como deva interagir com os pares. A posição do suposto líder está também assim caracterizada. Quando o grupo admite ou afasta alguém, as posições têm que ser redefinidas e realinhadas até que se estabeleça uma nova ordem e o comportamento grupal se torne mais inteligível.

Tomemos como exemplo o ingresso de alguém de elevado status profissional em um grupo. Suponhamos que essa foi a razão pela qual tornou-se atraente e desejável para o grupo. Em um primeiro momento, um espaço se abre para o grande homem (ou a grande mulher). Multiplicam-se as reverências e sinais de respeito. Suas contribuições parecem ser bem-vindas. Aos poucos, o que era virtude parece virar defeito. Comenta-se que ele "é só profissional", "é teórico", "não conhece nossa realidade", "não passou pelo que passamos..." Acontece que a presença de um profissional de status elevado ameaça a posição de destaque dos que o antecederam. Talvez até do líder. Suas tentativas de contribuição podem conter implícita e não

intencionalmente uma crítica às realizações do grupo que, sentindo-se agredido, reage de modo negativo.

O novo membro possivelmente deverá fazer uma retirada estratégica dissimulando seu status profissional para que possa permanecer e integrar-se no grupo. Poderá evitar valer-se de sua reputação e competência para afirmar-se em sua posição. Deverá mostrar-se compreensivo diante das manifestações de resistência e rejeição e favorável em relação às realizações do grupo. Só assim seu status profissional será absorvido naturalmente e utilizado em benefício do grupo em consonância com a liderança vigente sendo ou não reconhecido como líder.

Sem dúvida, o comportamento do grupo pode ser um reflexo do estilo ou da personalidade de seus líderes. É o que acontece na mal afamada mas amplamente difundida autocracia. Às vezes, até com sucesso, pelo menos no curto prazo. Bons líderes, felizmente, existem e são seguidos e imitados. Se, no longo prazo, isso pode significar dependência, limitação, apatia e estagnação do grupo é uma outra história. A organização pode estar disposta a pagar por isso. A questão é: por que um grupo elege, aceita e se submete a tal liderança?

Se a autocracia é maldita, a democracia é louvada. Num grupo democrático, todos, até mesmo o líder, adotam as normas e padrões de comportamento consagrados, contratados ou de comum acordo pelos participantes. Essa é a cara do grupo. Entre louvações, diz-se que o processo democrático gera compromisso, motivação, colaboração e solidariedade. É assim que o grupo acaba até virando equipe... Há algo que é dito em tom menor sobre esses grupos, mas que pode custar muito caro para as organizações. O processo democrático é lento e incerto. Nada garante que o grupo não vá "nivelar por baixo", para equalizar o desempenho ou garantir a satisfação de todos. Nada garante que o grupo vá aceitar as propostas e propósitos da organização. A baixa criatividade e o convencionalismo podem ser a contrapartida do consenso.

O conformismo excessivo pode ser tão prejudicial quanto o individualismo exacerbado. Os indivíduos são os genes do

caráter dos grupos. São as pessoas que aprendem, que sabem, que sentem, que ponderam, que decidem e que produzem. Os grupos são meros catalisadores de talentos. O que torna os grupos eficazes é a capacidade de combinar harmonicamente seus talentos gerando a sinergia — o esforço conjunto.

Como no genoma humano, os grupos parecem também ter uma boa dose de DNA lixo — sem carga genética. Ao contrário do que o nome sugere, esse DNA é importantíssimo. Responde pela reação do organismo ao estresse causado pelas doenças e pelos agentes externos. A pesquisa sobre o DNA lixo dos grupos pode esclarecer vários mistérios. Quais as condições favoráveis e desfavoráveis à evolução dos grupos? Por que os grupos adotam certas formas de agir? Como explicar os movimentos internos dos grupos? Por que as pessoas são ou não bem-vindas ao grupo? Por que os grupos adoecem? Por que os grupos aceitam ou rejeitam as propostas e propósitos das organizações?

Enfim, a vida dos grupos é cheia de mistérios. Trabalhar com grupos é sempre um desafio. Cada caso é um caso, cada passo um risco. Não há receitas nem varinhas de condão. É como fazer a leitura de um genoma.

Caminhando sem limites

Para onde vão as organizações ninguém sabe e ninguém saberá, pois o caminho se faz ao caminhar.

Uma coisa é certa, porém: a incerteza. Por mais que aborreça à mente humana, teremos que conviver com ela. A ciência não chegou ao fim, nem chegará. Cada descoberta responde a algumas questões, esclarece algumas dúvidas, corrige alguns erros mas abre o caminho para mais indagações, levanta mais dúvidas e enseja mais erros. Se assim acontece nas respeitáveis ciências ditas exatas, que dizer do incipiente coquetel de "teorias" e conhecimentos que compõem a quase ciência das organizações.

As organizações parecem estar em busca de identidade muitas vezes restrita a um ícone cuja única utilidade é orientar

o marketing, sem qualquer conteúdo ou significado concreto. Para tornarem-se transnacionais as empresas amalgamaram atabalhoadamente diferentes culturas nacionais sem aproveitar as vantagens da diversidade. Sucessivas fusões e incorporações tiveram o mesmo efeito em relação às culturas organizacionais. Parece que a Torre de Babel está sendo reeditada.

As megacorporações parecem estar cada vez mais distantes da fórmula "o negócio é ser pequeno". Aliás, é difícil saber qual é o negócio, o culto que está na imensa variedade de produtos, tecnologias e tradições empresariais. As terceirizações e quarteirizações, que poderiam ser uma solução para o problema, tornaram ainda mais confusa e difícil a tarefa de administrar, trabalhar e viver nos grandes empreendimentos.

Se as pessoas são "o maior patrimônio das organizações", a dispensa maciça de grandes contingentes é um desperdício incompreensível e inaceitável. Nelas se esvai a força-motriz e a alma das grandes organizações. As pessoas levam consigo memórias, habilidades, conhecimentos, vínculos pessoais e fidelidades, às vezes para sempre. Essas perdas a contabilidade não registra e por isso não fazem parte das decisões racionais. Levada ao extremo, essa política determinará não só o fim do emprego, mas o fim das organizações, privadas de clientes e desacreditadas socialmente.

Para acompanhar o pensamento de Krugman (1997) é preciso questionar certos conceitos que parecem definitivamente estabelecidos. Não podemos continuar vivendo em "um mundo que soma zero", em que alguns perdem na medida em que outros ganham e em que a competitividade se torna "uma obsessão" e a medida do sucesso.

A globalização não tem que ser o início do Armagedon — a guerra do fim do mundo. Deve ser o início de uma ordem econômica internacional mais justa. Isto é possível, é necessário e pode até abrir novas perspectivas para o melhor dos mundos — produtividade capitalista com bem-estar socialista.

A profunda transformação na natureza do trabalho está criando, no dizer de Rifkin (1996), uma nova civilização para o recém-nascido século XXI. A civilização do fim do trabalho.

Mas que civilização é essa?

Uma civilização em que os homens serão substituídos por máquinas? Se não deu certo tentar transformar homens em máquinas, com certeza não dará certo transformar máquinas em homens. Máquinas poderão ser inteligentes mas serão capazes de criar como homens? Máquinas poderão simular sentimentos e emoções mas serão capazes de gozar e de sofrer como homens? Máquinas são capazes de produzir, de fazer mais, de fazer melhor, mas serão capazes de avaliar a necessidade de fazer e a hora de parar?

A distância entre a tecnologia e a cultura está se tornando insuportável. Somos capazes de acabar com a humanidade mas não conseguimos tornar a vida minimamente saudável e digna para a grande maioria. Não será o momento de realinhar os valores e orientar os costumes? Não será a hora de produzir uma cultura de vida e felicidade em vez de morte, consumo e desperdício? Onde estão os religiosos? Onde estão os filósofos? Onde estão os ativistas? Onde estamos todos nós?

Cultura é sabedoria. É experiência acumulada e depurada. Aproxima-se a era do saber. Temos que cuidar para que a informação não se torne um divisor iníquo entre os que detêm o saber e os que dele fazem uso. A sociedade da informação não pode se restringir a uma mega-internet acionando robôs em obediência aos comandos de algum poder hegemônico. A ética dessa sociedade não pode ser a ética do mercado.

Antes de produzir organizações inteligentes, organizações que aprendem, temos que produzir seres humanos holisticamente educados. Educados em espíritos, em corpos, em corações e mentes, capazes de respeitar a natureza e a continuidade da vida antes de pensar em produzir, consumir e desperdiçar. Quem fará isso? Todos nós. As organizações inclusive.

Et coetera

Fela Moscovici

CARO LEITOR,

Se você leu, analisou e criticou, concordou ou discordou, gostou ou não gostou, ficou satisfeito ou desapontado em suas expectativas, então, de alguma forma sutil, ficamos ligados por uma experiência compartilhada — sua leitura e reflexões e minhas idéias e ênfases. E esta interação não é apenas intelectual, é também e sobretudo emocional.

Por melhores que tenham sido minhas intenções ao escrever e suas, ao ler, não poderíamos saber ao certo o desenrolar e o desfecho deste processo interativo, envolto por algo intangível que transcende a ciência e a tecnologia. Não ignoremos este lado misterioso e mágico que permeia a mais pura lógica e esclarecida razão!

Ser um profissional de elevada competência não significa saber, conhecer e controlar todas as coisas e situações. Tampouco vencer e sobrepujar os outros em todas as atividades. A auto-realização pessoal e profissional tem muitas facetas além do visível.

Empenhemo-nos constantemente em aprender, atualizar e aprofundar conhecimentos, em praticar o que sabemos com técnica e arte, em utilizar nossos talentos de forma ética.

Prossigamos sendo críticos conscienciosos e questionando o que nos é apresentado como verdade final. Esforcemonos, contudo, para não ceder inteiramente aos impulsos emocionais e agir de modo unilateral, egocêntrico e extremado.

Sem abrir mão da tecnologia, ousemos percorrer os espaços atrás do espelho com naturalidade, intrepidez, mente aberta, sem preconceitos nem ansiedade ou culpa. E arrostar

o fascínio assustador do insólito, do inexplicável, do fantástico, do místico, etc.

Como despedida, o convite (ou desafio?) pós-leitura: continue a inquirir, ponderar, discutir, experimentar, descobrir, modificar, sentir, empatizar, emocionar-se, etc., etc...

Bibliografia

A Bíblia sagrada (Trad. João Ferreira de Almeida). Rio de Janeiro, Imprensa Bíblica Brasileira, 1974.

Aktouf, O. (1996). "A administração da excelência: da deificação do dirigente à reificação do empregado (ou os estragos do dilema do rei Lear nas organizações)", em E. Davel e J. Vasconcelos (org.) *"Recursos" Humanos e subjetividade.* Petrópolis, RJ, Vozes.

Armstrong, K. (1994). *Uma história de Deus: quatro milênios de busca do judaísmo, cristianismo e islamismo.* São Paulo, Companhia das Letras.

Bion, W.R. (1970). *Experiências com grupos.* Rio de Janeiro, Imago.

Bleefeld, B.N. & Shook, R.L. (1998). *Saving the world entire.* Nova York, Penguin.

Buber, M. (1992). *On intercultural subjectivity and cultural creativity.* (Ed. S.N. Eisenstadt). Chicago, University of Chicago Press.

Buber, M. (1958). *Hasidism and modern man.* Nova York, Horizon Press.

Capra, F. (1987). *O ponto de mutação.* São Paulo, Cultrix.

_____. (1986). *O tao da Física.* São Paulo, Cultrix.

Charon, J. E. (1977). *O espírito. Este desconhecido.* São Paulo, Melhoramentos.

Chouraqui, A. (1963). *História do judaísmo.* São Paulo, Difusão Européia do Livro.

_____. (1995). *A Bíblia — No princípio* (Gênesis). Rio de Janeiro, Imago.

Deal, T. & A. A. Kennedy (1985). *Corporate cultures.* Reading, Mass., Addison Wesley.

Detienne, M. (1992). *A invenção da mitologia.* Rio de Janeiro, José Olympio; Brasília, UnB.

DRUCKER P. (1999). *Management challenges for the 21st century.* Nova York, Harper Business.

DYER, W. G. (1977). *Team building: issues and alternatives.* Reading, Mass., Addison-Wesley.

EDWARDS, D.L. (1976). *A key to the Old Testament.* Glasgow, William Collins Sons & Co.

ELIADE, M. (1972). *Mito e realidade.* São Paulo, Perspectiva.

EPSTEIN, I. (1959). *Judaism — a historical presentation.* Harmondsworth, Middlesex, Penguin.

ERIKSON, E. (1975). *Infância e sociedade.* Rio de Janeiro, Zahar.

FERREIRA, Aurélio Buarque de Holanda (1960). *Pequeno dicionário brasileiro da língua portuguesa*, 10. ed. Rio de Janeiro, Civilização Brasileira.

_____. *Novo dicionário da língua portuguesa.* Rio de Janeiro, Nova Fronteira.

FESTINGER, L. (1975) *Teoria da dissonância cognitiva.* Rio de Janeiro, Zahar.

GOLEMAN, D. (1995). *Inteligência emocional.* 6. ed. Rio de Janeiro, Objetiva.

GRINER, L. (1975). "Evolution and revolution as organizations grow", in *Harvard Business Review on Management.* Nova York, Harper & Row.

HALL, E. T. (1966). *The hidden dimension.* Garden City, Nova York, Doubleday.

HALLE, L.J. (1977). *Out of chaos.* Boston, Houghton Mifflin.

HANDY, C. (1993). *Por dentro da organização.* São Paulo, Saraiva.

_____. (1994). *Deuses da organização.* 2. ed. São Paulo, Saraiva.

HELLER, R. (1987). *O super manager.* Rio de Janeiro, McGraw-Hill.

HERBERG, W. (1956). *The writings of Martin Buber.* Nova York, Meridian.

JOÃO PAULO II (2001). Carta Encíclica *Fides et Ratio*, 5. ed., São Paulo, Paulinas.

JUNG, C.G. (1964). *O homem e seus símbolos.* 7. ed. Rio de Janeiro, Nova Fronteira.

KARDEC, A. (1974). *O livro dos espíritos.* 34. ed. Rio de Janeiro, Federação Espírita Brasileira.

KENTON, W. (1976). *The way of Kabbalah* [Z'ev ben Shimon Halevi] (1994). *O caminho da Kabbalah.* São Paulo, Siciliano.

Kets de Vries, M.F.R. & Miller, D. (1984). *The neurotic organization.* San Francisco, Jossey-Bass.

Krugman, P. (1997). *Internacionalismo pop.* Rio de Janeiro, Campus.

Lewin, K. (1970). *Problemas de dinâmica de grupo.* São Paulo, Cultrix.

Likert, R. (1961). *New patterns of management.* Nova York, McGraw-Hill.

Likert, R. (1967). *The human organization: its management and value.* Nova York, McGraw-Hill.

Loehr, J. E. (1997). *Stress for success.* Nova York, Times Business, Random House.

Maslow, A. (sd). *Introdução à psicologia do ser.* Rio de Janeiro, Eldorado.

Meier, L. (1996). *Ancient secrets — using the stories of the bible to improve our everyday lives.* Nova York, Villard Books.

Morgan, G. (1995). *Imagens da organização.* São Paulo, Atlas.

Moscovici, F. (1997) *Razão e emoção.* 2. ed. Salvador, Casa da Qualidade.

_____. (1999). *Equipes dão certo.* 5. ed. Rio de Janeiro, José Olympio.

_____. (2000). *Renascença organizacional.* 8. ed. Rio de Janeiro, José Olympio.

_____. (2001). *Desenvolvimento interpessoal.* 10. ed. Rio de Janeiro, José Olympio.

Oliveira, G. A. (1979). *Desenvolvimento organizacional: teoria e diagnóstico.* Rio de Janeiro, Fundação Getúlio Vargas/Esaf.

Omnes, R. (1999). *Quantum philosophy.* Princeton, Nova Jersey, Princeton U. Press.

Ramos, A. G. (1966). *Administração e estratégia do desenvolvimento.* Rio de Janeiro, Fundação Getúlio Vargas.

Rifkin, J. (1996). *The end of work.* Nova York, G.P. Putnam's Sons.

Scholem, G. (1989) *Cabala.* Rio de Janeiro, A. Koogan.

Seltzer, R.M. (1980). *Jewish people, Jewish thought.* Nova York, Macmillan.

Sérouya, H. (1970). *A cabala.* São Paulo, Difusão Européia do Livro.

Simon, H. (1965). *Comportamento administrativo.* Rio de Janeiro, Fundação Getúlio Vargas.

Steele, F. (1973). *Physical settings and organization development.* Reading, Mass, Addison-Wesley.

_____. & Jenks, S. (1977). *The feel of the work place.* Reading, Mass., Addison-Wesley.

STEWART, T. (1997). *Intellectual capital: the new wealth of organizations.* Nova York, Doubleday.

SUN TZU (1998). *A arte da guerra.* Rio de Janeiro, Record.

TOBEN, B. & WOLF, F.A. (1982). *Espaço, tempo e além.* São Paulo, Cultrix.

TOFFLER, A. (1991). *Powershift: as mudanças do poder.* Rio de Janeiro, Record.

_____. (1970). *Future schock.* Nova York, Random House.

VÁRIOS AUTORES. (1983). *Como ler a Bíblia* [trad. Pe. José Raimundo Vidigal]. São Paulo, Edições Paulinas.

ZOHAR, D. (1996). *O ser quântico.* 7. ed. São Paulo, Best Seller.

_____. (1997). *Rewiring the corporate brain: using the new science to rethink how we structure and lead organizations.* San Francisco, Berrett-Koehler.

_____. & Marshall, I. (2000). *SQ: connecting with our spiritual intelligence.* Nova York, Bloomsbury.

A autora

FELA MOSCOVICI é psicóloga, mestre em psicologia social pela Universidade de Chicago (EUA) e fez especialização em consultoria organizacional no NTL Institute of Applied Behavioral Science (EUA).

É fundadora e DIDATA MESTRA da Sociedade Brasileira de Dinâmica de Grupo.

Foi professora de cursos de graduação e pós-graduação da Escola Brasileira de Administração Pública/Ebap e do Centro de Pós-graduação de Psicologia Aplicada/CPGPA da Fundação Getúlio Vargas do Rio de Janeiro, é atualmente consultora de empresas e atua nas áreas de desenvolvimento interpessoal, de executivos, de equipes e organizacional.

Participa também como conferencista de encontros, simpósios e congressos nacionais e internacionais.

Autora de obras técnicas publicadas no Brasil e no exterior, entre as quais constam *Laboratório de sensibilidade* (1965), *Psicologia educacional e desenvolvimento humano* (1966), *Razão e emoção* (1997). E tem editados pela José Olympio: *Equipes dão certo* (1994), *Renascença organizacional* (a partir da 3. ed., 1993) e *Desenvolvimento interpessoal* (a partir da 4. ed., 1995).

Os colaboradores

Frei Antonio Quirino de Oliveira

Da Ordem dos Pregadores/OP. Mestre em teologia, mestre em Sagrada Escritura (exegeta), especialista em filosofia da educação, Éleve Titulaire de l'École Biblique et Archéologique, de Jerusalém. Professor de Sagrada Escritura, História de Israel, Patrística e Língua Hebraica na Pontifícia Universidade Católica do Paraná/PUC-PR. Exerce o cargo de decano do Centro de Teologia e Ciências Humanas e de diretor do Instituto Superior de Educação e Ciências Humanas da mesma Universidade.

Ataliba Vianna Crespo

Psicólogo formado pela Pontifícia Universidade Católica do Rio de Janeiro/PUC-Rio, com pós-graduação na Universidade de Madri e na Universidade de Michigan. Professor titular do Departamento de Administração da Universidade Federal Fluminense/UFF, e professor de cursos de especialização da Universidade Federal do Rio de Janeiro, Universidade Federal Fluminense e Universidade do Estado do Rio de Janeiro. Consultor de empresas credenciado por Organization Development Associates/ODA, Interpersonal Growth (Integro) e Teleometries International.

Fábio Steinberg

Formado em administração e jornalismo, é consultor em comunicação corporativa. Em seus mais de trinta anos de carreira profissional, destacam-se dezoito na IBM Brasil, dez dos quais dedicados à área de relações com a imprensa. Foi também diretor de comunicação da At&T Brasil, presidente da filial brasileira da Hill & Knowlton, uma das maiores empresas de relações públicas, e diretor de relações externas da Rede Globo de Televisão, seu último trabalho vinculado a empresas. Autor do livro *Ficções reais* (Campus, 2000) e colaborador durante um ano da revista *Exame*, faz palestras e escreve com freqüência artigos publicados na imprensa.

Gercina Alves de Oliveira

Socióloga e mestre em administração pela Fundação Getúlio Vargas/FGV. Consultora de organização e desenvolvimento de Recursos Humanos. Professora de ensino superior com atuação em cursos de graduação e pós-graduação. Autora de livro, monografias e artigos sobre desenvolvimento organizacional e de Recursos Humanos, tendo ocupado vários cargos de direção em faculdades e no serviço público federal.

Lula Vieira

Sócio e presidente de criação da V&S Comunicações, uma das maiores e mais conhecidas agências de propaganda do Rio de Janeiro. É professor universitário, colunista do Caderno de Propaganda e Marketing (SP), da rádio CBN e da TVE.

Este livro foi impresso nas oficinas da
Distribuidora Record de Serviços de Imprensa S.A.
Rua Argentina, 171 – São Cristóvão – Rio de Janeiro, RJ
para a
Editora José Olympio Ltda.
em julho de 2003

*

71º aniversário desta Casa de livros, fundada em 29.11.1931